# 周德清评传

鄢文龙 著

中国社会科学出版社

**图书在版编目(CIP)数据**

周德清评传／鄢文龙著．—北京：中国社会科学出版社，2014.7
ISBN 978-7-5161-4546-3

Ⅰ．①周…　Ⅱ．①鄢…　Ⅲ．①周德清(1277～1365)—评传
Ⅳ．①K825.6

中国版本图书馆 CIP 数据核字(2014)第 156762 号

出 版 人　赵剑英
选题策划　刘　艳
责任编辑　刘　艳
责任校对　吕　宏
责任印制　戴　宽

出　　版　中国社会科学出版社
社　　址　北京鼓楼西大街甲 158 号（邮编 100720）
网　　址　http://www.csspw.cn
　　　　　中文域名:中国社科网　　010-64070619
发 行 部　010-84083685
门 市 部　010-84029450
经　　销　新华书店及其他书店

印　　刷　北京市大兴区新魏印刷厂
装　　订　廊坊市广阳区广增装订厂
版　　次　2014 年 7 月第 1 版
印　　次　2014 年 7 月第 1 次印刷

开　　本　710×1000　1/16
印　　张　21
字　　数　368 千字
定　　价　59.00 元

杨圩镇周德清铜像

暇堂周氏宗谱谱箱（全图）

国际性“纪念周德清诞辰710周年暨学术讨论会”，
1987年10月在江西省高安市召开，上图为大会开幕式

高安市博物馆刘裕黑馆长在会上作学术报告

全体代表合影

作者与现任杨圩镇党委书记杨春兰（右一）、杨圩镇镇长胡平如（左一）
在杨圩镇周德清铜像前合影（2013.1.31）

作者在周德清墓前与杨圩镇暇堂周村党支部书记
周杨文、刘裕黑馆长合影（2013.1.31）

作者与暇堂周氏宗谱保管者周传棍合影（2013.1.31）

# 目　　录

# 序

马庆株[1]

鄢文龙教授的《周德清评传》（以下简称《评传》），我非常爱读。

有人会问，你这个研究语法的，为什么爱读这种书呢？这因为我兴趣广泛，喜欢中国传统文化，在语言学里除了语法，也特别喜欢音韵学。我在北大读研是主攻语法，兼攻语音。导师是两位：语法导师朱德熙先生和语音导师林焘先生。林焘先生是全国第一位语音学博导，他是研究音韵起家的，著有《语音探索集稿》、《林焘文选》、《林焘语言学论文集》，主编《中国语音学史》等。在共时语音学方面我学了林先生的语音学、语音分析两门和王福堂先生的方言学和方言调查；在历时语音学方面听了王力先生的《汉语语音史》和周祖谟先生的中国音韵学。1998 年我在延边大学滥竽充数地主持过金基石教授关于朝鲜韵书与明清音系的博士论文答辩。我招收博士生时多次出包括音韵学内容的汉语试题，汉语博士应该能从事田野调查，说明方音和切韵音系的关系；语言规划方向的也应该掌握全面的汉语知识，这样才能了解语音发展规律从而胜任审音工作，才能从事区分同音词从而完善汉语拼音。同音词素是由于声韵归并造成的，了解归并前的情况，就可以利用汉字谐声偏旁类推区分同音词素。根据这种思路整合设计汉语拼写方案也是我的一个重要研究方向。用拼写方案进行第二语言汉语教学可以节省 3/4 时间，有力地促使汉语汉字迅速走向世界。

我书架上有许多音韵学著作，列出不完全的作者名单如下：陈彭

---

① 马庆株教授，著名语言学家，南开大学博士生导师、中国语文现代化学会会长、中国修辞学会会长。

年、周德清、顾炎武、段玉裁、莫友芝、戈载、周兆基、梁僧宝、黄侃、马伯乐、高本汉、罗常培、李方桂、钱玄同、王力、魏建功、陆志韦、沈兼士、邢公畹、周祖谟、李荣、林焘、俞敏、赵荫棠、殷焕先、邵荣芬、郭锡良、唐作藩、曹先擢、何九盈、李新魁、鲁国尧、丁邦新、董同龢、李思敬、李得春、李如龙、郑张尚芳、许宝华、谢纪锋、陈馥华、潘悟云、刘纶鑫、刘广和、冯蒸、胡安顺、施向东、张民权、李葆嘉、朱晓农、刘晓南、马重奇、耿振生、杨剑桥、金基石、刘淑学、陈东有等。上列尚未包括方言学著作、音韵学论文集、综合性书刊中音韵学论文的作者。可见我对音韵学的浓厚兴趣有可能接近于音韵学专业人士。

大中祥符四年（1011）成书的集大成的音韵学巨著《大宋重修广韵》和周德清在泰定元年（1324）成书的重要著作《中原音韵》（以下简称《音韵》），是古代音韵学两座耸入云天的高峰，分别代表中古音系统和近古音系统。周德清第一个记录近古音，应该青史有名，但守旧的正史却没有给他立传，《评传》的问世，弥补了这个巨大的遗憾。

去年冬天到宜春学院开会，有幸认识鄢教授，交谈中深感鄢教授对学问的执着，得知他正在写作《评传》。现在让我写序，对我是信任加鞭策。可是我只拥有并看过《音韵》的韵谱部分，还没有接触过《中原音韵正语作词起例》，于是赶紧网购了《中原音韵校本》，看了才有资格说话，这是我学习的一个好机会。

《评传》写得引人入胜，很能抓住读者，不由你不看下去。不仅告诉人们原来不知道的许多事实，而且能够清楚说明作者的结论是怎样得出的，让读者既知其然又知其所以然。例如关于周德清的身世，一说为精于音律，著有《片玉词》的北宋婉约派集大成的著名词人周邦彦的后裔；另一说为著有《爱莲说》的哲学家、思想家周敦颐之后裔。经过缜密的考证，考索周德清家世源流，以其族谱的确切记载无可争辩地非常令人信服地证明周德清确是理学家周敦颐之后还列出了生平大事；说明了周德清被误认为周邦彦之后的缘故。因此《评传》立论是言之凿凿，特别令人信服。周敦颐是理学的源头，是理学家二程（程颢和程颐有《二程全集》）的老师，宋明理学是宋元明清占统治地位的思潮，曾影响到整个东亚文化圈。周敦颐是周德清的祖父的高祖，即周德清的六世祖。周德清是道国公周敦颐名门之后，自然受到家庭传统的深刻影响。因此《评传》大量引用《太极图说》《通书》等来说明周敦颐的政治思想、教育思想和艺术思想，内容特别厚实。

周德清不仅是卓越的音韵学家，也对曲学理论和修辞有深入研究，还是有创作实践经验、对创作甘苦有体会的元曲作家。因此撰写《周德清评传》须要有多方面的素养，非一般人可为。似乎只有宜春学院语言学教授鄢文龙先生最适合承担这项重任。鄢先生 1964 年生于名人辈出的江西丰城，与文的著《文安集》的元代文学家揭傒斯（1274—1344）、与武的明代援朝抗倭名将邓子龙（1531—1598）是同乡。北京大学的也是我国的第一位汉语博士、我的同门、南京师大博导陈小荷教授也是丰城人。鄢先生博览群书，知识面宽，有极好的知识结构，这在教授中亦实属罕见，博闻强记，勤奋异常，很让我佩服。我爱看书，喜欢藏书，但往往书买来或收到后不久就束之高阁。我喜欢诗词，尽管拥有《全宋词》，也只是翻了翻。鄢教授却硬是一首首地通读了十大厚本《全宋词》！难怪鄢教授旁征博引，那么地举重若轻呢。他是中国修辞学会理事、江西省语言学会理事、宜春学院地方文化研究中心名人文化研究所所长。作者研究作家文本修辞，出版了《颠覆与超越——史铁生文学作品的修辞化生存》、《姚勉评传》和《身体交谈与视点阅读》等。在《修辞学习》、《语文建设》等刊发表文章 900 余篇，在核心刊物发表论文 18 篇。

鄢文龙教授在复旦大学跟随古籍整理研究所刘晓南教授作高级访问学者期间，集中精力研究了周德清的生平、语言学思想及其成就，同时又兼修中国修辞学会副会长兼秘书长、中国第一位修辞学博士吴礼权教授的修辞学课程，这项课题的成果就是这部又经过了反复修改的专著《周德清评传》。作者在写作中创新了研究方法，有机结合历史、文学、语言三者，联系历史背景，探究周德清生平；从《音韵》中发掘研究其语言学思想；又着力文学的分析，研究其散曲理论及其创作。作者首先考察周德清生活的时代，从时代中考究其在元代失语之因；从文学中探讨其散曲创作，从散曲创作中厘析其阅历，从阅历中反观其生活状态，从生活状态分析其曲律创作主旨；从语言中蒐讨其《音韵》的语言学思想，立体地呈现给读者一个多元的周德清。

《评传》首次全面分析周德清，独具学术价值。不仅为今后研究周德清，提供了材料线索，也值得今后同类研究借鉴，可以起到道夫先路的作用。以《评传》为开端，其后应该有更多的评传，形成若干个评传系列。不只是语言学家评传，还应该有其他方面的评传。文史语言学研究方法，给研究工作者的启迪是：科学研究应从多角度观察，多学科结合研究，可以成功地避免片面性，做到全面辩证地分析与评判。

周德清博览群书，《评传》是通过周德清的散曲（小令、套曲）作品的用典来说明的。他的作品涉及的典故分别出自“四史”（文学名著、我国第一部纪传体通史司马迁《史记》，班固《汉书》，范晔《后汉书》，陈寿《三国志》），出自《唐书》和李肇《国史补》，出自道家“二子”（《庄子》、《列子》）和《礼记》，出自百科类书《太平御览》和刘义庆《世说新语》。鄢教授清楚指出周德清所用典故的出处，说明鄢教授跟周德清一样也熟读了这些著作，因而熟悉其中的典故，《评传》展现了鄢教授博大精深的过人的国学功力。

周德清研究元朝的戏曲，在众多的元曲作家中别具只眼地选择提出的关郑白马“四家”，眼光见地令人钦佩，自然得到历代广泛的赞同，影响至今。他们是：

著《窦娥冤》《救风尘》《拜月亭》，标志元杂剧走向成熟的著名戏曲家关汉卿。

著《倩女离魂》的南方戏曲圈巨擘郑光祖。

著《梧桐雨》《墙头马上》，“词语遒严，情寄高远”的元曲家白朴。

著《汉宫秋》的元代梨园“曲状元”马致远。

《评传》对他们也都分别予以周详的评介。

周德清的交游。要深入了解一个人，应该了解他的朋友。《评传》首先介绍周德清仰慕的为《中原音韵》写序的著有《道园学古录》的一代文臣学者虞集和著《圭斋集》的文坛宗主、主持修《宋史》《辽史》《金史》的史学家欧阳玄，介绍知音挚友琐非复初。《音韵》是为垂青相知的昵友歌妓萧存存而作的，因而介绍了萧存存。《评传》还介绍了几位元曲作家——一是超擢尘外，著《贯酸斋诗集》的文学家贯云石，二是辑录元曲的功臣杨朝英、钟嗣成，三是眷遇益隆的宗侄周伯琦。介绍都十分详细。只是为《音韵》写序的罗宗信未见介绍，我想应该是材料实在不易搜寻的缘故吧。

《音韵》的语言学思想一章讨论对音韵学的贡献（平分阴阳，入派三声），讨论《音韵》成书与版本、编撰的目的与性质、编撰体制和在音韵学史上的价值；讨论修辞学思想（作词十法）。关于周德清戏曲创作的修辞实践部分，《评传》穷尽列举周德清57首散曲，分析每一首的平仄，说明周德清遵守曲律很严格，严格程度超过元曲大家关汉卿等人。修辞思想对后世的影响。讨论《音韵》的曲律学思想、在曲学上的价值和散曲的曲律实践。

《音韵》的学术争鸣一章讨论声母系统、有无入声、基础方言是大都话还是洛阳话几个方面的争论问题，条分缕析，介绍各家不同观点及各自的理由，鄢教授分别予以客观的评价，很自然地把读者带到了学科前沿。虽然没有给出确定的结论，但足以引发更深入的思考。关于基础方言问题，涉及“中原”的含义。最广义的“中原”南宋和元朝指北方或华北，南宋陆游“王师北定中原日，家祭无忘告乃翁”，恢复中原，就是收复北方。方言分区是有层次的：华北官话包括中原官话和北方官话，北方官话包括冀鲁官话，冀鲁官话包括北京官话，北京官话又包括东北官话。较广义的中原，大体在黄河中下游、淮河、海河流域的华北黄淮海平原，上述区域包括中原官话和冀鲁官话，把阴入归到阴平里是冀鲁官话与中原官话的共同点。我想说元朝的大都话极有可能属于冀鲁官话，林焘先生认为跟保定话差不多，不一定就是现在的北京话。明朝凤阳人永乐帝朱棣和他的后代在京师做皇帝，他们把不少凤阳府人带到北京，我们推想明朝北京话可能与天津话、与淮河流域的凤阳话差不多。清朝东北的汉语方言进入北京，逐渐形成现在北京话的面貌。狭义的中原指中原官话区东部的洛阳、郑州、开封、徐州、蚌埠、临汾、曲阜等地及其附近地区。《评传》作者说中原音是当时四方通行之音，这是很对的。元朝是近古，汉语史归近代，北方话已经开始在全国通用。毫无疑问，大都关汉卿《窦娥冤》《救风尘》《拜月亭》、大都王实甫《西厢记》、大都马致远《汉宫秋》、大都纪君祥《赵氏孤儿》、正定白朴《梧桐雨》《墙头马上》、太原乔吉《扬州梦》《金钱记》等经典杂剧和众多的散曲作品（小令和套数）为传播通语北方话中原音做出了巨大的贡献。

《音韵》的戏曲创作思想曲论一章主要内容是正语言，辨音韵，以中原正音为准，察微殊，特殊字音，疑难字词，出其正读，把押韵字分为十九个韵类；识宫调特征，明曲牌所属，重视宫调曲牌，厘清曲目同异；力主作词十法，订立作曲法度与规箴。（一）知音——平分阴阳，入派三声；（二）造语——区分可否，力避“忌”语；（三）用事——明事隐使，隐事明使；（四）用字——力忌生硬，远离文、俗。周德清曲论对中国曲学做出了重要的贡献，意义重大：别开生面，首次建立作词的正音规范；天下独步，首次阐扬兼顾音乐、词意、字音的曲学理论；匠心独运，影响后代曲论走向，给后人以广阔视野及省察空间。

周德清的散曲创作成就一章根据 11 种文献考证周德清散曲的数量和篇目，计小令 31 首、套数 3 套及残曲 6 首。内容分如下方面评介——写景状物，清丽美巧；闲居情趣，怡然自得；客居感怀，清新凄惋；别怀朋友，抒写志行；生活之艰，酸涩难耐；感叹世人，应景而发；闺情相思，珠玑晶莹；思念之情，扑朔迷离；赠友歌妓，惟妙惟肖；玩物不伤，感发事理；宴遇知音，兴发而作。周德清曲作风格清丽，有如“玉笛横秋”。鉴赏曲作，给出评价，是难得的周德清曲作和理想的导读文章。

周德清《音韵》篇幅不大，16 开的校本中周德清的序、目录、韵谱、正语作词起例和后序加起来一共只有 71 页，可以说周著《音韵》是一本不太厚的书。鄢教授却把它读厚了，读出了微言大义，这是一种本事；《评传》每部分之后又能提要钩玄，给出要言不烦的概括，这又是一种本事。《评传》引证参考书达 115 种之多，可见作者阅读范围之大。鄢教授由约到博，又由博返约，往来于约与博之间，游刃有余。《评传》即将付梓，不揣浅陋，填《菩萨蛮》一首以表祝贺之忱：

挺斋《音韵》钻研透，
旁征博引无遗漏。
《评传》印京城，
世闻元曲声。

地灵人杰众，
不是宜春梦。
文涌似温汤，
长歌歌未央。

鄢文龙教授名副其实，兴趣广泛，经史子集，音韵修辞，语言文学，爱且好，好且能，能且精，不是文人中之凤，便是文人中之龙！读《评传》，是一种享受，不断为作者由勤奋而达到的广博和睿智所感动，江西真是物华天宝，人杰地灵！

是为序。

甲午年仲春月 2014－03－26
于南开大学龙兴小区忧乐斋

# 第一章　周德清生活的时代

元朝是中国历史上第一个由少数民族建立的统一的王朝。蒙古族统治者对待汉族先进文化的态度因人而异。太祖成吉思汗一生几乎在马背上度过，攻城略池无疑是行家里手，但对于接受中原地区的先进文化却漫不经心。蒙古军每到一处，便是烧杀掠夺。有人竟然提出："虽得汉人亦无所用，不若尽去之，使草木畅茂，以为牧地。"① 直到元世祖、成宗时期才向先进的汉文化学习，制定出符合国情的政策，成为他们取得辉煌业绩的必要前提。而到了元代末年，大元帝国已在走下坡路，昔日的辉煌已不复存在。

在元代历史上，最能说明蒙古族统治者歧视中原地区先进文化的是四等人的划分。四等人制是元朝法定的民族等级制度，统治者按照民族的不同和被征服的先后，把人分为蒙古、色目、汉人、南人四等。四等人制中的第一等蒙古人是元朝"国族"；第二等色目人是元朝对西北各族、西域以至欧洲来华各族人的概称；第三等汉人是指淮河以北原金朝境内的汉族和契丹、女真等族以及较早皈依蒙古的云南、四川两省人，以及高丽人；第四等南人是指最后被元朝征服的原南宋境内各族。汉人、南人虽分属两个等级，但大部分都是汉族人。

有了这样的等级划分以后，四等人的地位和待遇自然相差悬殊。首先在官吏的任用上，从中央到地方的各级官署长官均由蒙古人担任，汉人、南人只能充当副职。中书省、枢密院、御史台是中央政府的主要机构，中书省的丞相及次于丞相的平章政事均由蒙古、色目人担任；掌握全国兵权的枢密院长官，在元代除少数色目人外，均为蒙古人；掌纠察

---

①《元文类·耶律楚材神道碑》。

百官善恶的御史台长官——御史大夫，“非国姓不以授”。掌行省以下各级地方政府实权的达鲁花赤一职，如无合适的蒙古人选，则选色目人充当，汉人无缘担任。在科举取士上也偏袒蒙古人而歧视汉人。其次是法律不平等。如蒙古人殴打汉人，汉人不得还手，只能向所在地区官府申诉，如有违犯，严行治罪。蒙古人如因争端或酒醉殴打汉人致死者，不须偿命，只罚出征及征收烧埋银；但汉人打死蒙古人，不管出于任何原因，一律处以死刑。四等人犯同样的罪，但因等级不同，处理也截然不同。再次是对汉人、南人进行严密控制。

在元朝推行四等人制过程中，汉人、南人虽被列为第三、第四等，但汉人、南人中的官僚、地主阶级则与蒙古统治者沆瀣一气，共同剥削压迫汉族人民，使得社会矛盾更加尖锐复杂。

## 第一节　生活背景

### 一　蒙汉杂糅

元代制度，基本上以中原王朝传统的仪文制度为主，参考辽、金制度，同时糅合并保存大量蒙古旧制的成分。

采行汉法，是当时忽必烈建政的主要内容。中统元年（1260）八月，郝经向忽必烈上《立政议》一疏，明确提出：新朝立纲陈纪，当以国朝之成法，据唐宋之典故，参辽金之遗制，并特别强调行用汉法。“昔元魏始有代地，便参用汉法。至孝文迁都洛阳，一以汉法为政，典章文物，粲然与前代比隆。”① 许衡在论述“帝中国当行中国事”原则时说：“考之前代，北方之中有夏者，必行汉法，乃可长久。”②

但是，采行汉法只是忽必烈建政纲领的一个方面。另一方面，忽必烈更强调祖述成吉思汗的旧章，保存蒙古的旧制。作为一个依靠武力征服、入主中原的落后少数民族，忽必烈深知，要把统治维持下去，就必须借助民族特权，进行民族镇压，保存民族差异，利用民族隔阂，甚至创造和挑拨民族矛盾等手段与方法。因此，忽必烈虽行汉法，但行而有

---

① 《郝文忠公集》卷32。

② 《秋涧先生大全文集》卷80《中堂纪事》。

度。忽必烈的内心极其矛盾，行汉法却又担心“汉化”。因而又必须时刻防止“汉化”。因此，忽必烈在建政纲领中，始终把保存旧制、保证民族特权利益、实行民族压迫作为基本原则来奉行。新王朝的创制立法，皆从“祖述变通”、“稽列圣之洪规，讲前代之定制”这两方面根据实际需要，加以损益、去取、糅合而成。

纵观新王朝的总体结构，其官衙与制度大致有三种情况：

第一种是基本上保存或沿袭蒙古的旧有制度。

第二种是在某些领域或地区，汉制与蒙古旧制并行，因族而分，因俗而治。

第三种便是依仿中朝制度所建立的机构与制度，从中央到地方，一整套官府设制与其相应。

新王朝迥于传统汉族王朝的基本特点是：三种情况都贯穿一个民族特权与民族歧视的特色。

总之，有元一代，是一个蒙、汉制度杂糅，贯穿民族矛盾的少数民族王朝。

## 二　天下同文

元人即入主中国，文化既低，又无文字，在行政方面确感到许多困难，于是第一步功夫，元朝便不能不制作本族的文字。大概从至元六年（1269），忽必烈鉴于“今文治浸兴，而字书有阙，于一代制度，实为未备”，特命国师，吐蕃萨斯迦派喇嘛八思巴、畏吾儿人文书奴等创制蒙古新字。在此之前，蒙古通行由塔塔统阿所创行的畏吾儿蒙古文，而对其他民族则分别使用这些民族的文字，如汉文、契丹文、女真文、畏吾儿以及波斯文等。这种情况极不利于忽必烈的统治。汉字是一种象形文字，“字以万计，而不足以括天下之声，有声而无字者甚多”①。譬如：蒙古语中的 q 音，汉语无法转写。忽必烈因此迫切要求制成一种新的文字，俾能“译写一切文字，期于顺言达事”，天下同文，以达到更直接、更有效地行使政令，巩固政权。

至元六年（1269）二月，诏以新制蒙古字颁行天下。有元一代，

① 《吴文正公文集》卷50《南安路帝师殿碑》。

八思巴蒙古字始终规定为官方文字，但实际上却很难于在民间通行。

### 三　集团矛盾

元王朝是以蒙古族为首，并由汉人及其他少数民族上层参加的封建地主阶级政权。这个政权的官吏由蒙古、色目和汉人三种人组成。蒙古人依仗民族特权，高踞在各级政府的权力顶端，而分任汉人、色目人主持实际政务，使其在职权上互相牵制，加强对汉人的防范，充分利用民族矛盾来达到稳固其统治地位的目的。因而在有元一代，朝廷上一直存在着三种民族的官僚集团间无休止的，有时甚至是异常激烈的相互倾轧与斗争。

中统初元，朝廷的几乎全部行政实权，都操持在汉人官僚的手中。其学派观点，政治倾向截然不同，彼此间矛盾冲突非常突出。

一方面，忽必烈从这时开始，对包括金莲川幕府的汉人儒臣开始疏远。另一方面，与汉儒文士疏远的同时，转而又依重所谓“色目人”，利用他们分任权力，使之与汉人互相牵制。在中央中书省宰执人员的任命上，经过一段时间的摸索与调整，也逐渐形成一套不成文的规定：右丞相一员，必由蒙古人担任；左丞相一员，由蒙古、间或由色目人担任，其余平章政事、右丞、左丞、参知政事各二员，则由蒙古、汉人、色目人参用。在不能不使用汉人的情况下，另外委派色目人分任事权，使之进行牵制，并由蒙古人居高监视。

这种做法，不仅有效地抑制和防范了汉人官员的作用与可能发生的离异行为，同时，又在权位斗争中把色目人推在直接与汉人争逐的第一线，成功地暂时转移，并且缓和了汉人官员与最高统治者蒙古人的矛盾。因此，朝廷上三个民族集团的矛盾，通常都是以汉人与色目人官僚集团的倾轧而暴露明显。

## 第二节　周德清在元代失语之因

由于有元一代，蒙汉杂糅，天下同文，集团矛盾，这样极为特殊的生活背景，使得周德清在元代名不见经传，沉寂不响，显而易见。

“周德清的声名不传于正史，在当时也未受到应有的器重与肯定，其实是由许多客观因素造成的。他不曾出将入相，升沉于宦海之中，所以不可能留名青史；他长期居住江南，远离北曲盛行的京城大都，在当时影响力自然不够；他可能囿于生活环境，作品不能和关、郑、马、白这些才人一较长短；他主张要用当时的‘中原音’作曲，当时人却执着于传统韵书中的‘读书音’，或习惯于‘方音’；他说曲律、曲谱，却不够全面，不能和宁献王朱权的《太和正音谱》相比；某些‘曲论’流于片段，又难以和稍晚出的《曲律》、《方诸馆曲律》、《度曲须知》、《闲情偶寄》等专书媲美；……这些都影响到他的声誉，使他沉寂不显。”①

周德清生于1277年，正处元世祖统治时期，统治者实行民族压迫政策，实行民族歧视。而周德清恰属于南人，等级最为低下，备受歧视。科举考试的废止，使周德清没有机会通过考试挤入上层，即便是公元1314年举行了科举考试，而周德清年龄又已过37岁，更何况元代科试，每三年才举行一次，机会少之又少。更为甚者，科举考试与录取等级森严，使其几乎没有可能以举入仕。特别是其地位的低下，更使之没有可能学而优仕。即便是其正值青壮年时期，交游也甚少，交游的名人更少，自然朋友的推贤举能之机也没有可能；特别是其身体力行于《中原音韵》的撰写与散曲的创作，更意味着其仕宦之途的断绝。其《中原音韵》的写作宗旨及行例原则，与前代长期相沿的《广韵》迥然相左，很难为当时的统治阶级所认可，更无法得到长期思维定势、因循守旧者的支持。历代以来，诗词的创作咸守《广韵》之则，从未越雷池一步。而其散曲的创作实践，同样不能得到统治者的认可。元统治者本来就是马背上的民族，尚武轻文。以其文化背景，固然循守诗词创作之本，对新出现的曲式，一直等而下之。

基于上述之因，周德清，一介凡人，很难在当代获得认可，故其在有元一代失语，似成定局，也确成定势。

从下面的考察中，我们更可窥一斑以见其全貌。

## 一　民族歧视，等级森严

民族歧视与民族压迫政策是蒙古贵族特权统治赖以维持的基石。早从忽必烈后期，把全国分划为蒙古、色目、汉人、南人四等级的制度已

① 古苓光：《周德清及其曲学研究》，文史哲出版社1992年版，第2页。

在事实上形成。

故籍中，陶宗仪《辍耕录》对蒙古民族记载详切：

“虽四级之区分，其间尚有若干次要问题未能解决，而四级之差等待遇，则大略可得而悉知。盖系统规定之律令，虽并不留存于今日，且亦不有于当代；然从零星之命令与记事，则确有可得而译考者也。大约言之，元代之种族等级即蒙古人居首，色目人次之，汉人又次之，而南人为最劣。而在若干场合，则大略分为二级：即蒙古、色目为一级，汉人、南人为一级是也。”①

具体情况是：各级官署的长官，都专于蒙古人，其次是色目人，而汉人、南人不与。《元史·百官志序》：“其长则蒙古人为之，而汉人、南人贰焉”，实际上已经成为元代的定制。元代中枢官署，中书省、枢密院、御史台为最要，分别掌理政务、兵柄、黜陟之权。蒙人尚右，丞相中以右丞相为最高。延祐四年，任合散为右丞相，“合散言：故事丞相必用蒙古勋臣，合散回回人，不厌人望，遂恳辞；制以宣徽使伯答沙为中书右丞相，合散为左丞相”。于此可见，中书之长只限用蒙人。“就史料之可考者，通元一代，无一汉人曾任知枢密院事者；即色目人亦仅有四人，想必法定然也。”②

而汉人事实上为达鲁花赤的，亦复有人：“或由冒名改姓，蒙蔽上司；或在南方蒙人不肯赴任处；是则或由欺骗，或有特因，不能执此而否定是项律列之存在也。”③

一般较高级的行政人员，也多是蒙古或色目人所专有。梁寅曰：“世祖之约，不以汉人为相，故为相皆国族。”④ 大德元年，“中书省、御史台、臣言……各道廉访司，必择蒙古人为使，或缺，则以色目世臣子孙为之，其次参以色目、汉人”⑤。

管辖军政与武器的官员由蒙古人专任，色目人已极少，而汉人、南人则绝不可能参与。《元史·兵志序》曰：“以兵籍系军机重务，汉人

① 蒙思明：《元代社会阶级制度》，上海人民出版社2006年版，第46页。

② 同上书，第48—49页。

③ 同上。

④ 梁寅：《梁石门集》。

⑤ 《元史》，《成宗纪》二。

不阅其数。虽枢密近臣，职专军旅者，惟长官一二人知之。”[①]

入仕途径与官吏迁转的难易，也四级迥乎不侔。约而言之，其入仕不外四种途径：一由怯薛，二由科举，三由承荫，四由吏员。

怯薛，指的是宿卫之士。至于科目取士，只是万分之一。[②] 可见由怯薛入仕之易且多。但这项权利，除蒙古及色目人外，汉人、南人则无缘享有；汉人、南人根本无充当怯薛的权利。汉人、南人根本屏除于怯薛之外，而蒙古、色目无功无学者，却能专享。“此元代文人之所以常寓讽刺于咏歌之中以鸣其不平也。”[③]

至于承蒙之制也有差别：至元七年所定承荫之例，蒙古、色目之为府达鲁花赤者，其承荫可为州达鲁花赤，其为散府诸州达鲁花赤者，承荫人可为县达鲁花赤，各依次承荫；而汉人则依管民官例承荫[④]。大德四年，更定新例：“上位知识有根脚的蒙古人每，子孙承荫父职兄职呵，皇帝识也者；除那的以外，一品子荫正五品，从一品子荫从五品，正二品子荫正六品，挨次至七品；色目比汉儿人高一等定夺。”[⑤] 《元史》也有同事的记载，惟谓蒙古与色目同，皆只特优一级。[⑥]

其由吏员升迁者，原为元代入仕要途之一；其种族差等待遇之详情已不可考，其可考者，惟对南人之偏见耳。武宗时曾定例，凡南人人皆不得为廉访司之书吏，[⑦] 故王艮、王文彪等皆以是而被革。[⑧] 程钜夫说

---

① 《元史》，《兵志》一。

② 《草木子》：“仕途自木华黎王等四怯薛大根脚出身，分任省、台外，其余多是吏员，至于科目取士，只是万分之一耳，殆不过粉饰太平之具。”

③ 《不系舟渔集》，《感兴诗》：“客人北方来，少年美容貌，绣衣白玉带，骏马黄金鞍。捧鞭揖豪右，意气轻丘山；自云金张胄，祖父皆朱幡，不用识文字，二十为高官。市人共咨嗟，夹道纷骈观。如何穷巷士，埋首书卷间，年年去射策，临老犹儒冠。”

④ 《元典章》：“至元七年六月，尚书省准中书省咨……总管府达鲁花赤应合承袭之人，于下州达鲁花赤内叙用，散府诸州达鲁花赤应继之人，于县达鲁花赤内叙用。……除蒙古、回回、畏吾儿、乃蛮、唐兀等达鲁花赤应继之人，依准前项所拟闻奏，所据契丹、女真、汉儿达鲁花赤应继之人，拟同管民体例承荫叙用。”

⑤ 《通制条格》。

⑥ 《元史》，《成宗纪》三，大德四年八月，“更定荫叙格，正一品子为正五，从五品子为从九，中间正从以是为差；蒙古、色目人特优一级”。

⑦ 《元典章新集吏部》：“先奉曲律皇帝圣旨，廉访司里革了南人不教做书吏来。”

⑧ 《元史》，《王艮传》：“淮东廉访司辟为书吏；迁淮西，会例革南士，就为吏于两淮都转运盐使司。”又《王忠文公集》，《致仕王公行状》：“升浙西宪府椽，会有例，宪椽南人不得用，复吏绍兴。”

过："南方之贤者，列姓名于新附，而冒不识体例之讥，故北方州县并无南方人士。"[①] 由吏员升迁，也不仅苛待南人，且必有一四级的差别条例存在。

至大四年又规定，"蒙古人降一等，色目人降二等，汉人降三等"[②]。待遇各不相同。

延祐元年，江西行省咨："且如根脚系江南人仕超升之人，俱经回降。"[③] 南人更受排挤压抑。

刑罚方面，其司法机关与处分宽严不同。立特殊规定以保护在各地方的蒙古、色目人，即"诸四怯薛及诸王、驸马、蒙古、色目之人犯奸盗诈伪，从大宗正府治之"[④]，各地的蒙古、色目人，倘犯重刑，仍受特殊法庭保障。每遇蒙古人犯重刑，或蒙古人居官者犯法，不惟司法机关不同，且必经蒙古人作最后决定。

武器限制特殊。自中统三年李璮反元附宋以来，政府即有"禁民间私藏军器"之令。[⑤] 这以后连年三令五申，可见执行之严。表面上看，似为普通禁绝，但实际上全部用来对付汉人。

一般待遇差异百出。元贞二年，"诏民间马牛羊百取一，羊不满百者亦取之，惟色目人及数乃取"[⑥]。征发畜产时因种族不同而有天壤之别。

郑振铎较早在《插图本中国文学史·杂剧鼎盛》中提出："元代少数民族的压迫过甚，汉人的地位，视色目人且远下，所谓蛮子，是到处的时时刻刻的会被人欺迫的"这一民众压迫问题。周贻白在《中国戏曲史长篇·元代杂剧》里援引典籍，重点论证元代对知识分子极不重视这个问题："蒙古统治中国后，对于汉族极为歧视，……同时，把一般人民分为十个等级，一官、二吏、三僧、四道、五医、六工、七猎、八民、九儒、十丐，从这个分别可以看出当时对知识分子的卑视。如儒

---

① 《雪楼集》，《吏治五事》。

② 《元史》，《选举志》二。

③ 《通制条格》。

④ 《元史》，《刑法志》一。

⑤ 《元史》，《世祖纪》二。

⑥ 《元史》，《成宗纪》二。

为第九级，仅比乞丐高一级而已。”

## 二　独揽政权，惟蒙是尊

种族阶级始终以永保蒙古人优越地位为目的。蒙古征服中国，由于内地政治的腐朽与分裂，在征服中国之后，又因土地广漠，文化杂糅，限于西北诸王的反对，与统一局面的维持，不能尽情汉化，以消灭种族的界域。其惟一的政策，惟在百端防闲，削减被征服者的反抗能力，以保持其既得权利。

这一政策的实施，世祖即位以来，用全力从事，种族阶级制度的形成，即源于世祖。

蒙古人征服中国所得重要利权，惟用之于经济的榨取。而经济利益的保持，必借助于政治权力的独揽。

因此，各级长官必用蒙人，长官管理各官署的印信，凡一切发号施令，皆必由之而后可行。① 重要官署也必全操之于蒙古人或色目人，都是为了保证其政权独揽的政策。其之所以较低级的官吏及各官署的次官仍必任用汉人、南人，一是蒙古人多不谙政事②，不识文字，③ 不知刑名，④ 离开了汉人、南人，就无法治理；二是许多地域，蒙古人不愿前往，⑤ 或人数不敷支配⑥。至于军事行政，军器保管及军用器物收获与

---

① 《元史》，《贺仁杰传》：“忽刺忽耳曰：臣为长，印在臣手，事未有不关白而能行者，臣之罪。”又《草木子》：“元路、州、县各位长官，曰达鲁花赤，掌印信，以总一府、一县之治。”

② 《元史》，《不忽木传》：“钦惟圣意，岂不以诸色人仕宦者常多，蒙古人仕宦者尚少；而欲臣晓识世务，以任陛下之使令乎？”又《日闻录》：“国朝故事，以蒙古、色目不谙政事，必以汉人佐之；官府色目居长，次设判署正官，谓其识治体、练时务也。”

③ 《辍耕录》：“今蒙古、色目人之为官者，多不能执笔花押。例以象牙或木，刻而印之。”《草木子》亦曰：“北人不识字，使之为长官，或缺正官，要题判署事及写日子。七字勾不从右七而从左㇀转，见者为笑。”

④ 《元史》，《世祖纪》一三：“增置钦察卫经历一员，用汉人为之。余不得为例。”

⑤ 《元史》，《世祖纪》一二，至元二十五年十月，“湖广省言，左右江口溪洞蛮獠，置四总管府，统州、县、洞百六十，而所调官畏惮瘴疠，多不敢赴，请以汉人为达鲁花赤，军官为民职，杂土人用之。就拟夹谷、三合等七十四人以闻，从之”。

⑥ 《元典章》：“今后诸王驸马各投下各枝儿行与文书，他每分拨到城子里委付达鲁花赤呵，选拣蒙古人委付者；如果无蒙古人呵，拣选有根脚的色目人委付者。”又《元史》，《成宗记》二：“各道廉访司必择蒙古人为使，或阙，则以色目世臣子孙为之；其次参与色目、汉人。”

使用之权，假如使被征服、被压抑的汉人、南人操有，则显有借助现存武力以造成反抗运动的可能，而直接危害既成政权的保持；因此，终元之世，这项律令的执行，非常严重。而开科取士，创设学校，则不过是笼络愚民，粉饰太平的工具。由此入仕超升者，不及怯薛吏员千百之一，而犹与汉人、南人以特殊限制，惟恐其入仕之多。至于法律上的互异，与一般待遇的差别，只不过是为了保持其既得权利，用来表示其身份优越而已。

为什么政权的专擅与保持，种族差异如此重要？蒙古人为什么独独垂青色目人，且必使色目人高于汉人、南人；又为什么相对偏爱汉人，而必使汉人高于南人呢？其最终目的就是为了相互牵制，从中取利。

最明显的是：至元四年，定省官员数，“诏以安童为长，史天泽次之，其余蒙古、汉人参用”[①]。至元二十八年，“诏路、府、州、县……佐贰官，遴选色目、汉人参用，庶期于政平讼理，民安盗息，而五事备也”[②]。至元二十四年，定尚书省职官，“以桑哥、铁木儿平章政事，阿鲁浑撒里右丞，叶李左丞，马绍参知政事，余一员议选回回人充”[③]。又天历元年，“命御史壹凡各道廉访司官。用蒙古二人，畏兀、河西、回回、汉人各一人”。[④] 大德三年，“以福建州、县、官，类多色目、南人，命自今以汉人参用”[⑤]。《元典章·吏部》称：“在先达达、回回、畏吾儿人、蛮子每一处相参委付，么道圣旨了来。”[⑥]

其参用的目的，即在相互牵制相互监察。崔彧论御史之任用，建议“初用汉人十六员，今用蒙古人十六员，柏参巡历为宜。”[⑦]

### 三　开科取士，粉饰太平

元代的科举制度，正式建立的时间较迟，直到元仁宗皇庆二年（1313）才明令举办。

---

① 《元史》，《世祖纪》三。

② 《元史》，《选举志》二。

③ 《元史》，《世祖纪》一。

④ 《元史》，《文宗纪》一。

⑤ 《元史》，《成宗纪》三。

⑥ 《元典章》。

⑦ 《元史》，《崔彧传》。

《草木子》："仕途自木华黎王等四怯薛大根脚出身，分任省、台外，其余多是吏员，至于科目取士，只是万分之一耳，殆不过粉饰太平之具。"

科举分二途：一由科目，一由学校。科目之制，始定于皇庆二年，而实行于延祐元年，除后至元间有数年停顿外，皆例年行之。其考试科目，色目同于蒙古，南人同于汉人，前者应试仅考二场，后者则考三场，而各场内容又有多少难易之殊，乡试、会试并同。[①]

殿试虽同试策一道，而命题各异，字数亦殊。[②] 至正元年，虽略与更变，而差异如故。[③] 其"蒙古、色目人愿试汉人、南人科目中选者，加一等注授"[④]。其出榜也，蒙古、色目为右榜，汉人、南人为左榜，[⑤] 皆因元代尚右。而殿试之第一人，则必属之蒙古人。[⑥] 至名额之规定，乡试四级人各取七十五名，悉依地域以为分配；会试则各取二十五名。[⑦] 殿试录取名额不定[⑧]，然以《元统元年进士录》为据，其在原则上亦必由四级

① 《元史》，《选举志》一："考试程式：蒙古、色目人第一场经问五条，《大学》、《论语》、《孟子》、《中庸》内设问，用朱氏《章句集注》，其义理精明，文科典雅者，为中选。第二场策一道，以时务出题，限五百字以上。汉人、南人第一场明经经疑二问，《大学》、《论语》、《孟子》、《中庸》内出题，并用朱氏《章句集注》，复以己意结之，限三百字以上。经义一道，各治一经。《诗》以朱氏为主，《尚书》以蔡氏为主，《周易》以程、朱氏为主，以上三经兼用古注疏；《春秋》用三《传》及胡氏《传》，《礼记》用古注疏，限五百字以上，不拘格律。第二场古赋、诏诰、章表内科一道，古赋、诏诰，用古体，章表四六，参用古体。第三场策一道，经史时务内出题，不矜浮藻，惟务直述，限一千字以上成。"

② 《元史》，《选举志》一："御试……汉人、南人试策第一道（经史时务内出题），限一千字以上成。蒙古、色目人时策一道，限五百字以上成。"

③ 《元史》，《选举志》一："又七年（至正元年）而复兴，遂稍变程式：减蒙古、色目人明经二条，增本经义。易汉、南人第一场《四书》疑一道为本经义；增第二场：古赋外，于诏诰、章表内又科一道。"

④ 《元史》，《选举志》一。

⑤ 《元史选举志》无左右榜之名，惟曰："分为二榜，揭于省门之左右。"然《佩玉斋类稿》，《江西乡试小录序》，则有左榜右榜之名，而不言其别；然其左榜之人数，恰与江西额定应取之汉人、南人数相合，而右榜之人数，又与应取之蒙古、色目人数相合。《十驾斋养新录》则谓"蒙古、色目人称右榜，汉人、南人称左榜。"

⑥ 《滋溪文稿》，《魏郡马公墓志铭》："延祐元年，诏辟贡举，网罗贤才，公偕其弟祖孝俱荐于乡，公擢第一。明年会试礼部，又俱中选，公仍第一。廷试则以国人居其首，公居第二甲第一人。"

⑦ 《元史》，《选举志》一。

⑧ 《元史》，《选举志》一，及同书《百官志》八。

人平均分配。[①] 这成为元代的定制。[②] 就其录取人数皆由四级平分之一点而观之，似觉平等，然汉人、南人之总数，其超过蒙古、色目人何啻数十百倍，是又不平之尤者也。其两举不第者，又有恩授教授与学正、山长之例，蒙古、色目限年三十以上，而汉人、南人则限五十以上，[③] 这又是一种差别。至于学校，则有蒙古国子学，回回国子学，二者皆仅学习文字以备充任译史之用，[④] 然已有蒙古人争等委付之律。[⑤] 又有医学与阴阳学，则只训练技术人才而已。惟国子学之生员为有大进之机会，盖国学贡举之士皆授官品。[⑥] 廷祐而后，而每当大比之年可以参与会试，其录取者亦可授官。[⑦] 然其中种族差等亦极严，其入学名额各级悬殊[⑧]无论也，即就其选拔之情形而言，也差异百出。贡试，“试蒙古生之法宜从宽，色目生宜稍加严，汉人生则全科场之制”[⑨]。其私试，汉人的科目亦难于蒙古、色目人；[⑩] 汉人生员三年不能通一经者及不肯勤学者，勒令出学，而

---

① 据《元统元年进士录》所记，元统元年录取进士共一百名，四种人各二十五名，且于两榜榜末注明。惟区别录以互证，未能成为定说。然观乡、会试录取人数都以四级平分为原则，想殿试不能独异。

② 箭内亘氏认《选举志》所记乡试录取人数之种族与地理之分配，乃仅指延祐元年，实错。《选举志》所记，系一代之定制，每次乡试皆同。《佩玉斋类稿》，《江西乡试小录序》：“右榜九人，左榜二十二人，合三十又一人。”这都不在延祐元年，但所举总数及本地所取数，与所取人中种族之分配，都与《选举志》所记吻合。

③ 《元史》，《选举志》一：“蒙古、色目人年三十以上并两举不第者，与教授；以下与学正、山长。汉人、南人年五十以上并两举不第者，与教授；以下与学正、山长。”

④ 《元史》，《选举志》一，蒙古国子学条下云：“上自国学，下及州县，举生员高等，从翰林考试，凡学官译史，举以充焉。”回回国子学条下云：“学之建置，在于国都，凡百司庶府所设译史，皆从本学取以充焉。”

⑤ 《元典》，译史通事条下云：“如今蒙古文字，学的多是回回、畏吾儿人有，今后不争等，依例委付；蒙古人依先例争一等委付，钦此。”

⑥ 《元史》，《选举志》一：“复立国子学试贡法，蒙古授官六品，色目正七品，汉人从七品。”

⑦ 《元史》，《选举志》一：“国子监学贡生员及伴读出身，并依旧制，愿试者听，中选者于监学合得资品上从優铨注。”

⑧ 《元史》，《选举志》一：“（至元廿四年，立国子学），其生员之数定二百人，先令一百人及伴读二十人入学，其百人之内，蒙古半之，色目、汉人半之。”《文宗记》四：“（至顺二年），监察御史韩元善言：历代国学皆盛，独本朝国学生仅四百员，又复分辨蒙古、色目、汉人之额，请凡蒙古、色目、汉人不限员额，皆得入学。……不报。”

⑨ 《元史》，《选举志》一。

⑩ 《元史》，《选举志》一：“汉人私试：孟月试经疑一道，仲月试经义一道，季月试策问、表章、诏诰科一道。蒙古、色目人：孟仲月各试明经一道，季月试策问一道。”

蒙古、色目人则须别议。[①] 其授官，“蒙古授官六品，色目正七品，汉人从七品”[②]。其人数分配，大德八年定蒙古、色目、汉人三岁各贡一人，十年改为各贡二人。[③] 其参与会、殿试而后应取人数及其种族之分配无可考，然自后至元六年定中取人数为一十八名[④]，及至正二年以来中选人中各族数额之分配，皆蒙古、色目各六人，汉人、南人共六人之事实推之，似即一代之定法。那么以如此困难而选拔出的人才，其实际任用又是怎样的情况呢？

其实际状况是，由科举入官者，一年仅三十余人[⑤]，仅总数“十分之一半”[⑥]，“万分之一耳”[⑦]；其目的只是“粉饰太平之具”[⑧]。

## 四　革新遭拒，难于流传

《中原音韵》，因根据当时北方活语言之音而作，其分声分韵与《切韵》大异，其内容非沿故旧，所以当朝统治者难容，即便是清代，亦遭深明古音而志在复古之学者所蔑视，且被不解古音而奉最无价值之平水韵为天经地义之政府与学究所排斥。因此，二百余年以来谈论音韵的人很少道及，以致其书若存若亡，湮没不彰。而其内容如何，沿革如何，更无人能言。

“《中原音韵》一系之韵书，皆根据当时北方活语言之音而作，故

---

① 《元史》，《选举志》一：“应在学生员，除蒙古、色目别议外；其余汉人生员三年不能通一经及不肯勤学者，勒令出学。”

② 《元史》，《选举志》一。

③ 同上。

④ 据《元史》，《百官志》一记载，自至正二年以来，除最后一次（至正二十六年）国子生员取录之数及授官品级略有更动外（蒙古七名，正七品；色目六名，从六品；汉人七名，正七品；通二十人），皆是录取十八名；内蒙古人六名，色目人六名，汉人、南人共六名。

⑤ 《元史》，《彻里铁木儿传》，许有壬曰：“科举取士，岂不愈于通事、知印等出身者；今通事等天下凡三千三百二十五名，岁余四百五十六人。玉典赤、太医、控鹤皆入流品；又路吏及任子，其途非一；一岁自四月至九月，白身补官受宣者七十二人，而科举一岁仅三十余人。”

⑥ 《牧庵集》，《送李茂卿序》，“凡今人仕惟三途：一由宿卫，一由儒，一由吏。由宿卫者……十之一，由儒者，十分之一半，由吏者……十九有半焉”。

⑦ 《草木子》：“仕途自木华黎王等四怯薛大根脚出身，分任省、台外，其余多是吏员，至于科目取士，只是万分之一耳，殆不过粉饰太平之具。”

⑧ 同上。

其分声分韵与《切韵》一系之韵书大异，而在音韵史上实为极有价值极可宝贵之一段史料。因其内容为革新的而非沿旧的，故在清代，既遭深明古音而志在复古之学者所蔑视，又被不解古音而奉最无价值之平水韵为天经地义之政府与学究所排斥。于是二百余年以来言音韵者绝少道及此系韵书，以致其书皆若存若亡，湮没不彰；而其内容如何，沿革如何，几无人能言之。惟曲家开口周德清，闭口中州韵，说得像煞有介事，似乎能知此系韵书之内容；实则彼等惟知遵奉王骥德、范善臻诸人非驴非马不南不北之议论为金科玉律，故或讥周德清仅将平声分阴阳为非，或因《菉斐轩词林韵释》不分阴阳平而认为其书先于周氏，言及书名、作者、时代，往往开口便错，无异瞽者说日。井蛙夏虫，极堪悯笑！”①

钱玄同对《中原音韵》的持论非常肯定，他说：

《中原音韵》，是《切韵》以后一部很有革新和创造精神的韵书。

自从陆法言著《切韵》以后，孙愐的《唐韵》、陈彭年等的《广韵》、丁度等的《集韵》算是最有名的韵书，哪一部能够跳出《切韵》范围之外一步？至于那刘渊的《平水韵》，更卑不足道了。时代隔得久远，声音渐渐变迁，这是可以断定的。隋唐宋三朝，声音必有变迁。不过因为那时的文人富于好古心，分明觉得嘴上说的声音和韵书不同，却不肯改韵书来合嘴，偏要保持旧韵书中已死的古音，还要排斥活人嘴里的音，说他是误谬不合。因此，这数百年中的韵书，竟成了陈陈相因的死东西了！

因为韵书陈陈相因，以致诗人作诗押韵也是陈陈相因。但是作诗却要求音节的，要是所用的字，依着韵书上的古音去读，才能音节谐适，依着自己嘴里的音去读，便不成音节的，这便是矫揉造作，不合自然音节的诗了。所以宋人作词便不拘守旧韵书去押韵。到了元人作曲，文章用当时人的白话去作，字音用当时人的语言去读，对于古文和旧韵，一律抛弃。可谓文学上一大解放。所以那些

① 钱玄同：《钱玄同文集》第4卷，中国人民大学出版社1999年版，第73页。

元曲，都是“韵共守自然之音，字能通天下之语；字畅语俊，韵促音调”（这是周氏《中原音韵》序中称赞元曲的话）。周德清据了解当时曲文用韵的字来作《中原音韵》，绝不迁就旧日的韵书，所以说他很有革新和创造的精神。[①]

正是因为《中原音韵》是《切韵》以后一部很有革新和创造精神的韵书，所以更容易遭到当朝统治者及保守派的反对与扼杀，因而难于流传。

**五　史成过速，疏漏难免**

宋濂，是明朝的开国功勋，也是当代最富时誉的大学者、大文章作家。和宋濂同时而比他年长十多岁的杨维桢，在他的翰苑集序文里，劈头就说：“客有持子宋子潜溪诸集来者，曰：‘某帙，宋子三十年山林之文也；某帙，宋子近著馆阁之文也。其气貌声音，随其显晦之地不同者，吾子当有以评之！’”可见时人已很注重宋濂之文。

宋濂生于元武宗至大三年（1310），原籍浙江潜溪（今浙江金华），到他这一代才迁至浦江。

宋濂从小跟随当代大儒刘因（字梦吉，学者称为静修先生）念五经；接着又拜当时著名学者吴莱（字立夫）门下；最后又负笈当时两位文章家黄溍（字晋卿）和柳贯（字道传）门下求学。其能成为一代学者，除了自己天资过人之外，还有一般成功人物所具备的条件：家贫而好学。

宋濂因为能孜孜不倦地苦读，到元顺帝至正年间，学问已经有了很好的基础，一度被任命为翰林院编修，可是他眼见天下大乱，四方豪杰之士都纷纷起来革命，蒙古帝国就要面临覆灭的命运，便托词“亲老”，没有就职，隐居龙门山中，继续研究和著书立说。

过了十多年，到至正十九年（1359），五十岁时，才和刘基一齐应朱元璋的征召，于同年三月间到达应天（南京）。朱元璋对他，就像对刘基一样，尊称为“先生”而不敢呼名叫姓，也不敢用官职来委曲他。

---

① 钱玄同：《钱玄同文集》第5卷，中国人民大学出版社1999年版，第137—138页。

初任江南儒学提举，继之，又做了太子朱标与其他皇子的老师。

洪武二年（1369），宋濂受任为编撰元史的总裁官。受命之后，以元十三朝实录为根据，在洪武二年二月开始工作，到这年六月，就把一部元史完成了。后来又因顺帝没有实录，元末的事迹少有记载，所以在次年二月又重开史局，加以补辑，到六月份全书告成。由于成书过速，疏漏错误之处难免，而且这一部史书对蒙古人在西亚以及欧洲的事迹记载，亦嫌过于简略；而列传的次序，也稍嫌紊乱；他在当时虽被称为太史公，但这部元史，实在算不得是一部成功的史作。①

元朝本就是一个民族畛域深刻的朝代，对“修国史”，民族偏见更为强烈。赵孟頫由于出身宋朝宗室，当时就有人向元仁宗建议：不能让赵孟頫接触到国史，更不能参与国史的修撰工作。可以想见，宋濂修《元史》仅仅用了四个月的时间，像周德清这样地位低下的南人，在当时撰写《中原音韵》，一反《广韵》的押韵系统，实行全面的革新，怎么可能获得当朝统治者的认可，怎么可能有机会将其列入《元史》，彰其所为。其交游甚少，交游名人更少，自然出名更难，入传更艰。

蒙古统治者歧视汉人，停罢科举，使文人失去晋身之阶，反而使文人转而走向民间，步入杂剧，推波助澜，推动了元杂剧的发展。这也正是周德清《中原音韵》诞生之因，更是元散曲走向繁荣之故。

① 谭慧生：《历代伟人传记》（下册），高雄百成书店 1981 年版。

# 第二章　周德清生平考略

面对有限的资料，我们应如何跨越时空的隔绝，探讨周德清的生平，走进周德清的心灵世界，去感受这位曲韵之祖的艺术创造的魅力呢？

丹纳指出："古代只留下一个废墟。我们所保存的古代雕像，和毁灭的部分相比简直微不足道。……这些空白只有一个办法弥补；因为即使没有详细的记载，至少还留下一般的历史。要了解作品，这里比别的场合更需要研究制造作品的民族，启发作品的风俗习惯，产生作品的环境。"① 我们认为，研究周德清也可以比照这样的方法，通过研究当时的政治形态、社会文化来了解周德清《中原音韵》的产生背景，根据考察当时的时局来把握其散曲作品的创作心态，这样我们对周德清的理解就不会有太大的偏差。只有通过切按历史的脉搏去谛听这位曲韵之祖文心的律动，从泛黄的残编断简中得其用心，披文入情，才能观照出其鲜活的生命本真状态。

## 第一节　周邦彦之后说

### 一　诸家论说

关于周德清的家世源流，历代众说纷纭，现将众说胪列于下，我们试图从分析中得出较为可靠的结论。

［元］钟嗣成《录鬼簿》："周德清，江右人，号挺斋，宋周美成

---

① ［法］丹纳：《艺术哲学》，傅雷译，人民文学出版社 1983 年版，第 242 页。

之后。”[①]

《元曲纪事》：“德清，号挺斋，江右人，周邦彦之后。”[②]

隋树森《全元散曲》：“德清，号挺斋，江右人，宋周美成之后。”[③]

王学奇主编《元曲选校注·高安周挺斋论曲》：“周挺斋——名德清，字日湛，号挺斋，江西省高安县暇堂人。宋代周美成之后。”[④]

黄天骥、康保成选编《元明清散曲精选》：“周德清（1277？—1365），号挺斋，高安（今属江西）人。宋代著名词人周邦彦的后裔。”[⑤]

徐征、张月中、张圣洁、溪海《全元曲》：“周德清（1277—1365），字日湛，号挺斋。瑞州暇堂（今江西省高安）人。著名的音韵学家、散曲家。宋代词人周邦彦的后代。”[⑥]

华曲编著《曲厅》：“周德清（1277—1365），字日湛，号挺斋。瑞州高安（今江西高安）人。据《录鬼簿续编》载，他是北宋词人周邦彦的后代。”[⑦]

有趣的是，同时代的台湾散曲研究专家对周德清的家世源流亦持不同看法：

罗锦堂《中国散曲史》认为：“周德清，据贾仲名《续录鬼簿》云：‘字挺斋，江西高安（今江西高安县）人，为宋词家周美成之后。’”[⑧] 而古苓光《周德清及其曲学研究》则认为：周德清是周敦颐之裔。[⑨]

① ［元］钟嗣成等：《录鬼簿》（外四种），上海古籍出版社1978年版，第106页。

② 《元曲纪事》，第227页。

③ 隋树森：《全元散曲（下）》，中华书局1964年版，第133页。

④ 王学奇：《元曲选校注·高安周挺斋论曲》（第1册上卷），河北教育出版社1994年版，第79页。

⑤ 黄天骥、康保成：《元明清散曲精选》，江苏古籍出版社2002年版，第74页。

⑥ 徐征、张月中、张圣洁、溪海：《全元曲》（第10卷），河北教育出版社1998年版，第7646页。

⑦ 华曲：《曲厅》，中国长安出版社2007年版，第182页。

⑧ 罗锦堂：《中国散曲史》，中国文化大学出版部1983年版，第106页。

⑨ 古苓光：《周德清及其曲学研究》，文史哲出版社1992年版，第2页。

## 二　周邦彦世系源流

周仁礼→周维翰{ 周原→周邦彦 ; 周邠 }

## 三　周邦彦的家世与家乡

宋太宗太平兴国三年（978）八月的一天，杭州运河码头，帆樯林立，一千多艘船只正在扬帆起航。堤岸上，杨柳低垂，蝉声噪耳。远处夕阳西下，重重吴山在渐浓的暮霭中无语伫立。与往常不同，岸上、船上有好多全副武装的兵丁。

在这北上的人群中有一个叫周仁礼的少年，他父亲曾是钱王的臣僚，此时早已去世。虽然他年纪尚小，可是也被列入北徙的名单之中。他在汴京的生活可能不太好，因为在这样的一个消费城市，活得较为体面不是一件容易事。从《宋史·职官志》和《宋会要·职官》中得知，北宋政权自真宗大中祥符五年（1012）增文武官员俸禄，仁宗嘉祐年间著《禄令》规定俸禄标准，元丰、崇宁年间又给官员增加俸禄。这中间有稳定封建统治的考虑，因为宋代的国策是“与士大夫治天下”，但也有另一层原因，就是对生活成本的考虑，“京城居，大不易”。周仁礼由于年幼，对家乡的记忆还不很深刻，后来连祖坟在哪里都记不清了。他就是周邦彦的曾祖父。

周邦彦的祖父周维翰已经迁回钱塘，他带着父亲周仁礼的嘱托：找到祖茔。可是终其一生，始终未能如愿。他至少生了两个儿子：周原，字德祖；周邠，字开祖。周原为周邦彦的父亲。周原的墓志铭被收入吕陶的《净德集》，有两个版本，如果依据文津阁藏《四库全书》本，周原的生年当为宋仁宗天圣三年（1025）；如果依据《武英殿聚珍版丛书》，其生年当为天圣四年（1026）。周邠登嘉祐八年（1063）进士第，是对周邦彦很有影响的人，叔侄二人的亲情始终深厚和美。

周维翰临死前对周原说：“我曾经问你的祖父，应该到何处寻找祖坟。可是你的祖父已经快不行了，说话都很艰难，只是说了几个‘黄’字。我花了一辈子的时间也没找到。我是片刻也没忘记你祖父的嘱托呀!"

从此，周原就又承担了这个延续了两代人的神圣使命。历尽了千辛万苦，竟然被他找到了。当时的心情可想而知，他感慨地说："我就是现在死去也没有遗憾了。"周原死后，就葬在祖茔钱塘黄山。

据吕陶所撰的周原墓志铭，周原在乡里口碑很好，"少居乡党自好，慈祥易感，勇于赴人之急"。善良仁厚，乐于助人，富有同情心。周邦彦《祷神文》曾对自己的幼年生活有过这样的回忆："予之幼时，髡髦垂带，父仁母慈，弗鞭弗笞。常人所庸，乃独舍之。"可见周原在家里也是个慈祥的父亲，对孩子百般爱护，不忍鞭打。这一点对周邦彦的成长尤为重要。现代教育学的研究表明，充满爱意的温暖宽松的家庭环境，对孩子的个性成长是非常有帮助的；并且，一个人的童年经历对其今后的成年生活有着极大的影响。南宋王称《东都事略·文艺传·周邦彦传》和《咸淳临安志·人物传·周邦彦传》都一致地使用了"落魄不羁"一词，而《宋史·文苑传·周邦彦传》则使用了意思相近的"疏隽少检"。这种无拘无束、自由散漫的性格，在很大程度上可以归结于他的家庭教育环境。"弗鞭弗笞"，让周邦彦在成长过程中可以充分发挥他的精力去做喜欢做的事情，而不用担心被严厉惩罚。

周原的弟弟周邠后来考中进士，这个事实说明了周家始终保持了读书的传统，应该属于当地较有影响的文化世家；相传为周邦彦作的《南浦》一词说"吾家旧有簪缨"，则表明又是一个簪缨世家。周原的墓志铭有如下记载："家有藏书，清晨必焚香发其覆拜之。有笑者，辄曰：'圣贤之道尽在是，敢不拜耶?'"每日清晨焚香，礼拜细心保管的书籍，这种虔诚得近似宗教仪式的举动，对少年周邦彦的影响肯定是相当巨大的。书里究竟有什么内容让人如此恭敬？这对于好奇心极其强烈的周邦彦来说，无疑具有一种巨大的召唤力量。他在《祷神文》中对自己的童年生活作了这样的回忆："常人所庸，乃独舍之。究思诡奇，乐而忘疲。"

《咸淳临安志·人物传》说周邦彦"少涉猎书史"，《宋史·文苑传》也称周邦彦"博涉百家之书"。可以想象他过人的智力禀赋和广博的知识储备所形成的优越感，再加上宽松的家庭教育让他养成的任性，将给他日后走出家门进入社会带来多么大的社交困难。

周原是个会写诗的人。至于进士出身的周邠，作诗更是胜过其兄。

他与苏轼有过多次的诗歌唱和，并且与当时的名流，比如张先、苏轼门下士中的秦观、晁补之以及僧人参寥子都曾有过诗歌交往。

关于周邠的身世，《咸淳临安志·人物传》记载：

> 周邠字开祖，嘉祐八年登进士第。熙宁间，苏轼倅杭，多与酬唱，所谓周长官者是也。轼后自密州改除河中府，过潍州，邠时为乐清令，以《雁荡图》寄轼，有诗，轼和韵有“西湖三载与君同”之句。后，轼知湖州，以诗得罪，邠亦坐赎金。元祐初，邠知管城县，乞复管城为郑州，有兴废补败之力。由是通判寿春府，见苏轼所行告词。后知吉州，官至朝请大夫、上轻车都尉。其丘墓在南荡山。邠系元符末上书人，崇宁初，第为上书邪等。政和五年，又为僧怀显序《钱塘胜迹记》，盖历五朝云。侄邦彦。

周邠与当时的文坛领袖苏轼有诗歌交往，苏轼在与其唱和时写道：“僧侣且陪香火社。”（《客有美堂周邠长官与数僧同泛湖往北山湖中闻堂上歌声以诗见因和二首时周有服》）显然他与苏轼都是同一社团里的成员，关系密切。周原与周邠兄弟俩喜好吟咏的文化行为对年少的周邦彦肯定有一定的导向作用。周邦彦后来写的诗，让晁补之、张耒这些诗坛名家都“自叹以为不及”[①]，成就超越父辈，可谓冰寒于水，“雏凤清于老凤声”。

周原的墓志铭还说他“晚习导引卫生之经，颇能察脉治病。人有疾，闻而药之辄愈”；“尝遭异人，得秘诀，以奇草化水银为银，而讳之，焚其方，戒子孙不得学”。这些都显示出他德行的美好。帮人治病，是他“慈祥易感，勇于赴人之急”的具体表现；焚毁骗人的炼金秘方，并且告诫子孙不得学习，更可见其忠厚端正。更值得注意的是，周原这些具有浓厚道家色彩的文化活动对好奇心强烈的周邦彦一定有很大的吸引力，后来他从道家思想中寻求心灵解脱的精神资源，也许可以追溯到幼年时期家庭文化的影响。

宋仁宗嘉祐元年（1056），周邦彦出生在钱塘。关于钱塘地名的历史沿革，清顾祖禹《读史方舆纪要》云：“陈置钱塘郡，隋平陈，废郡置杭

① 陈郁：《藏一话腴》外编卷上，四库全书本。

州。”这里众多的人文遗迹和美丽的自然景观吸引了大量的文人墨客，他们从各个地方来到这里，怀古揽胜，逸兴遄飞，欣然命笔，留下了许多脍炙人口的诗篇。盛唐时的孟浩然有诗云：“山藏伯禹穴，城压伍胥涛。”（《与杭州薛司户登樟亭楼作》）历史上大禹的事迹，伍子胥的悲剧，与眼前的山水城郭一起，激荡着诗人的情感。顾况更叹服这里自然风景的美好：“荷花十余里，月色攒湖林。”（《酬房杭州》）诗人在无边的荷香月色之中流连沉醉。作为杭州的名宦之一，白居易不仅治理了西湖，遗爱久远，还留下了很多广为传诵的优美诗词，其中《忆江南》三首最为脍炙人口。他晚年回顾自己的游宦经历，又充满感慨地吟道：“官历二十政，宦游三十秋。江山与风月，最爱是杭州。”（《寄题余杭郡楼兼呈裴使君》）宋初，潘阆南游到此，写下了10首《忆余杭》组词，“一时盛传。东坡爱之，书于玉堂屏风，石曼卿使画工绘之作图”[①]。

宋代最有影响的描写杭州的词章，当数柳永的《望海潮》。

周邦彦就是在这样的环境里生活了22年，他的性格也禀赋了这些地域特征，并在他后来的人生轨迹中或隐或显地表现出来。

### 四　周邦彦大事年表[②]

1056年（宋嘉祐元年）1岁

是年九月，谢天地，改元“嘉祐”。

1057年（嘉祐二年）2岁

1063年（嘉祐八年）8岁

周邦彦叔父周邠登进士第。

1070年（熙宁三年）15岁

陈舜俞为周邦彦叔父周邠岳父。

1071年（熙宁四年）16岁

六月，苏轼出京通判杭州，十一月到杭；在杭期间，与周邦彦叔父周邠交游。

---

① 杨湜：《古今词话》，《词语丛编》本，中华书局1986年版，第21页。

② 参见沈松勤、黄之栋《词家之冠：周邦彦传》，浙江人民出版社2006年版，第320—339页。

1079年（元丰二年）24岁

是年，周邦彦入都为太学生。

1080年（元丰三年）25岁

是年，周邦彦为太学生。正月辛巳，诏改国子监直讲为太学博士；庚寅，命检正中书户房公事蔡京兼编修诸路学制。

1081年（元丰四年）26岁

是年，周邦彦为太学生。四月，周邠知溧水县。

1082年（元丰五年）27岁

是年，周邦彦为太学生。周邦彦有《天赐白》一诗，纪其事。

1083年（元丰六年）28岁

是年，周邦彦为太学生。

1084年（元丰七年）29岁

三月，周邦彦献《汴都赋》，获知于神宗。《宋史》本传："神宗异之，命侍臣读于迩英阁。召赴政事堂，自太学诸生一命为正。"《续资治通鉴长编》卷三百四十四"元丰七年三月壬戌"条："诏：太学外舍生周邦彦为试太学正，寄理县主簿尉。邦彦献《汴都赋》，以上太学生献赋者以百数，独邦彦文采可取，故擢之。"周邦彦《薛侯马》或作于此时。

1085年（元丰八年）30岁

是年，周邦彦任太学正。周邠迁寿春通判。

1086年（元祐元年）31岁

是年，周邦彦任太学正。

1087年（元祐二年）32岁

是年二月，周邦彦外任庐州教授。先回乡，展省先人坟域，三月赴任。

1088年（元祐三年）33岁

是年，周邦彦任庐州教授。

1089年（元祐四年）34岁

是年，周邦彦任庐州教授。

1090年（元祐五年）35岁

是年秋，周邦彦赴荆州任。

1091年（元祐六年）36岁

是年，周邦彦在荆州。

1092 年（元祐七年）37 岁

是年，周邦彦在荆州。

1093 年（元祐八年）38 岁

二月，周邦彦到溧水县令任。

1095 年（绍圣二年）40 岁

是年，周邦彦在溧水任上。

1096 年（绍圣三年）41 岁

是年三月，周邦彦溧水任满，还京为国子主簿。

1097 年（绍圣四年）42 岁

是年，周邦彦为国子主簿。

1098 年（元符元年）43 岁

是年，周邦彦为国子主簿。六月十八日，哲宗召对周邦彦于崇政殿，问及《汴都赋》。退后，邦彦重新抄写进呈，有《重进汴都赋表》。丙申，被授以秘书省正字。

1099 年（元符二年）44 岁

是年，周邦彦任秘书省正字。正月丁卯，朝散郎、知吉州周邠送吏部与合入差遣，以诉理不当故也。

1100 年（元符三年）45 岁

是年，周邦彦任秘书省正字。

1101 年（建中靖国元年）46 岁

是年，周邦彦迁校书郎，曾至睦州。

1102 年（崇宁元年）47 岁

是年，周邦彦任校书郎。

1103 年（崇宁二年）48 岁

是年，周邦彦任校书郎。

1104 年（崇宁三年）49 岁

是年，周邦彦校书郎秩满，迁考功员外郎当在此年。

1105 年（崇宁四年）50 岁

是年，周邦彦为考功员外郎。

1106 年（崇宁五年）51 岁

是年，周邦彦为考功员外郎。

1107 年（大观元年）52 岁

是年，周邦彦迁卫尉宗正少卿，兼议礼局检讨。

1108 年（大观二年）53 岁

是年，周邦彦任卫尉宗正少卿，兼议礼局检讨。

1109 年（大观三年）54 岁

是年，周邦彦任卫尉宗正少卿，兼议礼局检讨。

1110 年（大观四年）55 岁

是年，周邦彦任卫尉宗正少卿，兼议礼局检讨。

1111 年（政和元年）56 岁

是年，周邦彦以直龙图阁知河中府，徽宗欲使毕礼书，留之。迁卫尉卿。

1112 年（政和二年）57 岁

是年，周邦彦以奉直大夫直龙图阁知隆德军府，并管勾学事。

1113 年（政和三年）58 岁

是年，周邦彦知隆德军府。

1114 年（政和四年）59 岁

是年，周邦彦知隆德军府。

1115 年（政和五年）60 岁

是年，周邦彦徙知明州。

1116 年（政和六年）61 岁

是年，周邦彦还京，为秘书监。

1117 年（政和七年）62 岁

是年，周邦彦讲徽猷阁待制，提举大晟府。

1118 年（重和元年）63 岁

是年春，周邦彦出知真定府。

1119 年（宣和元年）64 岁

是年，周邦彦知真定府，改顺昌府。

1120 年（宣和二年）65 岁

是年，周邦彦徙知处州，旋罢，提举南京（今河南商丘）鸿庆宫。

1121 年（宣和三年）66 岁

是年正月，周邦彦因家乡被兵燹，由扬州赴鸿庆宫以安身。至南京，卒于鸿庆宫之斋厅。五月，赠宣奉大夫。

## 第二节　周敦颐之裔论

### 一　暇堂周氏源流图

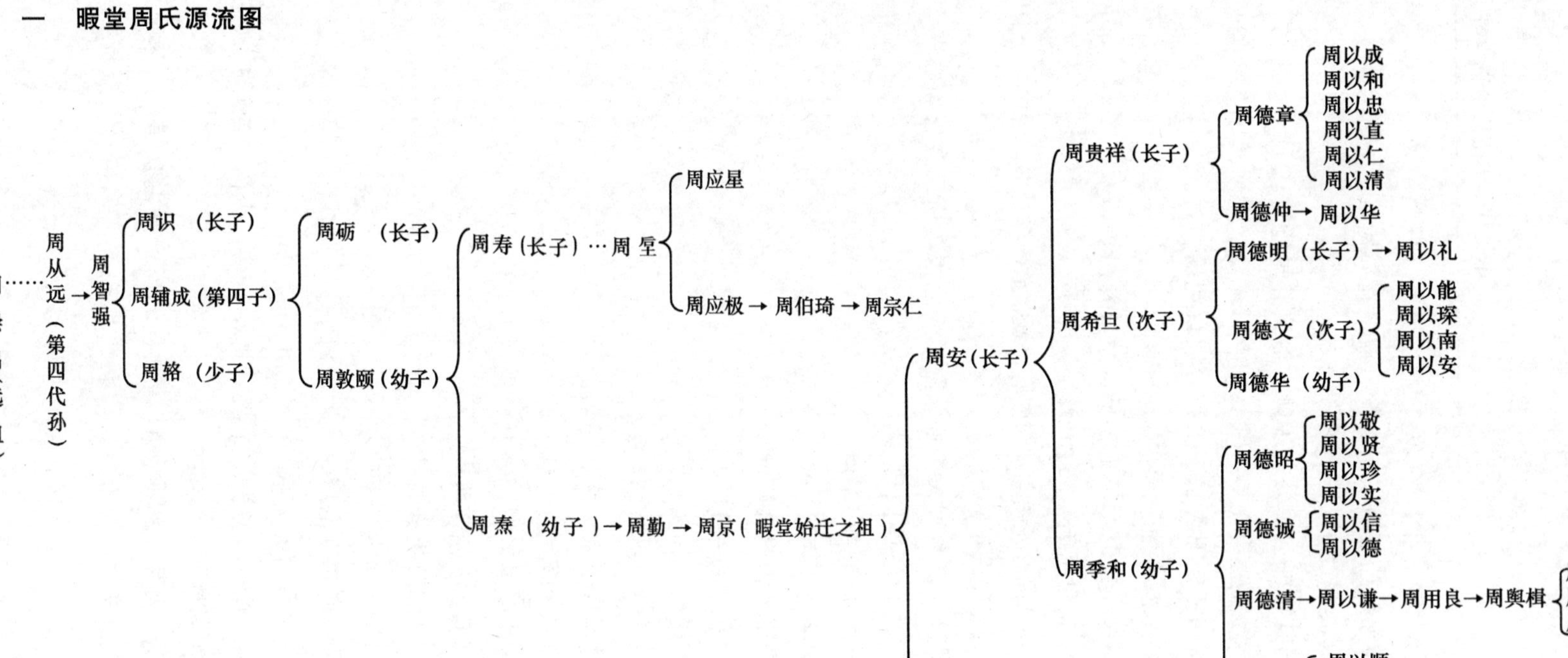


说明：本源流图参照以下资料分析编制：①何光岳：《中华姓氏源流史》第 2 册，湖南教育出版社 2003 年版；②《暇堂周氏宗谱》；③周建刚：《周敦颐研究著作述要》，湖南大学出版社 2009 年第 1 版；④昌彼得、王德毅、程元敏、侯俊德编，王德毅增订：《宋人传记资料索引》，中华书局 1988 年第 1 版；⑤李国玲：《宋人传记资料索引补编》，四川大学出版社 1994 年版；⑥王德毅、李荣树、潘柏澄：《元人传记资料索引》，中华书局 1987 年版。

## 二　周德清家世源流考索

周德清（1277—1365），字日湛，号挺斋。高安暇堂人。元代卓越的音韵学家，著有《中原音韵》；北曲著名作家。

寻其家世源流，有史可考者，可上推至宋代。他是宋代著名理学家周敦颐的后裔。

《暇堂周氏宗谱》，乃周德清1342年66岁时回故乡时所亲自主修。鄱阳同宗侄周伯琦序文说："高安挺斋先生讳德清者，余宗叔也，著有《中原音韵》传世，余窃仿之，编注《六书正讹》。尝企慕于衷，欲求一晤而不可得。因访其家，细谭宗源。始知其出辅成公之一脉。辅成公幼子曰敦颐公，敦颐公子二，曰寿公、曰焘公，世居道州。遭宋季之乱，子孙各以宦徙他郡。余之祖寿公派分鄱阳。焘之孙京公派分高安，即今挺斋叔之四世祖，始迁暇堂者也。"周伯琦之语足证周德清和周伯琦都是周敦颐之后裔。

而《暇堂周氏宗谱》卷首之周敦颐像及其作品《太极图说》、《通书四十章》和八篇遗稿，更具说服力。此外黄庭坚《濂溪诗序》、潘兴嗣《濂溪先生墓志铭》、朱子《祭濂先生文》以及《宋史·周敦颐传》，足可成为重要佐证。

细究其源流，更是洞然可鉴。

据《濂溪先生年谱》所载，其远祖周崇昌在唐太宗永泰年间曾任廉、白二州太守，卸任后退居道州宁远县的太阳村。周崇昌的第四代孙周从远徙居营道，周从远之子为周智强，周智强有五子，长子周识、四子周辅成和少子周辂皆进士及第。

其中，周辅成就是周敦颐的生父，宋真宗大中祥符八年（1015）进士，官终贺州桂岭令。周辅成先娶唐氏，生子砺，是为周敦颐长兄。唐氏卒后，周辅成又继娶左侍禁郑灿之女，生周敦颐。从周敦颐出生的家庭环境看显然是一个富足而有文化教养的家庭。能够为他的成长提供良好的教育环境。需要指出的是，周氏一门并非显宦，周敦颐的父辈有三人进士及第，这在唐宋时期科第进取极为艰难的情况下可算是一个奇迹。但除了周敦颐的伯父周识是宋仁宗天圣五年（1027）二甲及第的"正奏名"进士外，周敦颐的生父周辅成、叔父周辂都是所谓"特奏名”进士。“特奏名”进士是两宋科举制度中的一项特殊制度，是对年老而累举不第的士人所开的一项恩例，周辅成就是“六举以上特奏名赐进士”，也就是应礼部试六次不第而特许随同殿试并赐出身。“特奏名”进士考试制度难度降低，政治待遇也与正途出身的“正奏名”进士有天壤之别，一般只能授予虚衔或州县佐杂等风尘吏职。由此可见，周敦颐的家庭出身远远不能称之为显赫，只是北宋初期的一个普通的中下层官僚地主家庭。[①]

周寿，字元老，改字元翁，道州营道人，敦颐长子，能承家学。登元丰五年黄裳榜进士，尝任吉州司法。[②] 系徙居鄱阳及建县五邑之祖。

周垕，字良载，鄱阳人，咸淳十年进士，署江东提刑干官。元兵至，众推垕署降表，垕骂且泣，因循去。垕明经博学，倜傥尚气节，世称梅山先生。[③] 伯琦祖，元初程钜夫荐之，不受官，隐居以终。[④]

周应星（1269—1342）字辰翁，鄱阳人，应极兄。延祐间用荐授汴梁稻田提举，辞不赴，日从事乎生产作业，家益以充，家庭乡党以艰乏清者辄满其所欲。至正二年卒，年七十四。[⑤]

周应极，字南翁，鄱阳人，伯琦父。大德十一年待制翰林，至大二年迁集贤司直，进待制，出为池州路同知。[⑥]

---

① 周建刚：《周敦颐研究著作述要》，湖南大学出版社 2009 年版，第 1—2 页。参见《宋元学案》，《宋元学案补遗》。

② 昌彼德、王德毅、程元敏、侯俊德编，王德毅增订：《宋人传记资料索引》第 2 册，中华书局 1988 年版，第 1456 页。参《黄豫章集·周元翁研铭》，《黄豫章集·跋周元翁龙眠居士大悲赞》，《金石萃编》，《宋元学案》，《宋元学案补遗》，《宋诗纪事》。

③ 同上书，第 1443 页。

④ 王德毅、李荣树、潘柏澄：《元人传记资料索引》第 2 册，中华书局 1987 年版，第 617 页。

⑤ 同上书，第 645—646 页。参《雪楼集·致乐堂记》，《雪楼集·跋周氏慈云菴记后》，《雪楼集·周南翁悠然轩》，《松雪斋文集·周南翁悠然阁》，《范德机诗集·寄题集贤周司直悠然阁》，《清江碧嶂集·题周南翁悠南阁》，《皇元风雅前集·题周南翁悠然阁》，《闲居丛稿·周南翁待制奉母归鄱焚黄》，《闲居丛稿·题周南翁悠然阁》，《闲居丛稿·致乐堂铭》，《国朝文类·虞集〈致乐堂诗〉》，《道园学古录·诚存堂记》，《国朝文类·诚存堂记》，《道园学古录·过池阳与周南翁同知》，《道园学古录·送集贤周南翁使天坛济源序》，《清容居士集·送周南翁分刺池阳》，《清容居士集·书虞伯生送周南翁序后》，《石田文集·送周南翁之官池阳》，《石田文集·悠然阁赋为周南翁作》，《杨仲弘诗集·雷江阻风寄池阳通守周南翁》，《俟菴集·挽待待周南翁》，《三史》，《元史类编》，《宋元学案补遗》，《元诗选癸集丙》，《元史新编》，《新元史》。

⑥ 同上。

周伯琦，字伯温，号玉雪坡真逸，（1298 元成宗大德二年—1369 明太祖洪武二年），元饶州（今属江西鄱阳）人。自幼从宦，游京师，入国学，为上舍生，积分及高等。以荫授将仕郎、南海县主簿，三转为翰林修撰。

元顺帝至正元年（1341），为宣文阁授经郎，教戚里大臣子弟。自后累转官，皆在宣文阁或崇文阁，眷遇益隆，帝呼其字而不名，特命佥广东廉访司事。至正八年（1348），召入为翰林待制，参预修撰《后妃列传》、《功臣列传》，累升直学士。至正十二年（1352），授兵部侍郎，与贡师泰同擢监察御史。两人皆为南士名望所在，时人以为荣。

至正十三年（1353），迁崇文太监，兼经筵官。丁母忧。至正十四年（1354），起复为江东肃政廉访使。长枪锁南班攻陷宁国，周伯琦与僚佐仓皇出奔，寻逃奔至杭州。除兵部尚书，未行，改浙西肃政廉访使。江南行台监察御史余观纠劾周伯琦失陷宁国，宜正其罪。至正十七年（1357），江浙行省丞相达识帖睦迩承制假周伯琦参知政事，招降张士诚，张士诚既降，释其罪，拜资政大夫、江浙行省左丞。于是留平江十余年。张士诚为朱元璋所灭，周伯琦归鄱阳。明太祖洪武二年（1369），逝，年七十二。

周伯琦仪观温雅，粹然如玉，虽逢元末乱世，但善于自保。博学工文章，而尤以篆、隶、真、草擅名当时。元顺帝以其工书法，命篆“宣文阁宝”，仍题匾宣文阁，及摹王羲之《兰亭序》、智永《千文》，刻石阁中。

著有《六书正讹》、《说文字原》、《近光集》、《扈从集》等。①

周宗仁，字克复，鄱阳人。伯琦子。由国子生授江州路录事，至正中迁建宁路判官，贼围城，中礮几死，贼退即辞归。仕至山东行省郎中。②

① 澹泊主编，中国名人志编纂委员会编著：《中国名人志》，中国档案出版社 2001 年版，第 884—885 页。

② 王德毅、李荣树、潘柏澄编：《元人传记资料索引》第 2 册，中华书局 1987 年版，第 637 页。参《玩斋集·送周克复归省行》，《清江贝先生文集·澹泊斋铭》，《清江贝先生文集·巢居记》，《书史会要》，《元史类编》，《元书》。

周焘，字通老，政字次元。道州营道人，敦颐次子。元祐三年进士，政和七年累官知成都，移知扬州，历两浙转运使，终宝文阁待制。①

周勤，周焘之子，官至县令。配妣张氏，子一：周京。

周京，周勤之子，濂溪公之曾孙。暇堂始迁之祖。行一，字国本，号楚西。道州营道人。宋隆兴甲申（1164）生，端平甲午（1234）官盐邑令。致政后，舟劄白槎里（即今老屋周家），爱其山水环绕，最蕴灵秀，因卜居焉。是为暇堂始迁之祖。关于周京始迁暇堂事，七世孙周文鼎（南京工部虞衡清吏司员外郎）永乐二十二年（1421）在《重修暇堂周氏宗谱序》中说得更清楚："宋理宗时，（京）为古盐邑令，往来筠府，舟劄鳌香岭之下，见白槎里有两水护缠，远山环拱之胜，乃致政，构室以居。维时南筑花圃，为休息之所，而渡名花园；北建道院，以逸乐之地，而宅号暇堂。是京公乃吾族始迁之祖。"宝祐己未（1259）卒，享年九十有五。配妣万氏，同葬鳌香岭月照寒潭形。子二：子安、子宁。

第二世

子安，京公长子，行一，乳名仟，字可久，宋庆元丙辰（1196）生，开庆己未（1259）卒。配妣朱氏，继妣陈氏，均葬月照寒潭形京公墓之左。子三：贵祥、希旦、季和。

子宁，京公幼子，行二。生殁失传。葬石眠头。

第三世

贵祥，安公长子，行一，字应端，宋端平乙未（1235）生，元大德甲辰（1304）殁，配妣岩上胡氏，同葬神湖道院。子二：德章、德仲。

希旦，安公次子，行二，字应明，宋淳祐癸卯（1243）七月生，殁未详，葬鳌香岭。配妣朱氏，生殁未详，葬稳泉塘。子三：德明、德文、德华。

季和，安公幼子，行三，字应礼，宋淳祐戊申（1248）十月生，

① 昌彼得、王德毅、程元敏、侯俊德编，王德毅增订：《宋人传记资料索引》第2册，中华书局1988年版，第1463页。参《宋史》，《东都事略》，《金石萃编》，《北宋经抚年表》，《宋元学案》，《宋元学案补遗》，《宋诗纪事》。

殁葬未详。配妣陈氏，生殁未详，葬鳌香岭大坟南。子四：德昭、德诚、德清、德立。

第四世

德章，祥公长子，行一，字日显，宋宝祐戊午（1258）生，元延祐丙辰（1316）殁，葬道院。配妣熊氏，继室妣姜氏，生殁未详，葬金鳅。子六：以成、以和、以忠、以直、以仁、以清。

德仲，祥公幼子，行九，生殁未详，葬上山脑。配妣金氏，生殁未详，葬鸥塘勘。子一：以华。

德明，旦公长子，行二，字日著，生殁未详。配妣朱氏，生殁未详，同葬泥坑。子一：以礼。

德文，旦公次子，行三，字日杨，生殁未详。配妣熊氏，生殁未详，同葬稳泉塘。子四：以能、以琛、以南、以安。

德华，旦公幼子，行四，字日华，生殁葬失传。

德昭，和公长子，行五，字日宣，号复斋，邑庠生，配妣天宝刘氏，继妣聂氏，副室杨氏，生卒俱未详，同葬庙背。子四：以敬、以贤、以珍、以实。

德诚，和公次子，行六，字日形，生殁未详，葬大王庙下。配妣费氏，生殁葬未详。子二：以信、以德。

德清，和公三子，行七，字日湛，号挺斋。宋端宗景炎丁丑（1277）十一月生。著有《中原音韵》行世，学士欧阳玄、虞集等赞其词律俱优，同志罗宗信、琐非复初各序其妙。邑乘载文苑。元至正乙巳（1365）殁，享年八十有九。赞曰："穷心音韵，古调新腔。引宫刻羽，吐角含商。词坛寡偶，艺苑无双。遗书俱在，历久弥光。"（明房云衢题）。又赞曰："中原音韵，赖祖阐明。超轶往古，津逮后生。误曲斯照，同调斯赓。流风未沫，谁为继声。"（明房成章题）。配妣胡氏，生卒未详，同葬鳌香岭交椅山。子一：以谦。

德立，和公幼子，行八，配妣熊氏，生殁俱未详，同葬大王庙下。子二：以顺，以大。

第五世

以成、以和、以忠、以直、以仁、以清、以华、以礼、以能、以琛、以南、以安、以敬、以贤、以珍、以实、以信、以德、以谦、以顺、以大，计二十一人，不一一列述。

暇堂周氏五世，除始祖周京当过盐邑令外，再无人做官。可以说周德清出身于布衣之家。

周德清只有一子，名以谦，元至大年间生。配妣史氏，生子一：用良。用良配妣王氏，生子一：舆楫。舆楫配妣况氏，生子三：维杨、维胜、维童。遗憾的是，维杨兄弟三人无一人婚配，周德清传至第五代就失传断嗣了。①

## 第三节　考察结论

《录鬼簿续编》说周德清是“宋周美成之后”，这大概是曲解了欧阳玄的《中原音韵序》。欧阳玄序说：“予谓孙吴时有周公瑾者，善音律，故时人有‘曲有误，周郎顾’之语。宋季有清真者，善乐府，故时人有‘美成继妙词’之称。今德清兼二者之能，而皆本于家学如此。”所谓“家学”，是指广义的周姓而言，并非同一家族。周瑜是安徽舒城人，周美成即周邦彦，是浙江钱塘人。说周德清是周美成之后，实在是一个天大的误会。

周德清，《元史》无传，明、清人提到他，多缘于其所编写传世的《中原音韵》。明正德十年编修《瑞州府志·方伎》中说：

> 周德清，工乐府，善音律，所著有《中原音韵》，虞伯生序之曰：随时体制，不失法度。罗士信称其词曰：毋使如阳春白雪，徒为寡和。②

杨一潮不满《瑞州府志》将周德清列入方伎，在万历十六年《重订中原音韵序》中说：

---

① 据《暇堂周氏世系总记》，参中国音韵学研究会编《中国音韵学：中国音韵学研究会南昌国际研讨会论文集·2008》，吴勇、刘裕黑《周德清与〈中原音韵〉及其人其事》，江西人民出版社2010年版，第265—266页。

② 罗士信，一般版本均作：“罗宗信”。

> 郡志载公为方伎，然欧阳文公、虞雍公咸悦服焉。盖儒而逸者也！方伎云乎哉！

而康熙年间修的《高安县志》，则收周德清于文苑传。传中记载：

> 周德清，暇堂人，工乐府，精通音律之道，所著有《中原音韵》行于世。虞伯生序之曰：随时体制，不失法度。罗士信称其词曰：毋使如阳春白雪，徒为寡和。蔡虚斋先生并有序表之。①

史料上，我们对周德清生平的了解仅止于此。直到 1978 年，周德清于元至正二年始修之《暇堂周氏宗谱》被发现，周德清的家世、生卒年才获得较详细的资料。

其《暇堂周氏宗谱》最具说服力："予族宗派衍自楚州营道。濂溪公由营道徙居南康，筑室匡庐之麓，传四世至京公，任监邑令，致政舟剳白槎里，爱其形式绝胜。山水交翠，林木茂美。因迁焉。高邑之有暇堂周，自此始也。"②

周德清是宋理学家周敦颐的后裔。《暇堂周氏宗谱》卷首有周敦颐像，周敦颐的《太极图说》、《通书四十章》及遗稿八篇，还有黄庭坚《濂溪诗序》、潘兴嗣《濂溪先生墓志铭》、朱子《祭濂溪先生文》以及《宋史·周敦颐传》。《暇堂周氏宗谱》有鄱阳同宗侄周伯琦序文，序文说："高安挺斋先生讳德清者，余宗叔也，著有《中原音韵》传世，余窃仿之，编注《六书正讹》。尝企慕于衷，欲求一晤而不可得。因访其家，细谭宗源。始知其出辅成公之一脉。辅成公幼子曰敦颐公，敦颐公子二，曰寿公、曰焘公，世居道州。遭宋季之乱，子孙各以宦徙他郡。余之祖寿公派分潘阳。焘之孙京公派分高安，即今挺斋叔之四世祖，始迁暇堂者也。"

鲁国尧在《李开〈汉语语言研究史〉序》中说："有些问题经过研究，逐渐有了结论，如宁冀伏根据《暇堂周氏宗谱》考出周德清是周

---

① 罗士信，一般版本均作："罗宗信"。

② 《暇堂周氏宗谱·暇堂老屋居址图说》。

敦颐之后，生于1277年，卒于1365年。”[①] 可见，鲁国尧亦认同“周德清是周敦颐之后”说。

俞为民、孙蓉蓉主编《历代曲话汇编·唐宋元编：新编中国古典戏曲论著集成》亦持周敦颐之后说：周德清（1277—1365），字日湛，号挺斋，高安（今属江西）人。祖籍湖南道州营道，为宋代理学家周敦颐之后。虽有文才，但一生未仕。工散曲，善音律，在当时的曲坛上，享有很高的声誉。《中原音韵》写成于元泰定元年（1314），分为两大部分，前为韵书，后为正语作词起例。[②]

现在依据《暇堂周氏宗谱》，将其家族史及生平作一简要的整理转述，从中我们可窥其一斑以见其全貌。[③]

## 一　家族源流

周智强→周辅成→周敦颐[④]→周焘→周勤→周京（1164—1259）→周安（1196—1259）→周季和（1248—未详）→周德清（1277—1365）→周以谦→周用良→周舆楫→周维扬、周维胜、周维童[⑤]。

## 二　生平大事纪要

1277年

宋瑞宗景炎丁丑十一月，周德清生于暇堂。

1308—1311年

周德清三十一岁至三十四岁间，子以谦生。

1311—1323年

① 鲁国尧：《语言学文集：考证、义理、辞章》，上海人民出版社2008年版，第362页。

② 俞为民、孙蓉蓉：《历代曲话汇编·唐宋元编：新编中国古典戏曲论著集成》，黄山书社2006年版，第226页。

③ 部分资料引自《中原音韵新论》中刘能先、刘裕黑《有关周德清几个史实的研究》一文。

④ 周敦颐，本名惇实，避宋英宗讳改，字茂叔，即理学家所尊称之“濂溪先生”。

⑤ 三人皆未婚，周德清一脉传至第五代而断嗣。

周德清三十四岁，开始游历外地，并从事创作①。

1324 年

元泰定帝泰定甲子，周德清四十八岁，萧存存托其友人张汉英问作词之法于周德清，秋，《中原音韵》书成②。书成后，曾在大都与人辩解正语作词的准则③。秋后，回江西，留滞吉安。

1341 年

周德清六十五岁，《中原音韵》在吉安刊行。

1342 年

周德清六十六岁，回故居修《暇堂周氏宗谱》。

1351 年

周德清七十五岁，杨朝英编《朝野新声太平乐府》，收录周德清散曲，小令二十五首，套数三套。

1365 年

元至正乙巳，周德清八十九岁。是年逝世，葬于鳌香岭交椅山。

周德清没有显赫的家世，生平也无一官半职，只是一位热衷北曲曲艺的人，所以正史上不会留名，《府志》仅视为“方伎”。又因为只有少量的曲作流传下来，所以也未被后代推为北曲的重要作家，因而在中国文学史上无法占得一席之位。但是历经七百多年后的今天，周德清却在中国学术界受到尊重，这不得不归功于他当年的卓识，写出一部突破传统的韵书，也是我国最早的曲韵著作——《中原音韵》。他又总结了北曲韵律和写作技巧，并论述诸多语言规范的问题。

现代音韵学者严学窘在 1987 年周德清诞辰 710 周年纪念学术会上说：

> 在汉语语音史上，周德清的《中原音韵》是继《诗经》、《切韵》之后第三座光荣的里程碑。……周德清冲决官韵的樊篱，深深扎根于文学和语言的现实土壤，采撷汉语语音变化的讯息，不阶

① 依周德清所作散曲及《中原音韵》后序、《中原音韵正语作词起例》等资料，其游处多在江西、湖北两地，如浔阳、女儿港、武昌、庐山、鄂渚等，也可能会至大都一带。

② 见《中原音韵》自序。

③ 见《中原音韵正语作词起例》第二十二条。

古音，全面反映了中原语音的崭新面貌，促进了汉语音韵学研究方向的转变，开拓了汉语语音史研究的新领域。《中原音韵》不愧为具有划时代意义的音韵学著作，周德清不愧为开一代学风的伟大学者。

尽管周德清的生平事迹，通过极力爬梳，广作蒐讨，我们所得到的材料仍然不多，但其留下的著作——《中原音韵》及其散曲创作，在今天却成为重要的文化遗产，弥足珍贵。其人虽已逝，其务实的精神却永留人间。

# 第三章 周德清的远绍——周敦颐影响

周敦颐，字茂叔，号濂溪，道州营道县（今湖南道县）人。生于北宋真宗天禧元年（1017）五月五日。度正作《濂溪先生年谱》，对周敦颐的地望、家世，考证甚详。度正说：

> 宋真宗天禧年丁巳五月五日，先生生于道州营道县之营乐里楼田保。初名惇实，字茂叔，避英宗藩邸旧讳，改惇颐。周氏自汉封周后于汝南，世为著望。先生远祖崇昌，唐永泰中为廉、白二州太守，解组居道之宁远县大阳村。裔孙虞宾之中子从远，始徙营道。①

道州营道县营乐里楼田村，即今湖南省道县久佳乡楼田村。营乐里的名称已不存在，现今的久佳乡用的是该乡乡政府所在地的村名。但楼田离此不远，有村名营乐源，仍清楚地保留着古名营乐的痕迹。考地名之所称“营”，是因为道县与广西交界的都庞岭又名营山，由山而出的水曰营江，水流灌溉的地区曰营乐，营水之源曰营乐源，因水建县曰营道县。营道何时建县，无从查考。据史书记载，武帝元鼎六年（前111）置零陵郡，辖零陵、营道、营浦等十县。唐武德四年（621），以营道、永阳二县置道州江华郡，与永州零陵郡相并列。宋以零陵、祁阳、东安三县为永州，营道、江华、宁远、永明四县为道州，于是有了道州营道的名称。至于村曰楼田，访之当地耆旧，相传此处本系深泥沼泽，无法耕作。后来人们想出办法，用大松木埋入泥

---

① 据邓显鹤编《周子全书》。

中，垒土造田。因田全靠下面一排排松木托起，性质像楼，故称楼田。此外，都庞岭脉连春陵山，是道县西面的名山之一。古有春陵乡，元朔二年（前127），汉武帝用主父偃削弱诸侯之策，下推恩令，长沙侯国封定王发的儿子刘买为春陵侯，建侯国于春陵，成为后汉光武帝刘秀祖先发祥之地。地以人闻，春陵因之名盛，故古人多以春陵指代营道。黄庭坚称“春陵周茂叔”。周敦颐有《书春陵门扉》诗，直称春陵为自己的家乡。

周敦颐的远祖并非道州人。度正《年谱》说“周氏自汉封周后于汝南，世为著望。”惟此之故，程颐于《明道先生行状》称“汝南周茂叔”。南宋理宗追封周敦颐为汝南伯。周敦颐是否为周朝后代（通常解释为周平王的后代），事久年湮，无从考究，故稍后于度正的魏了翁作《长沙县学祠记》，只说“先生之先，世居青州”，不提汝南。但周氏又是怎样由青州徙道州的呢？魏了翁采用了度正的旧说：“自唐永泰中有为廉、白二州太守曰崇昌，徙道之宁远县大阳村。至裔孙虞宾之中子从远，又徙营道之西，曰濂溪保，四传为元公。”永泰是唐代宗李豫的年号，无论时间、世系、迁出地点及迁徙人的身份，魏说均与道州爱莲堂《周氏族谱》所载不合。《周氏族谱》说：“始祖归仁公世家山东青州（原注：即今兖州），陈宣帝太建六年（574）甲午登武进士，隋末恭帝义宁元年丁丑八国并楚，公扶天定难，居将帅，授魏博节度使，赐玉带，迁湖广襄阳府襄阳县刺史，终于任所，奉勅葬襄阳城南廿里，竖有碑记。”义宁元年即著名隋末农民大起义的公元617年。周归仁“扶天定难”，“死节”襄阳，从此他的后裔多居襄阳。何时由襄阳迁营道，据道县爱莲堂《周氏族谱》记载，周归仁三传至安时，生如锃、如锡。如锃为长，唐高祖武德四年（621）登武进士，曾任广东曲江县令，后升大理寺评事，征南大帅卫上将军，出知营道。如锡为安时次子，武德元年（618）进士。曾任广东高州府刺史。为了镇压南方少数民族的反抗，朝廷任命他为征南大元帅水陆马步军都统，左金吾卫上将军，平定广西横、廉、白、贵等六州。太宗即位，任左骑常侍。贞观元年（627），因事贬营道散参军，于是兄弟同居宁远大阳洞江口。五传至从远，始迁营道。

根据《年谱》、《家谱》及魏了翁提供的材料，周敦颐的先世徙居的情况大致可确定为由汝南（今河南平顶山市附近）而青州（今山东兖州），由青州而襄阳（今湖北襄阳），由襄阳而宁远（今湖南宁远县），由宁远而营道。始迁宁远者为周敦颐的十二世祖周如锡（《年谱》、魏说认为是周崇昌），迁营道者为周敦颐的曾祖父周从远。周敦颐祖先迁道州既已12世，他自然是土生土长的道州人了。

周敦颐出生在历代书香仕宦之家。始迁宁远的周如锡，据道州《周氏族谱》记载，他生有九子，居然满门进士，其中文进士六人，武进士三人。后人修谱，免不了对自己祖先作某种夸张渲染，满门进士难说，但其属书香仕宦之家，可信。周敦颐的祖父名智强，是始迁营道始祖周从远的单传独子。从远为五代时期荆南建隆元年（960）武进士，官至马步指挥使。智强大概是既未读多少书，又未曾习武做官的土地主，族谱只有“为人恬养丘园，不为利禄所动”的抽象记载，但他的五个儿子却有两个进士，而且两个都做了知县。长子怀识，北宋仁宗天圣五年（1027）进士，官至汀州上杭令。四子怀成（即辅成，周敦颐之父），北宋真宗大中祥符八年（1015）进士，官至贺州桂岭令（桂岭在今广西贺县境内）。周辅成先娶唐姓之女，生子砺及仲章。唐氏去世，继娶郑灿之女，即龙图阁学士郑向之妹，生敦颐。周敦颐出生，正值周辅成仕途得意之际，加上郑氏的贤惠，故周敦颐的童年充满着富贵人家和书香门第的双重特色。惟其是富贵人家，有着优越的生活条件；惟其是书香门第，才能受到良好的文化教养。

周敦颐的屋后有石山围绕，山势从西至东，逐步隆起，最高处约30米，远远望去，像一条匍匐不动的无足大虫，故谓之豸岭。豸岭又名道山。

周敦颐15岁那年，父亲辅成去世，做龙图阁学士的舅舅郑向派人接妹妹回开封，周敦颐也随母入京，从此离开了他的故土。周敦颐离开道县，是在北宋天圣九年（1031）。

郑向是继周辅成抚养教育周敦颐最为得力的人物，而且对周敦颐一生的影响又超过周敦颐的父亲。郑家的子侄均以惇字为辈，于是也用惇字为敦颐取名。可能是周敦颐从小为人、治学都很诚实，或者是他的舅舅希望他淳厚诚实，故取名惇实。因后来宋英宗做太子时曾于景祐三年（1036）被“赐名”宗实，才改名敦颐。周敦颐在父逝居丧期间，以及服满之后其他年月，自然是在他舅舅督促下攻经读史。至20岁，居然“行谊早闻于时”。就在周敦颐20岁这年，郑向得了一次叙例封荫子侄的机会，他没有推荐自己的儿子，却让给了外甥周敦颐，朝廷用敦颐为试用将作监主簿。郑向并为聘陆氏之女，为他完婚。周敦颐父亲来不及考虑的一切，郑向为他作了全面周到的安排。从此，周敦颐有了自己的小家，特别是舅舅的叙例，得到了一个主管祭物的衙门小吏，为他的仕宦前程铺下了第一块基石。

也许就在周敦颐20岁的这年，他的舅舅在杭州知府任上去世，葬润州丹徒县（今属镇江市）。第二年七月十六日，周敦颐的母亲郑氏相继去世。按照郑氏生前的嘱咐，周敦颐自开封扶柩南下，葬母于丹徒，并在镇江鹤林寺内读书守丧。他的将作监主簿，也就因母丧而自然注销了。

周敦颐守丧鹤林寺，这对他一生的仕途和学术有着一定的影响。度正《年谱》记载这段历史说：“先生遂扶柩厝于龙图公墓侧。是岁居润，读书鹤林寺。时范文正公（仲淹）、胡文恭（宿）诸名士与之游，独王荆公少年不可一世，怀刺谒先生，足三及门而不得见。荆公恚曰：吾独不可求之《六经》乎？”

周敦颐在鹤林寺守孝三年，至24岁才服满起用，从此正式进入了他的地方仕宦生涯。

仁宗康定元年（1040），周敦颐孝满起服，由吏部调洪州分宁县（今江西修水县）任主簿。周敦颐因为没有进士出身的资历，不能直接转大理评事，但仍可降一级升转，这有无出身的迁升惯例可循。无奈此时他做龙图阁学士的舅舅去世，在朝廷失去依靠，于是远调江西，从此开始了他以江西、湖南为中心的州县官生活。

周敦颐正式到分宁任职是庆历元年（1041），年25岁。周敦颐的能力和作风，得到了邑人的赞叹，也得到了上司的称许，不久，调袁州卢溪镇代理市征局事务。度正《年谱》说：“袁之进士，来讲学于公斋者甚众。”

直至庆历四年（1044），通过吏部考察，认为有才，调南安军任司理参军。南安军等同下州，辖南康（今江西南康县）、大庾（今江西大余）、上犹（今江西上犹）三县。他在南安虽然只有两年，却做了两件对他一生有重大意义的事。一是抵制王逵的滥刑好杀，树立了好的官声；二是收授了程颢、程颐两员弟子，取得了理学开山的资格。

庆历六年（1046），程珦以虔州兴国县知县代理南安州副职。他欣赏周敦颐的为人和治学，要他的两个儿子——15岁的程颢和14岁的程颐拜他为师，于是周敦颐在听讼治狱之余又兼任了两个孩子的教学。这段时间究竟多长（周敦颐于当年离开南安），具体教了哪些课程，无从查考，因二程从不正面提及此事。

这年冬天，由于王逵的鼎力推荐，周敦颐离开江西，去湖南郴州任郴县县令。也就是说，通过六年的努力，第一次得到了升迁。

周敦颐自庆历六年（1046）冬开始，至神宗熙宁元年（1068），即从30岁至52岁，整整22个年头，一直在州、县两级地方官的岗位上徘徊，郴县县令是他这个阶段的第一站。

周敦颐在郴县四年，皇祐二年（1050），改任桂阳令。周敦颐在桂阳任县令的第三年，因为当道诸公的交相推荐，得到了一个大理寺丞的京官衔头。至和元年（1054），38岁的周敦颐由桂阳令改知洪州南昌。

嘉祐元年（1056），40岁的周敦颐离开南昌，以太子中舍签书的头衔去合州（今四川合川县）任代理判官。

嘉祐五年（1060），周敦颐外放以来第一次进京。嘉祐六年（1061），周敦颐以国子监博士通判虔州，第三次进入江西（宋时叫江东西路）。周敦颐自开封入江西，道经九江，爱庐山风景之美，购地筑屋，欣然有卜居之意。

从赣州到永州并不很远，但周敦颐这次却走了将近一年。他于治平二年（1065）三月绕道江州，游庐山，在自己的濂溪书堂住了一段。十二月过武昌，直到第二年才到达永州。这年周敦颐正好50岁。

治平四年（1067），周敦颐不失前约，率领全家，于三月一日起程回营道扫墓，并通过官府移文，将他母子上京时留下的十几亩薄田正式移交周兴，作为委托周兴常年看守墓地的费用和报酬。从这件事上可以看出，当时周敦颐已经下定不再回营道的决心了。

约在治平四年（1067）的七八月，周敦颐离开永州，去邵州（今湖南邵阳市）代理知州。

事物的发展往往是高潮之后接着而来的就是尾声。周敦颐在邵州的时间极短，也许不到半年，由于赵抃与吕公著的鼎力推荐，由代理知州升任广南东路转运判官。熙宁三年（1070），54岁的周敦颐以虞部郎中任广南东路提点刑狱，走向了他一生仕途的顶点。提点刑狱全称为提点刑狱公事。周敦颐任提点刑狱不到一年，却踏遍了广东的山山水水。就在这年的夏天，周敦颐病倒了。又听说他母亲在润州的坟茔被水冲击，于是请调南康知州。

周敦颐于熙宁四年（1071）第四次进入江西。抵达南康，当年将他母亲自润州移葬九江德化，即他构筑濂溪书堂的附近。这年冬天，周敦颐以多病为由，请求解职，“上南康印分司南京而归”，从而结束了他31年的仕途生活。

熙宁五年（1072），56岁的周敦颐离开官署，回到他嘉祐六年（1060）在庐山之麓购地修筑的濂溪书堂，开始了他为期两年的退隐生活。

周敦颐的晚年是得意的，绝不是度正《年谱》中说的“馇粥不给”。他的《濂溪书堂诗》清楚地记述了这段他最为得意的生活。诗曰：

> 元子溪曰瀼，诗传到于今。此俗最易化，不欺顾相钦。庐山我久爱，买田山之阴；田间有流水，清泚出山心。山心无尘土，白石照沉沉。潺湲来数里，到此始澄深。有龙不可测，岸竹寒森森。书堂构其上，隐几看云岑；倚梧或欹枕，风月盈冲襟。有时吟复默，酒罢鸣幽琴。数十黄卷轴，贤圣谈无音。窗前即畴圃，圃外桑麻林；芋蔬可卒岁，绢布足衣衾。饱暖大富贵，康宁无价金。吾乐盖亦足，名濂以自箴。谁为相朝暮，万木寒萧森。

熙宁六年（1073）六月七日，周敦颐病逝九江，享年57岁。

周敦颐尽管名声甚大，却著述不多，流传下来的仅《太极图说》249字，《通书》2832字，其他诗文、书简、题记3143字，再加《太极图》标注24字，共6248字。

《四库全书总目提要》介绍《周元公集》说：

《周元公集》九卷，宋周元公撰。周子之学，以主静为宗，平生精粹，尽于《太极图说》、《通书》之中，词章非所留意，故当时未有文集。陈振孙《书录解题》载“有文集七卷”者，后人之所编辑，非其旧也。故振孙称是集遗文才数篇，为一卷，余皆附录。则在宋代已勉强缀合，为数无多矣。

潘兴嗣《濂溪先生墓志铭》是记载周敦颐著作的第一手资料。熙宁六年（1073），周敦颐病逝九江。周的生前好友潘兴嗣应周寿、周焘兄弟之请，撰写了《濂溪先生墓志铭》。潘《志》在概述了周敦颐的生平、人品、政绩之后，用加强和突出的语气说：“尤善谈名理，深于易学，作《太极图》、《易说》、《易通》数十篇，诗十卷，今藏于家。”潘兴嗣在这里作了两点至为重要的记载，一是周敦颐著作的篇目，二是这些著作的存放地点。

潘兴嗣是江西南丰人，自号清逸居士。周敦颐一生四仕江西，前后长达23年。在此期间，二人过从甚密。周敦颐筑书堂庐山莲花峰下，潘有《题濂溪诗》，情感真切。潘在诗中劝周敦颐“归来治三径，浩歌同五柳”，和自己一样做隐士。周敦颐则解释说：“束发为学，将有以设施可泽于斯民者，必不得已，止未晚也。”① 于是相与订“异时溪上咏歌之约”。周敦颐再离江西，潘兴嗣有《和茂叔忆濂溪诗》，开篇就说：“忆濂溪，高鸿冥冥遁者肥。”最后写道：“伊尹不忘畎亩乐，宁非斯人之与归！”这种发自内心深处的话，不是至好的朋友是说不出的。另外，周敦颐生母郑氏的墓志，也出自潘兴嗣之手。这些，不仅说明了潘、周两人的关系，而且也说明了潘在周敦颐心目中的地位。可见，潘兴嗣是最了解周敦颐的人物之一，《志》中所载“今藏于家”的各种著作，潘兴嗣必定目见。

周敦颐的宇宙论是富有开创性的见解，他在《易传》的基础上吸收了道家关于有形出自无形的思想，把宇宙的本原上推到太极以前的遥远过去。同时，在宇宙生成诸序列的划分上，以及在宇宙生成、发展的

① 《濂溪先生墓志铭》。

原因上，作了诸多有益的探讨，丰富和发展了我国古代的宇宙学说。周敦颐的这些理论，集中表现在其《太极图》和《太极图说》的前一部分，以及《通书》的《动静第十六》、《理性命第二十二》诸章。

“无极而太极”，是周敦颐宇宙学说中最为光辉的思想，周敦颐在其所著的《太极图说》中阐述他的思想说：

> 无极而太极。太极动而生阳，动极而静；静而生阴，静极复动。一动一静，互为其根。分阴分阳，两仪立焉。阳变阴合而生水、火、木、金、土。五气顺布，四时行焉。五行，一阴阳也；阴阳，一太极也；太极，本无极也。五行之生也，各一其性。无极之真，二五之精，妙合而凝。乾道成男，坤道成女，二气交感，化生万物。万物生生而变化无穷焉。

从思想体系看，周敦颐不仅以无极置于太极之上，而且以太极出自无极之中。

周敦颐关于“无极而太极”的思想，出自道家而胜于道家，源于《易传》而高于《易传》。它是儒、道两家的合流，更是儒、道思想的发展。

周敦颐似乎猜到了运动和平衡对于宇宙万物生成发展的绝对意义，提出了他贯彻于各个大的序列、各个小的环节和各种不同现象的动静观，按照周敦颐的表述形式，可以归结为三个方面：太极动而阳静而阴；物的动静与神的动静；物质运动的动静和思想修养的动静。

周敦颐在《通书·动静》章中说：

> 动而无静，静而无动，物也。动而无动，静而无静，神也。动而无动，静而无静，非不动不静也，物则不通，神妙万物。水阴根阳，火阳根阴。五行阴阳，阴阳太极。四时运行，万物终始。混兮辟兮，其无穷兮。

周敦颐的动静观，不仅用动与静这对范畴说明了运动与物质存在、发展、变化的关系，说明了事物自身存在的动力与活力，而且第一次明确地把我国古代通常用于修养方法的动静运用于本体论，从而深化了人们的思想。

周敦颐在《太极图说》中说："阳变阴合而生水、火、木、金、土。五气顺布，四时行焉。五行，一阴阳也；阴阳，一太极也；太极，本无极也。五行之生也，各一其性。"在这里，周敦颐强调了五行的化生在于阴阳变合的思想，强调了从无极到太极、到阴阳、到五行的宇宙形成的多序列思想，强调了物质多样性的思想。

"阴阳"是"太极"的一动一静所生，而"五行"则是"阴阳"的一变一合所致。

在周敦颐的哲学思想中，论证最严密而又推本最深远的有两个方面的理论，一是"无极而太极"的宇宙论，一是溯源于"诚"的伦理道德观，宇宙论和伦理道德观是构成周敦颐哲学思想的两大支柱。

周敦颐的道德起源说，实际上包含了两层意思，一是道德起源于何时，二是道德起源于何物。他在《太极图说》中说：

> 惟人也得秀而最灵。形既生矣，神发知矣，五性感动而善恶分，万事出矣。圣人定之以中正仁义而主静（原注：无欲故静），立人极焉，故圣人与天地合其德，日月合其明，四时合其序，鬼神合其吉凶。君子修之吉，小人悖之凶。故曰：立天之道，曰阴与阳；立地之道，曰柔与刚；立人之道，曰仁与义。

周敦颐的这段话，说明两点：第一，道德是人类社会发展到需要调整内部关系时才出现的。第二，道德规范是由圣人提出的。

道德起源于某物，是周敦颐伦理思想的特殊命题。在周敦颐的哲学思想中有两个至为重要的范畴，一是"无极"，一是"诚"。在周敦颐的思想体系中，"无极"是一切物的本原，"诚"则是一切意识的本原，而作为意识本原的"诚"又有它自身的本原。

周敦颐从"诚"引出的道德规范，具体说来就是封建道德的核心：仁、义、礼、智、信，但随着语言环境和用意的不同，有着多种不同的表述形式。一是"中正仁义"四者并称。二是"仁义礼智"四者并称。三是"仁义礼智信"五者并称。四是"仁义"二者并称。五是简化为

“五常”。

仁是周敦颐道德论的最主要范畴，第一，仁有施生之义；第二，仁有爱人之义；第三，仁有无私之义。

周敦颐在多数场合下仁义并提，但也有提仁不提义、提义不提仁之时。其一，义有成物之义。其二，义有行而宜之义。其三，义有刚而过度之义。

在周敦颐的五常之中，礼是最具实际性的规范。

在周敦颐的《太极图说》和《通书》中体现出幸福观、苦乐观、富贵观和生死观等四种观念。

在人生价值观念的问题上，周敦颐是强调精神价值，也就是强调道德价值的，其中又特别是人品、德性等自我修养的内在价值和客观化的外在价值，他的幸与不幸的观念正是从这点出发的。他在《通书·幸》中说：

> 人之生，不幸不闻过；大不幸无耻。必有耻则可教，闻过则可贤。

周敦颐的苦乐观是与他的幸福观相联系的，以身有道义为乐，成贤成圣为乐，而以不思不学为忧，弄巧作伪为忧，争名逐利为忧，更以有过不改、宁灭其身而无悔为忧。具体体现在：

治学以追求探索为乐；为人以作德心逸为乐；生活以饱暖知足为乐。

何谓富贵？周敦颐一反其常，以身安为富，道充为贵。他在《通书·富贵》章说：

> 君子以道充为贵，身安为富，故常泰无不足，而铢视轩冕，尘视金玉，其重无加焉尔。

其富贵观体现在：富贵取之于己；人以身有道德为贵；人以身安为富。

其《通书》40章，其中论及修养的有17章，占42.5%。周敦颐认为：士希贤，贤希圣，圣希天。

周敦颐在《通书·志学》章说：

> 圣希天，贤希圣，士希贤。伊尹、颜渊，大贤也。伊尹耻其君不为尧舜，一夫不得其所，若挞于市。颜渊不迁怒，不贰过，三月不违仁。志伊尹之所志，学颜子之所学，过则圣，及则贤，不及则亦不失于令名。

周敦颐在《通书·圣》章说：

> 寂然不动者，诚也；感而遂通者，神也；动而未形、有无之间者，几也。诚精，故明；神应，故妙；几微，故幽。诚、神、几，曰圣人。

周敦颐认为，圣人必须具备三个条件：诚、神、几。也就是能诚，能神，能几。即就修养的境界言，能诚；就感发的敏锐言，能神；就把握善恶的机楔言，能几。

诚是修养的最高境界，神是对反映敏锐的描写，几是人的深层次思维活动。

周敦颐的圣人观有两个很可贵的思想，一是圣人并非天纵所至，而是自己学习、修养所成；二是圣人并不等同于天，而是以天作为自己效法的榜样，因而圣人同样有自己进一步修养的目标，这就叫“圣希天”。

立志是周敦颐修养论的起点。

在周敦颐的修养方法中，深入的思考是致圣的基本功之一。他在《通书·思》章中说：

> 洪范曰：思曰睿，睿作圣。无思，本也；思通，用也。几动于彼，诚动于此，无思而无不通为圣人。不思，则不能通微；不睿，则不能无不通。是则无不通生于通微，通微生于思。故思者，圣功之本，而吉凶之几也。《易》曰：君子见几而作，不俟终日。又

曰：知几其神乎！

在周敦颐的修养论中，“诚”既是修养的最高境界，又是居处应对的日用工夫，更是感物化俗的内在力量，所以他说：“诚者圣人之本。”又说：“圣，诚而已矣。”用“诚”字概括了圣人的一切，自然也概括了人的修养的一切。

周敦颐认为：立诚必须惩忿窒欲，迁善改过；立诚必须复其不善之动；立诚必须日积月累。

周敦颐的慎动思想，可以概括为三个方面：一、动必符合仁、义、礼、智、信的规范；二、动必充分考虑其后果；三、动必征得多人的意见。

周敦颐认为，人的修养必须务实，只有务实才能不断增进，才能舒坦踏实。他在《通书·务实》章说：

实胜，善也；名胜，耻也。故君子进德修业，孳孳不息，务实胜也。德业有未著，则恐恐然畏人知，远耻也。小人则伪而已。故君子日休，小人日忧。

周敦颐在《通书·爱敬》说：

有善不及。曰：不及则学焉。问曰：有不善？曰：不善则告之不善，且劝曰：庶几有改乎？其为君子。有善一，不善二。则学其一而劝其二。有语曰：斯人有是之不善，非大恶也？则曰：孰无过？焉知其不能改？改则为君子矣。不改为恶，恶者天恶之，彼岂无畏邪？乌知其不能改！故君子悉有众善，无弗敬且爱焉。

周敦颐综合人我之间优缺点相形的关系，提出了这样的处理原则：不及则学，不善则告，学一劝二，过必能改。

主静是周敦颐修养论的核心思想。他在《太极图说》中为主静二字作注说：“无欲故静。”在杂著《养心亭说》中说：

孟子曰："养心莫善于寡欲。其为人也寡欲。虽有不存焉者寡矣；其为人也多欲，虽有存焉者寡矣。"予谓养心不止于寡焉而存耳，盖寡焉以至于无，无则诚立明通。诚立，贤也；明通，圣也。是圣贤非性生，必养心而至之。养心之善有大焉如此，存乎其人而已。

静是一切事物的本来状态。怎样才能静？周敦颐只说了四个字：无欲故静。周敦颐所主之静有两个特点：一、静是内心无欲而自然形成的心境，而不是由任何外来力量强制所成的表面现象；二、静不是目的，而是一种达到目的的手段。

周敦颐的社会思想，包括他的政治思想、教育思想和艺术思想。

周敦颐的政治思想是他全部社会思想的归结点。他在《通书·师》说：

师道立则善人多，善人多则朝廷正而天下治矣。

在《通书·家人睽复无妄》说：

治天下有本，身之谓也；治天下有则，家之谓也。

周敦颐不仅从他的宇宙生成论中引出了道德起源的"诚"，使人的最高修养境界与宇宙的最终本原相一致，而且引出了政事法天的思想，使治国治民的总原则与宇宙生成的基本规律相一致。他在《通书·顺化》章说：

天以阳生万物，以阴成万物。生，仁也；成，义也。故圣人在上，以仁育万物，以义正万民。天道行而万物顺，圣德修而万民化。大顺大化，不见其迹，莫知其然之谓神。故天下之众，本在一人，道岂远乎哉？术岂多乎哉？

其于《通书·刑》又说：

天以春生万物，止之以秋。物之生也，既成矣，不止则过焉，故得秋以成。圣人之法天，以政养万民，肃之以刑。

按照周敦颐的公式：心纯则贤才辅，贤才辅则天下治。他在《通书·治》阐述纯心用贤的思想中说：

十室之邑，人人提耳而教，且不及，况天下之广，兆民之众哉！曰：纯其心而已矣。仁、义、礼、智四者，动静言貌视听无违之谓纯。心纯则贤才辅，贤才辅则天下治，纯心要矣，用贤急焉。

周敦颐在《通书·家人睽复无妄》章阐述端本善则的思想时说：

治天下有本，身之谓也；治天下有则，家之谓也。本必端，端本，诚心而已矣；则必善，善则，和亲而已矣。家难而天下易，家亲而天下疏也。家人离，必起于妇人，故《睽》次《家人》，以二女同居，而志不同行也。尧所以厘降二女于妫汭，舜可禅乎？吾兹试矣。是治天下观于家，治家观身而已矣。身端，心诚之谓也。诚心，复其不善之动而已矣。

周敦颐在《通书》中专辟《礼乐》一章对礼先乐后的思想作了论述。周敦颐说：

礼，理也；乐，和也。阴阳理而后和。君君、臣臣、父父、子子、兄兄、弟弟、夫夫、妇妇，万物各得其理然后和，故礼先而乐后。

关于天下在于势的思想，周敦颐在《通书》中专辟《势》一章，以阐述他的理论。他说：

天下，势而已矣。势，轻重也。极重不可反，识其重而亟反之，可也。反之，力也；识不早，力不易也。力而不竞，天也；不识不力，人也。天乎？人也。何尤！

周敦颐在这里说了三个方面的问题：势的不可逆转性，势的可驭性，人的主观能动性。

周敦颐虽然长期担任州县行政长官，忙于政务，但仍以师道自任，暇时讲学修教，颇有两汉以来官教合一之风。康定元年（1040），周敦颐调洪州分宁县主簿，第二年，代理袁州泸溪镇市征局，“袁之进士来讲学于公斋者甚众”。[①] 庆历五年（1045）周敦颐任南安军司理参军，代理知州程珦以其二子程颢、程颐委托教育。庆历八年（1048），周敦颐任郴县令，在县坚持讲学，以致感动了不曾读书的知州李初平。由此可知，周敦颐的教学生涯几乎和他的仕宦生活同时开始而又并行不悖，并且形成了他的教育思想。

一是师为天下善。怎样才能使天下从善而不为恶？周敦颐认为，惟一的办法是弘扬师道。他在《通书·师》说：“或问曰：曷为天下善？曰：师。”为什么师能使天下善呢？概括周敦颐的观点，有如下一些理由：

第一，人因师友而获得知识；第二，人因师友而有道德；第三，师道立则善人多。

二是刚柔善恶中。周敦颐的师道是建立在他对人的情性的独特分析上的。周敦颐分情性为两大类，一为刚，一为柔，刚、柔又各有善恶。师的责任，就在于使其刚柔适中。周敦颐在《通书·师》中说：

> 或问曰：曷为天下善？曰：师。曰：何谓也？曰：性者，刚柔、善恶，中而已矣。不达，曰刚善，为义，为直，为断，为严毅，为干固；恶，为猛，为隘，为强梁。柔善、为慈、为顺，为巽；恶，为懦弱，为无断，为邪佞。惟中也者，和也，中节也，天下之达道也，圣人之事也。故圣人立教，俾人自易其恶，自至其中而止矣。

三是渎则不告。周敦颐以教育为崇高神圣的事业，教者必须有高度的责任感，认真贯彻有益于学生成长的教育原则。他在《通书》最后一章糅合《蒙》、《艮》二卦阐明他的教育思想说：

---

① 度正：《周濂溪先生年谱》。

蒙童求我，我正果行，如筮焉。筮，叩神也。再三则渎矣，渎则不告也。山下出泉，静而清也。汩则乱，乱不决也。慎哉，其惟时中乎！艮其背，背非见也。静则止，止非为也，为不止矣。其道也深乎！

在这里，周敦颐提出了三条他认为是至关重要的教育原则，这就是渎则不告原则，汩则必乱原则，以及为则不止原则。

四是“不愤不启，不悱不发”。“不愤不启，不悱不发”，本是孔子的教学原则。但周敦颐的用意似又不全在于此。接着他又引孔子的话说：“予欲无言。天何言哉？四时行焉，百物生焉。”然后展开议论说：“然则圣人之蕴，微颜子殆不可见。发圣人之蕴，教万世无穷者，颜子也。圣同天，不亦深乎！常人有一闻知，恐人不速知其有也，急人知而名也，薄亦甚矣。”①

周敦颐为什么将表面看来并无联系的教学原则与孔子深厚的底蕴联系在一起呢？实际上他是要从具体的教学方法追溯到教师的涵养，教师修身治学所达到的深度。周敦颐认为，教师的教学效果，主要不在于言辞的多少，而在于自己学问的深浅，以身作则的好坏。功底深厚，才能启学生所难启，发学生所未发。不加节制，遇事侃侃而谈，一味在学生面前卖弄，足见其徒有一知半解，急人知名，实则轻薄之甚。至于教师的榜样作用，孔子已经说得十分深刻了：“天何言哉？四时行焉，百物生焉。”

周敦颐的艺术思想，主要有乐论、专论两个方面。

乐论是周敦颐艺术论的重要组成部分，在《通书》第十三章通论礼、乐关系的基础上，自第十七章起，接连三章论乐，是《通书》惟一分上、中、下的章目。他在《乐上》章说：

古者圣王制礼法，修教化，三纲正，九畴叙，百姓大和，万物咸若。乃作乐，以宣八风之气，以平天下之情。故乐声淡而不伤，

① 《通书·圣蕴》。

和而不淫。入其耳，感其心，莫不淡且和焉。淡则欲心平，和则躁心释。优柔平中，德之盛也；天下化中，治之至也。是谓道配天地，古之极也。后世礼法不修，政刑苛紊，纵欲败度，下民困苦。谓古乐不足听也，代变新声，妖淫愁怨，导欲增悲，不能自止。故有贼君弃父，轻生败伦，不可禁者矣。呜呼！乐者，古以平心，今以助欲；古以宣化，今以长怨。不复古礼，不变今乐，而欲至治者，远矣！

《乐中》章说：

乐者，本乎政也。政善民安，则天下之心和。故圣人作乐，以宣畅其和心，达于天地，天地之气感而太和焉。天地和则万物顺，故神祇格，鸟兽驯。

《乐下》章说：

乐声淡则听心平，乐辞善则歌者慕。故风移而俗易也。妖声艳辞之化也亦然。

周敦颐广泛论及了音乐与自然的关系，音乐与人情的关系，音乐与政治的关系，古乐与今乐的关系，以及乐曲与歌词的关系。

关于音乐与自然的关系，周敦颐认为，作为艺术形式之一的音乐，与大自然存在着某种本质一致性，这种一致性就叫作“和”。他在《通书·礼乐》章说：“乐，和也。”周敦颐不仅认为音乐艺术的和来自大自然的和谐统一，而且又是对大自然和谐统一的必要补充。

关于音乐与人情的关系，周敦颐不仅认为宇宙的大结构是和谐的，平静的，与之相适应，人的情性也应该是和谐的，平静的。他在《太极图说》中提出“定之以中正仁义而主静”，在《通书·师》中提出“惟中也者，和也，中节也，天下之达道也，圣人之事也”。就是这种思想的说明。周敦颐认为，人的情性的和与音乐艺术的和也有着本质的联系，故音乐不仅能“宣八风之气”，而且能“平天下之情”。

“平天下之情”是周敦颐对音乐艺术具有社会价值的基本评价。

关于音乐与政治的关系，在周敦颐的理论体系中，音乐是从属于政治的，甚至可以说它本身就是政治的一部分。

在《通书·礼乐》章中，周敦颐阐明了礼先而乐后的观点，其理由是因为任何客观事物都是先理而后能和的。但周敦颐又认为，音乐艺术是随着政治大气候的转变而转变的。周敦颐不仅看到了政治对音乐艺术的决定作用，而且也看到了音乐对政治的反作用。

关于古乐与今乐的关系，在古今的问题上，周敦颐走向了极端，他不从音乐具体的艺术成就和社会效果分优劣，而笼统地从古今时间界线上论高低，乃至惊呼：“呜呼！乐者，古以平心，今以助欲；古以宣化，今以长怨。不复古礼，不变今乐，而欲至治者，远矣！”事物是发展的，人类社会总是要前进的，音乐艺术也必然随着时代的进步而不断创新，不断进步，要求复古礼而变今乐，这就是开历史倒车了。但音乐要注意社会效果，使之“平心”而不使“助欲”，使之“宣化”而不使“长怨”，这个思想仍是合理的，有积极意义的。

古代的歌都是入乐的，《诗传》说：“合乐曰歌，徒歌曰谣。”关于曲与词的关系，周敦颐在《乐上》、《乐中》两章论述的都是乐曲的问题，《乐下》章才论及词的问题。周敦颐说：“乐声淡则听心平，乐辞善则歌者慕，故风移而俗易矣。妖声艳辞之化也亦然。”周敦颐认为，有了“淡而不伤，和而不淫”的乐曲，还要有与之相适应的歌辞。淡而和的乐曲虽然能起到“淡则欲心平，和则躁心释”的作用，但真正移风易俗，还得靠内容健康、语言优美的歌辞。而且，歌是要靠唱出去的，一支歌曲要想得到广泛流传，不仅要曲调动听，而且要歌词优美。所以周敦颐说“乐辞善则歌者慕”。歌者慕才能流传广远，深入人心，“故风移而俗易矣”。看来周敦颐是很注意歌词的艺术性的。

关于文论，周敦颐在《通书》中有两章专论文辞。其一是第二十八章，章目就叫《文辞》。其二是第三十四章，章目叫《陋》。周敦颐在《文辞》章中说：

文所以载道也。轮辕饰而人弗庸，徒饰也，况虚车乎！文辞，艺也；道德，实也。笃其实，而艺者书之，美则爱，爱则传焉。贤者得以学而至之，是为教。故曰：言之无文，行之不远。然不贤者，虽父兄临之，师保勉之，不学也；强之，不从也。不知务道德而第以文辞为能者，艺焉而已。噫！弊已久矣！

在《陋》章中说：

圣人之道，入乎耳，存乎心，蕴之为德行，行之为事业。彼以文辞而已者，陋矣！

周敦颐总的思想倾向是偏重道德的，所以凡在道德与文辞比较而言的情况下，总免不了流露出重道德而轻文辞的情绪，如“噫！弊也久矣”“彼以文辞而已者，陋矣”之类，都是这种情绪的表现。

周敦颐生于湖南边陲之地，学不由名师，官不过知府，著作字不满三千，所在又多边远障塞之处，然而影响深远，功在孔孟之间，确实是中国学术史上的一大奇迹。

《宋史》本传在转引了黄庭坚的品评后概括周敦颐的学术、人品说：

（周敦颐）博学力行，著《太极图》，明天理之根源，究万物之终结。……又著《通书》四十篇，发明太极之蕴。序者谓其言约而道大，文质而义精，得孔孟之本源，大有功于学者也。

怪不得周德清在重修《暇堂周氏宗谱》时，将周敦颐像及其《太极图说》、《通书四十章》和八篇遗稿，置于卷首，足见周敦颐对周德清之影响深远。

# 第四章　周德清的阅历

## 第一节　鸟瞰"四史"

### 一　《史记》之接受

《史记》，是由司马迁撰写的中国第一部纪传体通史。记载了上自上古传说中的黄帝时代，下至汉武帝元狩元年间共3000多年的历史。

司马迁承家学少负不羁之才，习坟典初奠鸿儒之基；展视野青年壮游，遵遗嘱入仕太史；遭腐刑忍辱著书，酬壮志成旷世盛典。

"罔罗天下放失旧闻，考之行事，稽其成败兴坏之理"，是《史记》最根本的创作宗旨。

司马迁欲"究天人之际"，就是要探寻"成败兴坏"过程中所表现出的不可理解的现象。"通古今之变"就是通观、贯通"古今之变"，是《史记》"究天人之际"创作宗旨的进一步深入和全面的把握，它对历史的进程中出现的那些逆转的事件、那些人物的反常命运找出了答案。"成一家之言"是司马迁在历史学上的一个首创，目的就是要独立成家、自立为言，建立自己的思想体系。[①]

在周德清的散曲作品中，我们可以看出其对《史记》的接受，可谓烂熟于心。其用典之娴熟，常令人叹为观止。如：套曲［南吕·一枝花］《遗张伯元》中"进履圯桥"之典："大胸襟进履圯桥，壮游玩乘槎大海，老风波走马章台。"

"进履圯桥"，即"圯桥进履"，典出《史记》卷五十五《留侯世

① 参安平秋、张玉春《〈史记〉说略》，刘起釪、王钟翰等著《经史说略——二十五史说略》，北京燕山出版社2002年版，第1—15页。

家》："良尝闲从容步游下邳圯上，有一老父，衣褐，至良所，直堕其履圯下，顾谓良曰：'孺子，下取履！'良鄂然，欲殴之。为其老，强忍，下取履。父曰：'履我！'良业为取履，因长跪履之。父以足受，笑而去。良殊大惊，随目之。父去里所，复还，曰：'孺子可教矣。后五日平明，与我会此。'良因怪之，跪曰：'诺。'……五日，良夜未半径，有顷，父亦来，喜曰：'当如是。'出一编书，曰：'读此则为王者师矣。后十年兴。十三年孺子见我济北，谷在山下黄石即我矣。'遂去，无他言，不复见。旦日视其书，乃《太公兵法》也。良因异之，常习诵读之。"曲中，周德清把张伯元比作张良，说他胸怀宽阔，能在小事情上忍让，谦恭有礼之态，跃然纸上。

又如：套曲［越调·斗鹌鹑］《双陆》［三台印］中的"地割鸿沟"："汉高皇对敌楚项籍，诸葛亮要擒司马懿。那两个地割鸿沟，这两个兵屯渭水。"

地割鸿沟，典出《史记》卷八《高祖本记》："项羽数击彭越等，齐王信又进击楚。项羽恐，乃与汉王约，中分天下，割鸿沟而西者为汉，鸿沟而东者为楚。"这里以楚汉地割鸿沟来比喻打双陆中的一种局势，形象生动。

又如：套曲［越调·斗鹌鹑］《双陆》［含笑花］中"函谷孟尝归"："暗疾，函谷孟尝归，不下鸿门樊哙急。"

典出《史记》卷七十五《孟尝君列传》："（秦昭王）囚孟尝君。谋欲杀之。孟尝君使人抵昭王幸姬求解。幸姬曰：'愿得君狐白裘。'……最下坐有能为狗盗者，曰：'臣能得狐白裘。'乃夜为狗，以入秦宫臧中，取所献白狐至，以献秦王幸姬。幸姬为言昭王。昭王释孟尝君。孟尝君得出，即驰去，更封传，变名姓以出关。夜半至函谷关。秦昭王后悔出孟尝君，求之已去，即使人驰传逐之。孟尝君至关，关法鸡鸣而出客，孟尝君恐追至，客之居下坐者有能为鸡鸣，而鸡齐鸣，遂发传出。出如食顷，秦追骑果至关，已后孟尝君出，乃还。"这里用孟尝君逃出函谷关比喻打双陆中的紧张的局面，简直是淋漓尽致。

又如：套曲［赵调·斗鹌鹑］《双陆》［金蕉叶］中"孙膑伏兵"："撤底似孙膑伏兵未起，外划似孙武挑兵教习。"

典出《史记》卷六十五《孙子吴起列传》：孙子谓田忌曰："彼三

晋之兵素悍勇而轻齐，齐号为怯，善战者因其势而利导之。兵法，百里而趣利者蹶上将，五十里而趣利者军半至。使齐军入魏地为十万灶，明日为五万灶，又明日为三万灶。庞涓行三日，大喜，曰：'我固知齐军怯，入吾地三日，士卒亡者过半矣。'乃弃其步军，与其轻锐倍日并行逐之。孙子度其行，暮当至马陵。马陵道狭，而旁多阻隘，可伏兵，乃斫大树白而书之曰：'庞涓死于此树之下'。于是令齐军善射者万弩，夹道而伏，期曰：'暮见火举而俱发'。庞涓果夜至斫木下，见白书，乃钻火烛之。读其书未毕，齐军万弩俱发，魏军大乱相失。庞涓自知智穷兵败，乃自刭，曰：'遂成竖子之名!'"此以孙膑在马陵道布下伏兵比喻打双陆时之布局，出神入化。

又如：套曲［越调·斗鹌鹑］《双陆》［小桃红］中"萧何追韩信"："散二似萧何追韩信待回归，众军士傍观立。"

典出《史记》卷九十二《淮阴侯列传》："信数与萧何语，何奇之。至南郑，诸将行道亡者数十人。信度何等已数言上，上不我用，即亡。何闻信亡，不及以闻，自追之。人有言上曰：'丞相何亡。'上大怒，如失左右手。居一、二日，何来谒上，上且怒且喜，骂何曰：'若亡，何也?'何曰：'臣不敢亡也，臣追亡者。'上曰：'若所追者谁何?'曰：'韩信也。'上复骂曰：'诸将亡者以十数，公无所追；追信，诈也。'何曰：'诸将易得耳。至如信者，国士无双。王必欲长王汉中，无所事信；必欲争天下，非信无所与计事者。顾王策安所决耳。'"如此典故，路人皆知，但一经周德清巧妙化用，借用萧何追韩信的故事来比喻打双陆中之局面，简直化腐朽为神奇。

### 二　《汉书》之咀嚼

《汉书》，又称《前汉书》。由东汉时期的历史学家班固编撰，是中国第一部纪传体断代史。全书主要记述了上起西汉的汉高祖元年（前206），下至新朝的王莽地皇四年（23），共230年的史事。《汉书》包括纪十二篇，表八篇，志十篇，传七十篇，共一百篇，八十万字。班固曾述其撰书之旨谓："虽尧舜之盛，必有典谟之篇，然后扬名于后世，冠德于百王。"

《汉书》难读，非有毅力、恒心、细心者，难以入门。《汉书》不是读过一两遍就可以利用的史籍，但从周德清的散曲创作中，对《汉书》之典故的运用，可谓娴熟自如，足见周德清用力之勤。

我们从其套曲［南吕·一枝花］《遗张伯元》［梁州］中对“章台”一典的运用，可见一斑：“大胸襟进履圯桥，壮游玩乘槎大海，老风波走马章台。”

“章台”一典，典出《汉书》卷七十六《张敞传》：“然敞无威仪，时罢朝会，过走马章台街，使御吏驱，自以便面驸马。”作者以张敞比喻张伯元的才能和他的风流倜傥的性格，惟妙惟肖。

### 三　《后汉书》之兼通

《后汉书》，是一部记载东汉历史的纪传体史书，记载了从王莽起至汉献帝的195年历史。《后汉书》大部分沿袭《史记》、《汉书》的现成体例，但在成书过程中，范晔根据东汉一代历史的具体特点，则又有所创新，有所变动。

《文苑传》首次为擅长诗赋文章的文士集中立传，从一个侧面反映了文学的勃兴。就史观而言，范晔以“正一代得失”为宗旨，在对人物评述上，以“贵德义，抑势力，进处士，黜奸雄”[①]为原则，不把眼光只集中在将相百官的狭小圈子中，对博学兼通、崇尚名节的大儒、党人、逸民、独行尤为关注。这也正是周德清看重《后汉书》之处。

套曲［越调·斗鹌鹑］《双陆》［金蕉叶］中“吕布遭围下邳”：“五梁似吕望兵临孟水，六梁似吕布遭围下邳。”

典出《后汉书》卷七十五《吕布传》：“建安三年，布遂复从袁术，遭顺攻刘备于沛，破之。曹操遣夏侯惇救备，为顺所败。操乃自将击布，至下邳城下。遗布书，为陈祸福。……布与麾下登白门楼。兵围之急，令左右取其首诣操。左右不忍，乃下降。”此以吕布围于下邳妙喻打双陆时之局势，简直是如临其境。

### 四　《三国志》之默化

《三国志》，是西晋陈寿编写的一部主要记载魏、蜀、吴三国鼎立

---

① 王鸣盛：《十七史商榷》卷六一。

时期的纪传体国别史，详细记载了从魏文帝黄初元年（220）到晋武帝太康元年（280）共60年的历史，深受后人推崇。

《三国志》，由《魏书》三十卷、《吴书》二十卷和《蜀书》十五卷三部分组成，共六十五卷。

《三国志》的三个部分，《魏书》讲汉末董卓之乱以后到曹魏建国和灭亡的历史，《蜀书》讲刘备建立蜀国和刘禅统治蜀国以至灭亡的历史，《吴书》讲江南孙氏父子建立吴国直到为西晋所灭亡的历史。

陈寿《三国志》的最大优点，是引文精练，叙事简约，史实准确，取材严谨，不失为一部好史书。[①] 周德清浸润其中，常有所获，甚而情不自禁地在其散曲中自然化用。

如：套曲［越调·斗鹌鹑］《双陆》［含笑花］中，“火烧曹孟德”就是周德清熟透《三国志》之后水到渠成的运用：“无梁如火烧曹孟德，撞门如张飞拒水。”

“火烧曹孟德”，即“火烧赤壁”，典出《三国志》卷五十四《吴书·周瑜传》：“权遂遣谕及程普等与备并力逆曹公，遇于赤壁。时曹公军众已有疾病，初一交战，公军败退，引次江北。瑜等在南岸。瑜部将黄盖曰：‘今寇众我寡，难与持久。然观操军船舰，首尾相接，可烧而走也。’乃取蒙冲斗舰数十艘，实以薪草，膏油灌其中，裹以帷幕，上建牙旗，先书报曹公，欺以欲降。又豫备走舸，各系大船后，因引次俱前。曹公军吏士皆延颈观望，指言盖降。盖放诸船，同时发火。时风盛猛，悉延烧岸上营落。顷之。烟炎张天，人马烧溺死者甚众，军遂败退，还保南郡。”套曲写打双陆，以火烧赤壁典故比喻打双陆过程中之局面，简直出神入化。

又如：套曲［越调·斗鹌鹑］《双陆》［含笑花］中“跳溪刘备”：“点颏如跳溪刘备，无梁如火烧曹孟德。”

“跳溪刘备”，乃活用“刘备跳檀溪”之典。典出《三国志》卷三十二《蜀书·先主传》：“荆州豪杰归先主者日益多，表疑其心，阴御之。”注引《世语》曰：“备屯樊城，刘表礼焉，惮其为人，不甚信用。

① 参《经史说略——二十五史说略》，高敏《〈三国志〉说略》，北京燕山出版社2002年版，第80—81页。

曾请备宴会，蒯越、蔡瑁欲因会取备，备觉之，伪如厕，潜遁出。所乘马名的卢，骑的卢走，堕襄阳城西檀溪水中，溺不得出。备急曰：'的卢，今日危矣，可努力！'的卢乃一踊三丈，遂得过，乘桴渡河，中流而追者至，以表意谢之，曰：'何去之速乎！'"这里是用刘备跳檀溪的惊险情景比喻打双陆中的局势，真有剑拔弩张之感。

又如：套曲［越调·斗鹌鹑］《双陆》［三台印］中"兵屯渭水"："汉高皇对敌楚项籍，诸葛亮要擒司马懿；那两个地割鸿沟，这两个兵屯渭水。"

典出《三国志》卷三十五《诸葛亮》："十二年春，亮悉大众由斜谷出，以流马运，据武功五丈原，与司马宣王对于渭南。亮每患粮不继，使已志不申，是以分兵屯田，为久驻之基。耕者杂于渭滨居民之间，而百姓安堵，军无私焉。相持百余日。"此以兵屯渭水喻打双陆时之局势，无异于和盘托出，形象而生动。

又如：套曲［越调·斗鹌鹑］《双陆》［小拜门］中"纵擒孟获"："把门似临潼会里，颏如细柳军围，看诸葛纵擒孟获。两下里，马来回。"

典出《三国志》卷三十五《诸葛亮》："（章武）三年春，亮率众南征，其秋悉平。军资所出，国以富饶，乃治戎讲武，以俟大举。"注引《汉晋春秋》："亮至南中，所在战捷。闻孟获者，为夷、汉所服，募生致之。既得，使观于营陈之间，问曰：'此军何如？'获对曰：'向者不知虚实，故败。今蒙赐观看营陈，若只如此，即定易胜尔。'亮笑，纵使更战，七纵七擒，而亮犹遣获。获止不去，曰：'公，天威也，南人不复反矣。'""纵擒孟获"之喻，顿使双陆对阵之势，如慢写镜头，推向眼前，印象深刻。

又如：套曲［越调·斗鹌鹑］《双陆》［小桃红］中"单刀会"："散三似敬德赶秦王不相离，有叔宝后跟随。百一局似关云长独赴单刀会。"

典出《三国志》卷五十四《鲁肃传》："备既定益州，权求长沙、零、桂，备不承旨。权遣吕蒙率众进取。备闻，自还公安，遣（关）羽争三郡。肃往益阳，与羽相拒。肃邀羽相见，各驻兵马百步上，但诸将军单刀俱会。肃因责数羽曰：'国家区区本以土地借卿家者，卿家军败远来，无以为资故也。今已得益州，既无奉还之意，但求三郡，又不从命。’语未究竟，坐有一人曰：‘夫土地者，惟德所在耳，何常之有！’肃厉声呵之，辞色甚切。羽操刀起谓曰：‘此自国家事，是人何知！’目使之去。备遂割湘水为界，于是罢军。”此以“关云长单刀赴会”形容打双陆之局势，因为化用典故，使名词达到了动词的效果，简洁而传神。

## 第二节 俯视有唐

### 一 《唐书》之潜移

《唐书》是记载唐朝历史的纪传体史书。二百卷。内帝纪二十卷，志三十卷，列传一百五十卷。五代后晋时刘昫、张昭远等撰。记载了唐朝自高祖武德元年（618）至哀帝天佑四年（907）共290年的历史。在北宋编撰的《新唐书》问世以后，《唐书》始有新旧之分。周德清对唐代典籍情有独钟，尤喜《唐书》，因而在其笔下，一用唐典，活如庖丁解牛。

如：套曲［越调·斗鹌鹑］《双陆》［含笑花］中“失家……吴元济”：“失家如误了吴元济，点颏如跳溪刘备。”

此活用“吴元济失家”之典。事见《唐书》卷一三三。《新唐书》卷一五四。吴元济，唐代淮西节度使吴少阳长子。少阳死，吴元济匿不发丧，并伪表请求主兵，朝廷不允，遂举兵反。裴度钦兵平叛，部将李愬雪夜破蔡州，擒元济，斩于京师。此以吴元济战败之事巧喻打双陆中之局势，如兵临城下，胜败自知。

### 二 《国史补》之旁及

《国史补》，即《唐国史补》，中唐人李肇撰，是一部记载唐代开元至长庆之间一百年事，涉及当时社会风气、朝野轶事及典章制度各个方面等重要轶事小说，对全面了解唐代社会具有极其重要且十分特殊的功用和价值，仅《太平广记》征引其内容达一百三十三处之多。共三卷，凡三百零八条事，卷首有目录，概括每条内容以五字标题。前二卷大体按时间顺序排列，卷下则杂记了各类典章制度。周德清旁及此书，实属不易，足见其对社会风气、朝野轶事及典章制度之关注。

如：［双调·沉醉东风］《有所感》中“鲤从龙”：“鲲化鹏飞未必，鲤从龙去安知。”

典出唐·李肇《国史补》卷下：“旧言春水时至，鱼登龙门，有化龙者。今郊晋山穴间龙蜕骨角甚多，人采以为药，有五色者。”又，《太平御览》九三引辛氏《三秦记》：“河律，一名龙门，水险不通，鱼鳖之属莫能上，江海大鱼薄集龙门下数千，不得上，上则为龙也。”“鲤从龙”是说鲤鱼跳过龙门即化为龙。本比喻人们想争取更好的前程。而在这一小令中，周德清却反其意而用，认为人的前途很难预料，“化龙”未必就好。直用不如化用，化用重在巧用。

## 第三节　仰视“二子”

### 一　《庄子》之吸收

《庄子》，庄子撰。庄子（前369—前286），姓庄名周，字子休，享年84岁。道家学说的主要创始人，中国著名哲学家、思想家、文学家、辩论家。庄子平生只做过地方漆园吏，因崇尚自由而不应周宗楚威王之聘。庄子主张“天人合一”和“清静无为”。虽生活贫穷困顿，却鄙弃荣华富贵、权势名利，力图在乱世保持独立的人格，追求逍遥无恃的精神自由。

“实际上，宋、元理学的提倡‘存天理、去人欲’，注重静坐，就是吸收了某些道家观点的。”① 从某种意义上说，周德清更多地接受了《庄子》的思想影响。

如：套曲［南吕·一枝花］《遗张伯元》［隔尾］中“坐井观天”：“向管中窥豹那知外，坐井底观天又出来。”这里娴熟地运用了《庄子·秋子》之典，比喻自己学识不够渊博。

这一典故，典出《庄子·秋水》：“北海若曰：‘井蛙不可以语于海者，拘于虚也；夏虫不可以语于冰者，笃于时也；曲士不可以语于道

---

① 马美信译注：《古代文史名著选译丛书·庄子选译·前言》，巴蜀书社1991年版，第12页。

者，束于教也。’”

### 二 《列子》之沉潜

《列子》又名《冲虚经》。列子，战国前期思想家，是老子和庄子之外的又一位道家思想代表人物，其学本于黄帝老子，主张清静无为。汉班固《艺文志》“道家”部分录有《列子》八卷。于前450—前375年所撰，是道家重要典籍。全书共载民间故事寓言、神话传说等134则，为东晋人张湛所辑录增补，题材广泛，有些颇富教育意义。

《列子》的观点，突出地体现在：一、在“道”为本体的理论上有进一步的阐发。二、“独化”思想。三、“齐物论”。四、名实观的新变化。五、承认智巧。六、“用志不分，乃凝于神”的道者形象。七、主张人向自然回归的自然观。八、虚幻思想。[①] 周德清所受《列子》之影响，不言自明。

如：套曲［南吕·一枝花］《遗张伯元》“钟子期”：“正伯牙志未谐，遇钟子期心能解。”

周德清用的是钟子期“高山流水”之典。典出《列子·汤问》：“伯牙善鼓琴，钟子期善听。伯牙鼓琴，志在高山。钟子期曰：‘善哉，峨峨乎若泰山！’志在流水，钟子期曰：‘善哉，洋洋乎若江河！’伯牙所念，钟子期必得之。伯牙游于泰山之阴，卒逢暴雨，止于岩下，心悲，乃援琴而鼓之。初为霖雨之操，更造崩山之音。曲每奏，钟子期辄穷其趣。”又见《淮南子·本味》。作者把张伯元比作知音，能理解自己的心意，以伯牙、子期的友谊比拟两人的友谊，促膝之情，洞然可见。

## 第四节 立雪《礼记》

《礼记》，是中国古代一部重要的典章制度书籍。该书编定是西汉礼学家戴德和他的侄子戴圣。戴德选编的八十五篇本叫《大戴礼记》，

① 参王丽萍译注《古代文史名著选译丛书·列子选译·前言》，巴蜀书社1994年版，第6—13页。

在后来的流传过程中若断若续，到唐代只剩下了三十九篇。戴圣选编的四十九篇本叫《小戴礼记》，即今天见到的《礼记》。两者各有侧重，各有取舍。东汉末年，著名学者郑玄为《小戴礼记》作了出色的注解，后来这个本子便盛行不衰，并由解说经文的著作逐渐成为经典，到唐代被列为“九经”之一，宋代列入“十三经”之中，为士者必读之书。

读《仪礼记》，必须首先了解古代的宫室制度，人物的揖让进退，器物的陈设方位才能了解于胸。[①]

周德清在其散曲创作中，亦见其化用之迹。如：套曲［南吕·一枝花］《遗张伯元》［梁州］中“箕裘”：“箕裘事业合该，簪缨苗裔传来。”

典出《礼记·学记》：“良冶之子，必学为裘；良弓之子，必学为箕，始驾马者反之，车在马前，君子察于此三者，可以有志于学矣。”周德清说张伯元出自世代簪缨之家，能继承父业，是一个经世的人才，足见其对张伯元之了解与肯定。

## 第五节　广通《御览》

《太平御览》是宋代一部著名的类书。北宋李昉、徐铉等学者奉敕编纂，始于太平兴国二年（977）三月，成书于太平兴国八年（983）十月。《太平御览》采以群书类集之，凡分五十五部五百五十门而编为千卷，所以初名为《太平总类》；书成之后，宋太宗日览三卷，一岁而读周，所以又更名为《太平御览》。全书以天、地、人、事、物为序，分成五十五部，可谓包罗古今万象。书中共引用古书一千多种，保存了大量宋以前的文献资料，但其中十之八九已经亡佚，更使本书显得弥足珍贵。

此包罗古今弥足珍贵之书，周德清能静心而读，其读书之广，用心之沉，足让人敬仰。如：［双调·沉醉东风］《有所感》中“鲤从龙”：“鲲化鹏飞未必，鲤从龙去安知。”

---

① 刘起釪、王钟翰等：《经史说略——十三经说略》，彭林《〈三礼〉说略》，北京燕山出版社2002年版，第123页。

典出唐·李肇《国史补》卷下："旧言春水时至，鱼登龙门，有化龙者。今郃晋山穴间龙蜕骨角甚多，人采以为药，有五色者。"《太平御览》九三引辛氏《三秦记》："河律，一名龙门，水险不通，鱼鳖之属莫能上，江海大鱼薄集龙门下数千，不得上，上则为龙也。""鲤从龙"是说鲤鱼跳过龙门即化为龙。比喻人们想争取更好的前程。而在这一小令中，周德清却大胆地反其意而用，表达人之前途很难预料，"化龙"未必真好。

## 第六节　博洽《世说》

《世说新语》是南朝宋时期（420—581）产生的一部主要记述魏晋人物言谈轶事的笔记小说。由南朝刘宋宗室临川王刘义庆（403—444）组织一批文人编写，梁代刘峻作注。全书原八卷，刘峻注本分为十卷，今传本皆作三卷，分为德行、言语、政事、文学、方正、雅量等三十六门，全书共一千多则，记述自汉末到刘宋时名士贵族的遗闻轶事，主要为有关人物评论、清谈玄言和机智应对的故事。

《世说新语》这样的遗闻轶事，周德清运用时能博而洽之，以小见大，恰如其分。如：套曲［南吕·一枝花］《遗张伯元》［尾声］中"管中窥豹"："向管中窥豹那知外，坐井观天又出来。"

典出《世说新语·方正》："王子敬数岁时尝看诸门生樗蒲，见有胜负，因曰：'南风不兢'门生毕轻其小儿，乃曰：'此郎亦管中窥豹，时见一斑。'子敬瞋目曰：'逝惭荀奉倩，近愧刘真长。'遂拂衣而去。"又见《晋书·王献之传》。这是周德清赠张伯元的套曲，曲中赞扬张伯元的为人。"管中窥豹"两句谓自己学识肤浅，谦恭之意，心由言表。

## 第七节　定尊"四家"

周德清在《中原音韵》序中说道："乐府之盛，之备，之难，莫如今时。其盛，则自后搢绅及闾阎歌咏者众；其备，则自关、郑、白、马一新制作，韵共守自然之音，字能通天下之语，字畅语俊，韵促音调；观其所述，曰忠，曰孝，有补于世；其难，则有六字三韵，'忽听'、

'一声'、'猛惊'是也。"可见，周德清对关、郑、白、马之推崇。

## 一　关汉卿——推动元杂剧走向成熟的杠杆

关汉卿是元代剧坛最杰出的代表之一。他的如椽大笔，是推动元杂剧脱离宋金杂剧的"母体"走向成熟的杠杆，是标志戏剧创作走上艺术高峰的旗帜。对元代社会的腐败与黑暗，他广泛反映，深刻揭露；对受迫害者的痛苦经历，他寄予莫大的同情，酣畅抒写；对弱小者抗击罪恶、见义勇为的意识和行动，他给予热情的颂扬。他的创作"一空依傍，自铸伟词"，"曲尽人情，字字本色"[①]。其剧作如"琼筵醉客"，汪洋恣肆，慷慨淋漓，具有震撼人心的力度。

关汉卿（1225？—1300？）[②]，字汉卿，号已斋叟，大都（今北京）人，其户籍属太医院户[③]，但尚未发现他本人业医的记载。关于他的籍贯，此外还有祁州（今河北安国）、解州（今山西运城）等几种不同的说法，但通常以《录鬼簿》为据。关于他的仕宦情况，由于元代太医院并无院尹官名，关汉卿叙及本人生活情况的散曲亦全无与此有关的痕迹，朱经《青楼集序》又说他入元后"不屑仕进"，因此，颇有可疑，如果说这是指金代的官职，也有难以解释的地方。

关汉卿的生卒年也很难推断。《青楼集序》把他和杜善夫、白朴都列为"金之遗民"，《录鬼簿》将他列为"前辈已死名公才人"，他由金入元当是可以肯定的。关汉卿传世有散曲《大德歌》，是以元成宗大德年号（始于1297）为题。假定他在1300年前后去世，也必须享寿达到九十左右，才有可能在金代已经做官。这在古代是很特别的情况，通常会在与他有关的资料中反映出来，但实际上却没有，因此，说他仕于金也有难以解释之处。大体上只能肯定他出生于金的晚期或末年，根据

---

① 《王国维戏曲论文集》，中国戏剧出版社1984年版，第90页。

② 关汉卿的生卒年难以确考，此从王季思与王纲的推断，分别见王季思《谈关汉卿及其作品〈窦娥冤〉和〈救风尘〉》（载《关汉卿研究论文集》，古典文学出版社1958年版），王纲《关汉卿研究资料汇考》前言（中国戏剧出版社1988年版）。有关关汉卿的事迹及生卒年的其他说法，可参看李汉秋、袁有芬合编《关汉卿研究资料》第一、五编（上海古籍出版社1988年版），及王纲《关汉卿研究资料汇考》上编。

③ 此据元钟嗣成《录鬼簿》（明抄《说集》本及明末孟称舜刊《酹江集》附录《录鬼簿》残本均作"太医院户"，别本有作"太医院尹"者，姑从前说）。

杨维桢称其为“士大夫”以及他所具有的文化修养来考虑，其家庭在金代当有一定的社会地位。入元后很可能是并未出仕，而仅是以一个剧作家兼艺人的身份活跃于大都的戏剧界。金亡时，尚为少年；入元之际（1271）大概已年近半百。至元、大德年间，他活跃于杂剧创作圈中，和许多作者演员交往①，有时还“面傅粉墨”，参加演出，成为名震大都的梨园领袖②。他曾南游杭州，撰有《杭州景》套曲，其中有“大元朝新附国，亡宋家旧华夷”句，可见在元灭南宋、南北统一之后，他还健在。他还创作了［大德歌］十首，其中有“吹一个，弹一个，唱新行［大德歌］”等语，［大德歌］是当时刚流行的小令，可知他的创作活动，一直延续到大德初年。

关汉卿的前半生，是在血与火交织的动荡不宁的年代中度过的。作为封建时代的知识分子，关汉卿熟读儒家经典，深受儒家思想影响，所以，在他的剧作中，常把《周易》、《尚书》等典籍的句子顺手拈来，运用自如。不过，他又生活在仕进之路长期堵塞的元代，科举的废止、士子地位的下降，使他和这一代的许多知识分子一样，处于一种进则无门、退则不甘的难堪境地。和一些消沉颓唐的儒生相比，关汉卿在困境中较能够调适自己的心态。他生性开朗通达，放下士子的清高，转而以开阔的胸襟，“偶娼优而不辞”。他的散曲［南吕·一枝花］套数，自称“我是个蒸不烂、煮不熟、捶不扁、炒不爆、响珰珰一粒铜豌豆”，宣称“则除是阎王亲自唤，神鬼自来勾，三魂归地府，七魄丧冥幽；天哪，那其间才不向烟花路儿上走”。这既是对封建价值观念的挑战，也是狂傲倔强、幽默多智性格的自白。由于关汉卿面向下层，流连市井，受到了生生不息、杂然并陈的民间文化的滋养，因而写杂剧，撰散曲，能够左右逢源、得心应手地运用民间俗众的白话、三教九流的行话，而作品中那些弱小人物的悲欢离合，也流露着下层社会的生活气息与思想情态。

---

① 关汉卿在杂剧创作圈内颇得人缘，如与杨显之为“莫逆之交”，与梁进之为“世交”，与费君祥亦有交往；另与散曲名家王和卿、名优珠帘秀曾相互切磋艺文。参见《录鬼簿》及元陶宗仪《南村辍耕录》卷二三、元夏庭芝《青楼集》。

② 天一阁本《录鬼簿》于关氏略传后有贾仲明补挽词，其中有“驱梨园领袖，总编修帅首，捻杂剧班头”语。

元朝，是儒家思想依然笼罩朝野而下层民众日益觉醒、反抗意识日益昂扬的年代。在文坛，雅文学虽然逐渐失去往日的辉煌，但它毕竟浃入肌肤，余风尚炽，而俗文学则风起云涌，走向繁盛。这两股浪潮碰撞交融，缔造出奇妙的文化景观。关汉卿生活在这种特定的历史阶段，他的戏剧创作及其艺术风貌，便呈现出鲜明而驳杂的特色。一方面，他对民生疾苦十分关切、对大众文化十分热爱；另一方面，在建立社会秩序的问题上他认同儒家仁政学说，甚至还流露出对仕进生活的向往。他一方面血泪交迸地写出感天动地的《窦娥冤》，另一方面又以憧憬的心态编写了充满富贵气息的《陈母教子》。就其全部文学创作的总体风格而言，既不全俗，又不全雅，而是俗不脱雅、雅不离俗。就创作的态度而言，他既贴近下层社会，敢于为人民大声疾呼，却也不失厚人伦、正风俗的儒学旨趣。他是一位勇于以杂剧创作来干预生活积极入世的作家，又是一位倜傥不羁的浪子，还往往流露出在现实中碰壁之后解脱自嘲、狂逸自雄的心态。总之，这多层面的矛盾，是社会文化思潮来回激荡的产物。惟其如此，关汉卿才成为文学史上一位说不尽的人物。

关汉卿是元代最早从事剧本创作的作家之一，他和同时代的杂剧名家王和卿、杨显之、梁进之、费君祥等有较密切的交往，常在一起商酌文辞，评改作品；他长期生活于勾栏瓦肆，与一些著名艺人也相当熟悉，今尚存有他赠珠帘秀的套数。

元统一全国后，关汉卿曾到过杭州，在《南吕一枝花·杭州景》套数中描绘了这座南方城市的秀丽风光和繁华生活。

关于关汉卿的为人和个性，元人熊自得《析津志》说他“生而倜傥，博学能文，滑稽多智，蕴藉风流，为一时之冠”。对此，其《南吕一枝花·不伏老》套数中有更透彻的自白。他毫无惭色地自称“我是个普天下郎君领袖，盖世界浪子班头”，在结尾一段，更狂傲倔强地表示：

我是个蒸不烂煮不熟捶不匾炒不爆响珰珰一粒铜豌豆，恁子弟每谁教你钻入他锄不断斫不下解不开顿不脱慢腾腾千层锦套头。我玩的是梁园月，饮的是东京酒，赏的是洛阳花，攀的是章台柳。我也会围棋会蹴踘会打围会插科，会歌舞会吹弹会咽作会吟诗会双陆。你便是落了我牙歪了我嘴瘸了我腿折了我手，天赐与我这几般儿歹症候，尚兀自不肯休！则除是阎王亲自唤，神鬼自来勾；三魂归地府，七魄丧冥幽。天哪，那其间才不向烟花路儿上走！

这一套散曲既反映了关汉卿经常流连于市井和青楼的生活面貌，同时又以“风流浪子”的自夸，成为叛逆封建社会价值系统的大胆宣言。曲中所描绘的生活，按照士大夫的传统人生取向标准来看，分明是“堕入下流”，但关汉卿却欣喜于在这种生活中得以解脱了功名利禄的“锦套头”而获得自由与快乐；他的如数家珍的罗列炫耀，对于士大夫的传统分明带有“挑衅”的意味。这种人生选择固然是特定的历史环境所致，但关汉卿的自述中充满昂扬、诙谐的情调，较之习惯于依附政治权力的士人心理来说，这种热爱自由的精神是非常可贵的。

当然，关汉卿不仅仅是一个“风流浪子”。他一方面主张“人生贵适意”，主张及时享乐，“到头这一身，难逃那一日，受用了一朝，一朝便宜”（《双调乔牌儿·无题》），同时（特别是在他的戏剧作品里）又表现出对社会的强烈关怀，对于社会中弱小的受压迫者的同情和赞颂，这和许多具有官员身份的文人出于政治责任感所表现出的同情人民的态度有很大不同，在这里很少有理念的成分，而更多地包含着个人在社会中的切身感受，出自内心深处的真实情感。

关汉卿一生创作杂剧，多达 67 种，今存 18 种，即：《窦娥冤》、《鲁斋郎》、《救风尘》、《望江亭》、《蝴蝶梦》、《金线池》、《谢天香》、《玉镜台》、《单鞭夺槊》、《单刀会》、《绯衣梦》、《五侯宴》、《哭存孝》、《裴度还带》、《陈母教子》、《西蜀梦》、《拜月亭》、《诈妮子》。其中若干种，是否为关汉卿原作，学术界尚有争议[①]。

### 二　郑光祖——南方戏剧圈中的巨擘

活跃在南方戏剧圈的杂剧作家中，成就最为突出的是郑光祖。

郑光祖，字德辉，平阳襄陵（今山西襄汾县）人。生于元世祖至

---

① 争议的情况，可参看李汉秋等编《关汉卿研究资料》第五编“歧见汇录”及王纲《关汉卿研究资料汇考》下编“著述考”。

元初年。《录鬼簿》说他“以儒补杭州路吏。为人方直，不妄与人交。名香天下，声振闺阁，伶伦辈称郑老先生”。平阳地区杂剧活动频繁，郑光祖从小受到戏剧艺术的熏陶，青年时期置身于杂剧活动，享有声誉。但他的活动主要在南方，成为南方戏剧圈中的巨擘。周德清在《中原音韵》中激赏郑光祖的文词，将他与关、马、白并列。约于泰定元年（1324）前后，郑光祖卒于杭州。他一生写过杂剧18种，今存《倩女离魂》、《㑇梅香》、《王粲登楼》、《周公摄政》、《伊尹扶汤》、《三战吕布》、《智勇定齐》、《老君堂》等8种。元杂剧作家用同一题材作剧，后出者为次本。郑光祖的剧作即大多系翻用前人旧作而为次本。

### 三　白朴——“词语遒严，情寄高远”

白朴（1226—1306），原名恒，字仁甫，一字太素，号兰谷。祖籍隩州（今山西曲沃），后迁居真定（今河北正定）。其父白华，曾任金朝枢密院判官。当蒙古大军围攻金朝首都时，白华随金哀宗出奔，家眷则留在城内。不久城破，白朴的母亲死于浩劫之中，年才八岁的白朴，幸得其父亲好友元好问携带抚养。

白朴“幼经丧乱，仓皇失母”[①]，心灵饱受创伤，长大后又曾漂流于大江南北，看到了社会凋残山河破碎的情况，心情十分沉重。面对残酷的现实，他感到无法对付，决心不参与政治，“放浪形骸，期于适意”。或是流连于青山绿水之间，或是在风月场中，和杂剧作家以及勾栏歌伎们往还。[②] 1279年南宋灭亡，东南战事平定，白朴也长期在南方居住，五十五岁时定居金陵。经常和耆老聚饮，题咏前朝名物，在作品中时常流露出沧桑之感和失落之哀。

白朴擅词曲。词集名《天籁集》，“词语遒严，情寄高远”[③]，多颓唐凄楚之调。散曲现存40首，多以本色的语言抒写闲情逸致。所作杂

---

① 王文才：《白朴戏曲集校注》，王博文《白兰谷天籁集序》，人民文学出版社1984年版，第237页。

② 据《青楼集》说，白朴对“高洁凝重”的“天然秀”尤为赏识。贾仲明的［凌波仙］吊词也说到了他“沾花摘叶风诗性，得青楼薄倖名”。

③ 王文才：《白朴戏曲集校注》，王博文《白兰谷天籁集序》，人民文学出版社1984年版，第237页。

剧，据《录鬼簿》所录名目，凡15种。现存仅《梧桐雨》和《墙头马上》。另有《东墙记》，经明人篡改，已非原貌；此外还有两种剧本残存有曲词。从内容来看，白朴的杂剧大半写男女情事。

在他的词和散曲中，常表现出故国之思、沧桑之感和身世之悲，情调凄凉低沉。如《夺锦标》词上阕中的一节：

> 孤影长嗟，凭高眺远，落日新亭西北。幸有山河在眼，风景留人，楚囚何泣。

白朴出身于具有浓厚文学气氛的家庭，少年时又随著名诗人元好问学诗词古文，在传统的文人文学方面有相当好的素养。在元代，他是最早以文学世家的名士身份投身于戏剧创作的作家。

### 四　马致远——元代梨园之“曲状元”

马致远，以字行，晚号东篱，以示效陶渊明之志。大都人。其年辈晚于关汉卿、白朴等人，生年当在至元（始于1264）之前，卒年当在至治改元到泰定元年（1321—1324）之间。他经历了蒙古时代的后期及元政权统治的前期。青年时追求功名，对“龙楼凤阁”抱有幻想；中年时期，一度出任江浙行省务官；晚年则淡薄名利，以清风明月为伴，自称“东篱本是风月主，晚节园林趣”[①]，向往闲适的生活。

马致远在元代梨园声名很大，有“曲状元”之称。他既是当时名士，又从事杂剧、散曲创作，亦雅亦俗，备受四方人士钦羡[②]。所作杂剧15种，现存7种，即《汉宫秋》、《陈抟高卧》、《任风子》、《荐福碑》、《青衫泪》、《岳阳楼》，以及《黄粱梦》（与人合作）。其《误入桃源》杂剧尚存残曲一支。散曲作品被辑为《东篱乐府》传世。明朱权《太和正音谱》“群英所编杂剧”将他列入元人之首，明臧懋循则将他的《汉宫秋》置于《元曲选》之首。可见，在元代以后，马致远仍

---

① 见马致远［双调·清江引·野兴］。

② 天一阁本《录鬼簿》贾仲明补挽词云：“万花丛里马神仙，百世集中说致远。四方海内皆钦羡。战文场曲状元，姓名香贯满梨园。”

备受曲家重视。

在马致远生活的年代，蒙古统治者开始注意到“遵用汉法”和任用汉族文人，却又未能普遍实行，这给汉族文人带来一丝幻想和更多的失望。马致远早年曾有仕途上的抱负，他的一套失题的残曲中自称“写诗曾献上龙楼”，却长期毫无结果。后来担任地方小官吏，也是完全不能满意的，在职的时间大概也并不长。在这样的蹉跎经历中，他渐渐心灰意懒，一面怀着满腹牢骚，一面宣称看破了世俗名利，以隐士高人自居，同时又在道教中求解脱。

我们从周德清《作词十法》之《定格》中对马致远散曲作品的引用与评价，可以看出其对马致远及其作品的认可：

《双调·秋思》

【夜行船】百岁光阴如梦蝶，重回首往事堪嗟。昨日春来，今朝花谢。急罚盏，夜筵灯灭。

【乔木查】秦宫汉阙，做衰草牛羊野，不恁渔樵无话说。纵荒坟横断碑，不辨龙蛇。

【庆宣和】投至狐踪与兔穴，多少豪杰！鼎足三分半腰折，魏耶？晋耶？

【落梅风】天教富，不待奢，无多时好天良夜。看钱奴硬将心似铁，空辜负锦堂风月。

【风入松】眼前红日又西斜，疾似下坡车。晓来清镜添白雪，上床和鞋履相别。莫笑鸠巢计拙，葫芦提一就妆呆。

【拨不断】利名竭，是非绝。红尘不向门前惹，绿树偏宜屋上遮，青山正补墙头缺。竹篱茅舍。

【离亭宴歇指】（【双鸳鸯杀尾声】）蛩吟一觉才宁贴，鸡鸣万事无休歇。争名利何年是彻？密匝匝蚁排兵，乱纷纷蜂酿蜜，闹穰穰蝇争血。裴公绿野堂，陶令白莲社。爱秋来那些：和露摘黄花，带霜烹紫蟹，煮酒烧红叶。人生有限杯，几个登高节？嘱付俺顽童记者：便北海探吾来，道东篱醉了也。

评曰：此词乃东篱马致远先生所作也。此方是乐府，不重韵，无衬字，韵险，语俊。谚云："百中无一。"余曰："万中无一。"看他用"蝶"、"穴"、"杰"、"别"、"竭"、"绝"字，是入声作平声；"阙"、"说"、"铁"、"雪"、"拙"、"缺"、"贴"、"歇"、"彻"、"血"、"节"字，是入声作上声；"灭"、"月"、"叶"，是入声作去声。无一字不妥，后辈学去！[①]

① 俞为民、孙蓉蓉：《历代曲话汇编·唐宋元篇：新编中国古典戏曲论著集成》，黄山书社2005年版，第309—310页。

# 第五章　周德清的交游

在周德清的游历视野中，由于其特殊的生活背景、低下的地位以及独特的个性，其交友并不多，直到中晚年才稍有改变，这也是其沉寂不显之根因。好在晚年稍有改变，才使其《中原音韵》得以流传。在其交游中，既有一代文臣虞集、文坛宗主欧阳玄；又有相得知音琐非复初、垂青相知萧存存；更有眷遇益隆的宗侄周伯琦；甚至疑友贯云石、杨朝英和钟嗣成，一直与之磕磕碰碰，相互猜忌，但正是这种复杂的经历，促成了《中原音韵》的诞生，推动着元曲的发展。

## 第一节　慕友

### 一　虞集——一代文臣

虞集是有元一代文坛巨擘，与杨载、范梈、揭傒斯并称“元诗四大家”，又与揭傒斯、黄溍、柳贯并列“儒林四杰”。

虞集（1272—1348），字伯生，号道园，又号邵庵。祖籍四川仁寿，生于湖南衡州，徙居江西崇仁。虞集为故宋世家子弟，其五世祖虞允文为南宋名臣；外祖父杨文仲历官国子祭酒、给事中、工部侍郎，死于国难。虞集一生的经历，大致可分为四个时期：八岁以前，侍从外祖父宦游，辗转于湖南、浙江、福建等地；九岁至三十岁，家居读书，随父寓居江西崇仁，得以从游于故宋诸公名卿家，备闻前代典故；三十岁至六十二岁，仕宦京城，历官翰林待制、兼国史院编修官、秘书少监、国子祭酒、奎章阁侍书学士、翰林侍讲学士等；六十二岁以后，归田隐居，悟道参禅，从之求学、求文者络绎不绝。①

**虞集世系表②**

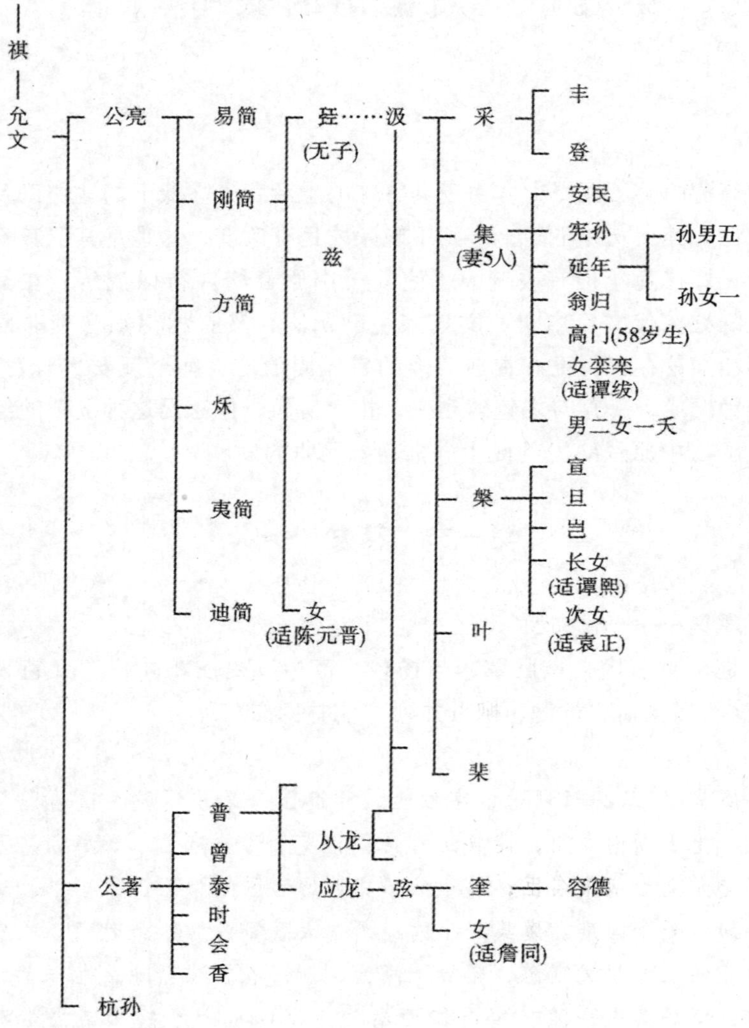


---

① 罗鹭：《虞集年谱·前言》，凤凰出版社 2010 年第 1 版。

② 据罗鹭《虞集年谱》，稍作改动，凤凰出版社 2010 年第 1 版，第 2 页。

宋度宗咸淳八年壬申（1272）二月二十二日，虞集生于外祖衡州守杨文仲官舍。外祖因梦南岳真官来谒，为之取小字曰“衡”。

祖珏，字成夫，官至奉直大夫，以文学知名。无子，以族兄朝请郎通判惠州从龙长子汲为嗣。

父汲，字及之，号井斋，从龙长子，过继族父珏为嗣。与吴澄为友，澄称其父清而醇。

母杨氏，给事中、工部侍郎、国子祭酒文仲女，追封雍郡夫人。杨夫人早得乃父见山先生《春秋》之学，未笄时，又尽闻从父栋之说。及归虞氏，以家庭所亲信者教其子，授受具有源委。

虞集五岁时，母杨夫人口授《论语》、《孟子》、《左传》及欧、苏等文章诵者，闻辄成诵。

十三岁随父母寓居江西崇仁祖宅。与弟槃受教于玉溪谢仲直。十四岁与弟槃并从吴澄游，吴澄见集所作文，说他日当有文名于当世。至元二十五年戊子（1288）七月六日十七岁时，吴澄字之曰伯生。

元成宗元贞元年乙未（1295），董士选任江西行省左丞。请虞集父子授馆于其家。虞集得以出仕，时年二十四岁。大德二年戊戌（1298）年，董士选入觐，后虞集亦随之入京。时年二十七岁。大德三年己亥（1299），父汲与刘辰翁、邓剡、熊朋来、吴澄等游于临江皮氏家，清江杜本、范梈从游，集与范梈相识。时年二十八岁。大德七年癸卯（1303）与袁桷等交，时年三十二岁。

大德十一年丁未（1307），丁内艰，回临川家居。夫人赵氏亡，一女夭，更加贫苦。与弟槃居于家，取陶渊明、邵雍二贤之氏名其庵曰陶庵、邵庵，吴澄为之作《题陶庵邵庵记后》。时年三十六岁。

至大四年辛亥（1311）四月，集贤司直周应极（周伯琦之父）使天坛、济源，虞集叙而饯之。父汲为潭州路学正，欧阳玄以诸生侍之。汲爱其文，手封一帙寄集。

周伯琦之父周应极，如此受虞集的推重，为之后周伯琦与虞集的班荆道故，作了很好的铺垫，按理更为周伯琦向虞集力荐周德清铺就了相识相知之缘，使虞集为周德清《中原音韵》作序成为可能，惜之前不识，空留遗憾。

元仁宗延祐元年甲寅（1314），建言修辽、宋、金三史，而不行。

延祐六年己未（1319），除翰林侍制、儒林郎，兼国史院编修官。时年四十八岁。

至治三年癸立（1323），荐芜湖令欧阳玄于朝。五月，吴澄亦至京师，授翰林学士。时年五十二岁。

元泰定帝泰定元年甲子（1324），与曹元甲、孛术鲁翀、袁桷等并为礼部会试考官，议科目之法。按理，虞集此时掌有大权，虞集如果早就认识周德清，如果早就见过《中原音韵》，那虞集完全有可能力推周德清参与科举考试。可见，周德清此时并未与虞集相识。自然，周德清就没有展示自身才能的机会。时年虞集五十三岁。

泰定四年丁卯（1327）二月，按理说这又是一次很好的机会，虞集与欧阳玄等一同考试礼部，欧阳玄本是江西分宜人，一是同乡，一是大权在握，一是与虞集一同考试礼部，简直是天赐良机，可是当年只取杨维桢、萨都剌、黄清志、李质等为进士。这说明，时至当年，周德清一直还没有与虞集、欧阳玄相识，遗憾！时年虞集已五十六岁。

元文宗天历二年己巳（1329），立奎章阁学士院，秩正三品。升奎章阁学士院秩正二品。荐陈旅、揭傒斯为奎章阁授经郎，揭氏入选。幼子高门生。时年五十八岁。

这与虞集作《中原音韵序》所书“款识：前奎章阁侍书学士虞集书”正相吻合。可见，周德清与虞集相识在元文宗天历二年己巳（1329），立奎章阁学士院之后，其所作《中原音韵序》自然在其退养之后。

元文宗至顺元年庚午（1330），二月十日，与忽都鲁都儿迷失、萨迪等并辞奎章阁学士职，不许，有旨诏谕之。九月二十一日，以奎章阁纂修《经世大典》，命省、院、台诸司以次宴其官属。

至顺二年辛未（1331）二月，王用亨携酒邀集，与杨宗瑞、张希文、陈旅，观董宇定所植杏花于上东门外岱宗之祠宫，众皆有诗，虞集为之记，从而唱和者有周伯琦、揭傒斯、欧阳玄。

周伯琦乃周德清之宗侄，按说，日后周德清与虞集的相识，可能直接借助周伯琦力荐，惜此时未能相识。五月一日，《经世大典》草具成书。时集方有目疾，然深器之。时年六十岁。

至顺三年壬申（1332）三月三日，与赵世延、李泂、揭傒斯、欧阳玄、王守诚等共进《经世大典》，上大悦，赐宴于兴圣殿。五月，虞集以目疾转深，亦丐目职，上章举马祖常代之，不允。八月，文宗崩，又谋南还，未果。

虞集在文宗朝颇受礼遇，然屡以目疾求解职，皆因世家子孙间之。由此，更可见虞集给周德清《中原音韵》作序当在其退养之后。

元顺帝后至元元年乙亥（1335），在故庐之西，筑室而居，日与门生弟子徜徉山水间。[①] 时年六十四岁。

后至元四年戊寅（1338），六十七岁，得目疾。

后至元五年己卯（1339），八月，袁州路万载县尹冯士毅、县学教谕曹邦来，求撰《重修宣圣庙学记》。九月，分宜县令周益臣来，求撰《新建三皇庙记》。过袁州，观其新建尊经阁，郡吏请为之记。十月二十二日，与严伯威、刘性同游宜春郡之南轩新阁，并为之记。游宜春之仰山，十一月还家。

至正三年癸未（1343）三月，诏修辽、金、宋三史。

至正五年乙酉（1345）十月二十一日，辽、金、宋三史成，右丞相阿鲁图进之。江西湖东道肃政廉访使刘沙剌班责成临川郡学重新刊印虞集文稿。

至正六年丙戌（1346）二月十一日，欧阳玄应刘沙剌班之请，为虞集《道园类稿》作序。

至正八年戊子（1348）五月二十三日，以疾薨于私第，年七十又七。以世家勋德，历事九朝，位列法从，弘才博学，高文典册多出其手。其为人达观，颇有雅量。然论荐人才，未尝苟且。“论荐人才，必先器识别，心所未善，不为牢笼沽誉；评议文章，不折之于至当不止，其诡于经者，文虽善，不与也。虽以此二者忤物速谤，终不为所动。”[②] 于此，足见其人格。且学问渊源，极为博杂，不存门户之见。然实传吴澄之学，以尊德性为本，而不废问学功夫。于朱、陆之异同，颇有发明。可惜周德清识之过晚。

---

① 《行状》：“既归江西，遂有终隐之志。”

② 《元史·虞集传》卷181。

至正九年己丑（1349）八月二十一日，葬于崇仁之长安乡道德里天宝山西之潭源。赵汸为撰行状，欧阳玄为撰神道碑。

**二　欧阳玄——文坛宗主**

欧阳玄，元代著名的文学家、史学家。字原功（又作元功），别字玄翁（又作元翁），号圭斋，又号霜华山人、平心老人。祖籍分宜防里，与北宋欧阳修同宗，高祖徙居浏阳马渡（今湖南省浏阳市官渡镇），遂为浏阳人。生于元世祖至元二十年（1283）五月，卒于元顺帝至十七年（1357）十二月，享年七十五岁。

欧阳玄出身于世代业儒之家。曾祖新，字仲齐，号宜轩，以经学著称。南宋淳祐末年，湖南转运副使吴子良聘著名学者庐陵欧阳守道为岳麓书院副山长，又礼新为岳麓书院讲书。新讲《礼记》“天降时雨，山川出云”一章，守道起而叹曰：“长沙自有仲齐，吾何为至于此?”逾年，新卒，守道哭之恸，自铭其墓。[①] 祖逢泰，字忠叟，号澹轩。“经术行业，师表一方，学者常数百人，擢科登第相属也。用荐为潭学录，安抚司檄与湘潭谭景衡履学田，堙没者登故额，士廪以羡。庐陵罗子远在教授席，赖其佐助为多。”[②] 元时，累赠昭文馆大学士、资善大夫、上护军，追封冀郡公。

父龙生（1252—1308），字成叔。年十六入潭学，“已负俊誉，月试占高第”[③]。年十八，“从醴陵田氏受《春秋》三传”。南宋咸淳十年（元至元十一年，1274），“混试国学生，湖南终场万三千人有奇，拔士二十八人，公以《春秋》中第二，肄业存心斋”。德祐二年（元至元十三年，1276），元兵克潭州，侍父还浏阳，隐居浏阳霞阳山白云庄十七年。浏阳旧有文靖书院，祀宋代理学名臣龟山先生杨时，沦废已久。元至元三十年（1293），部使者李湛至浏，谋复其旧，授龙生为山长。龙生“改筑书院猿啸山之阳。逾年，礼殿讲堂、门庑斋舍及龟山先生祠事，内外具举，学者云集。书院廪稍不赡，佐以已资”。“落成之日，

① 张起岩：《欧阳龙生神道碑》，《宋史》卷411《欧阳守道传》。

② 同上。

③ 张起岩：《欧阳龙生神道碑》。

升堂讲《孟子》‘承三圣’章，言龟山传周、程学，而及豫章、延平、紫阳朱子，实承道统。”“山林老儒闻书院之复筵讲，至为出涕。”“秩满，沿牒之京师”，朝臣交荐为校书郎。将就职，改浏阳州儒学教授。“至则会学廪”，“选俊秀补员会食，躬亲教督，诸生皆勤勉自力。科场既辟，进士辈出，实公权舆之”。大德十一年（1307），迁道州路儒学教授[①]。道州为宋代理学名臣周敦颐之故乡，龙生不以路远，欣然赴任。“郡庠邻濂溪书院，公定规约，朔望谒宣圣毕，教授率诸生谒濂溪祠。”濂溪祠东为西山精舍，宋时祠理学家蔡元定，芜废已久，龙生修复之。至大元年（1308）八月五日，卒于官舍，年五十七。“诸孤奉柩归，以三年十月三十日葬郡东罗田之木瓜埭。”累赠集贤大学士、荣禄大夫、上柱国，追封冀国公。龙生“文雄浑有体裁，学精敏有识趣。尤长于讲说义理，每讲篇出，士传诵之。晚号云庄，有《经学理窟》、《云庄讲义》及所著文集传于家”。“初娶谭氏，一年卒。”“有子曰浩，龙川书院山长。”“再娶李氏，金陵仕族，有妇德，知书。”龙生为文靖书院山长时，李氏曾“彻奁具助其经费”。大德八年（1304）卒[②]。有子五：长贞孙，石林书院山长；次定孙，曲阜林庙学录；次即玄；次宪孙，沅陵县学教谕；季彭年，举明经。累封冀国夫人。继室李氏，延祐四年（1317）卒，追封长沙郡君。

欧阳玄幼岐嶷，母李氏亲授《孝经》、《论语》、小学诸书，八岁已能成诵，始从乡先生张贯之受学，日记数千言，即知属文。“十岁，有黄冠师注目视玄，谓贯之曰‘是儿神气凝远，目光射人，异日当以文章冠世，廊庙之器也。’”[③] 父龙生为文靖书院山长，部使者某谒之书院。玄与诸生讲诵，使者异之，命赋梅花诗，立成十首；晚归，增至百首。使者谓龙生曰：“令子奇才也。”十四岁之后，益从宋故老习为词章，下笔辄千言，每试庠序，必占高等。弱冠，下帷数年，人莫见其

---

① 欧阳玄《沁园春跋》云：大德十一年（丁未），“先公分教春陵，时将之官”，《圭斋文集》卷一四，春陵，道州古称。

② 据张起岩《欧阳龙生神道碑》，李氏比欧阳龙生早四年卒，欧阳龙生卒于至大元年（1308），故李氏当卒于大德八年（1304）。又，欧阳玄《沁园春跋》云：大德十一年（丁未），“免先夫人丧”。《圭斋文集》卷一四，亦可证李氏当卒于大德八年。危素《欧阳玄行状》云：“大德元年，母李氏太夫人卒。”“元年”当为“八年”之讹。

③ 《元史·欧阳玄传》。

面。潜心研究经史百家，尤淹贯伊、洛诸儒源委。间至郡城，湖南宪使卢挚见其仪表不凡，及观所为文，大为器重，相与倡和，流连不遣去，又荐其为宪史，力辞不就。元成宗大德八年（1304），生母李氏卒，居丧哀毁致疾。十一年，玄生之日，父龙生为《沁园春》词以寿之，中有“丈夫七十何为？算三十功名已是迟。要经天纬地，拓开实用”之句[①]，期许之意甚远。同年，龙生迁道州路儒学教授，玄侍行。道州为周敦颐乡里，儒风尤盛，玄日从诸先生游，学力锐进。武宗至大元年（1308），父卒于道州官舍，玄扶柩以还。筑室墓侧，居庐三年然后归，复还郡城。江东宪使乌古孙泽省亲长沙，一见大奇之，留诸舍馆，结为忘年友，并荐其文学堪居翰苑，牒郡府以达朝廷。潭州路儒学教授虞汲每见玄所为文，为之击节叹赏。时其子虞集为国子助教，汲将玄文缮写成帙，亲题以寄。于是玄踪迹虽未至京师，而其声名已彰著于朝廷。

文宗皇庆二年（1313）十一月，下诏设科取士，欧阳玄以治《尚书》与贡。延祐元年（1314）八月，以《天马赋》中湖广乡试第一。二年二月，会试，中第三十六名；三月，廷试，中左榜（汉人、南人榜）一甲第二名[②]。赐进士出身[③]，授承事郎、岳州路同知平江州事。四年，丁继母李氏忧。六年，调太平路芜湖县尹。平反疑狱打击豪右。贡赋征发及时，民乐趋事。农桑兴盛，教化大行，道不拾遗。父老刻石，颂其政绩。行台、宪司，交章荐扬。英宗至治三年（1323）秋，御史中丞曹伯启监浙省乡试，聘欧阳玄、贡奎、杨刚中和张在等人为试官。“及礼部取士，浙省得人居多。”[④] 考试既毕，玄“出而徜徉湖山之间”，友人贯云石“与玄周旋者半月余”[⑤]。泰定帝泰定元年（1324），

---

① 《圭斋文集》卷14《沁园春跋》。

② 参陈高华《两种〈三场文选〉中所见元代科举人物名录》，载《陈高华文集》，第187页，第192页。按：张起岩《欧阳龙生神道碑》云欧阳玄“以第三人赐第”，“三”字或为“二”字之讹。

③ 《元史·欧阳玄传》。按：危素《欧阳玄行状》云：延祐二年，“赐进士及第”。“赐”下当脱一“同”字。据《元史》卷81《选举志一·科目》，元代廷试“第一名赐进士及第，从六品，第二名以下及第二甲，皆正七品，第三甲以下，皆正八品，两榜并同”。欧阳玄为一甲第二名，应为“赐进士出身”（也可称“赐同进士及第”）。

④ 苏天爵：《濮州儒学教授张君墓志铭》，《滋溪文稿》卷14。

⑤ 欧阳玄：《贯云石神道碑》，《圭斋文集》卷9。

改承直郎、武冈县尹。视事逾月，县中赤水、太清两洞蛮獠聚众相攻杀，官曹相顾失色，计无从出。玄即日单骑从二人，径抵其地，宣布德威，明示信义，归理其讼，獠人遂安。二年，因国子司业虞集等人之荐，被召为国子博士①。四年，为会试考官，升国子监丞。这时中书改国学积分为升斋等第法，玄“实讨论之，是法仅以行”②。

致和元年（1328），授翰林待制、奉议大夫，兼国史院编修官。时当兵兴，一二同属皆称疾不出，玄领印摄院事，日直内廷，参决机务，掌制诏书檄。同年九月，文宗即位，改元天历，玄撰述郊庙、建后、立储、肆赦之文，且条时政数十事，实封以闻，多推行之。天历二年（1329）八月，为大都路乡试考官。文宗立奎章阁学士院，又置艺文监隶之③，亲署玄为艺文少监。文宗阅古今书画，或以宸翰赐群臣，必命其为叙赞。天历三年（1330）二月，担任会试考官。同年进士礼部尚书马祖常、国子司业杨宗瑞皆在试院中，玄有诗纪其事④。出院明日，奉诏纂修《经世大典》。五月，改元至顺。至顺二年（1331）七月初一日（甲戌朔），上言：“先圣五十四代孙袭封衍圣公，爵最五等，秩登三品，而用四品铜印，于爵秩不称。”诏铸从三品印给之⑤。三年三月，《经世大典》成书奏御，欧阳玄撰进表⑥。夏，谒告南归，京师友人吴全节、虞集、宋褧等作诗送之。秋，升艺文太监、检校书籍事，皆朝散大夫。文宗御笔亲除“艺文少监欧阳玄可升大监”，即遣使召还。四年四月，顺帝即位，改中顺大夫、佥太常礼仪院事。十月，改元元统。元

① 欧阳玄《积斋程君端学墓志铭》云：“泰定乙丑，予以武攸宰被召为国子博士。”《圭斋文集补编》卷一四，泰定乙丑即泰定二年（1325）。武攸为武冈古名。赵汸《虞集行状》云：“以次对复入翰林，即荐芜湖令欧阳原功于朝。除司业，又举以自代。……朝廷竟用公言，召欧阳公国子博士。”（《东山存稿》卷六）。

② 欧阳玄：《京畿都漕运使王君去思之碑》，《圭斋文集补编》卷13。

③ 天历二年二月“甲寅，立奎章阁学士院，秩正三品”。八月“乙巳，立艺文监，秩从三品，隶奎章阁学士院；又立艺林库、广成局，皆隶艺文监”。（《元史》卷33《文宗本纪二》）又，虞集《皇图大训序》云：“天历二年，天子始作奎章阁，延问道德，以熙圣学，又创艺文监，表章儒术，取其书之关系于治教者，以次摹印而传之。”）（《道园学古录》卷22）。

④ 《圭斋文集》卷3《试院偶成及寄诸弟》。

⑤ 《元史》卷35《文宗本纪四》。

⑥ 欧阳玄：《进经世大典》，《圭斋文集》卷13。危素《欧阳玄行状》将此事系于至顺二年，误。

统二年（1334），拜翰林直学士、中宪大夫、知制诰、同修国史，奉敕编修四朝实录。三年春，兼国子祭酒，进皆中大夫，召赴中都议事。十一月庚辰，诏罢科举；辛丑，改元（后）至元[①]。同月三十日，顺帝敕玄同榜状元、翰林侍讲学士张起岩撰玄父龙生之神道碑，奎章阁学士院侍书学士巎巎书丹，奎章阁学士院承制学士尚师简篆额[②]。后至元二年（1336）夏，得请还家树碑。三年，升翰林侍讲学士、中奉大夫、知制诰、同修国史，遣使召还。四年，复兼国子祭酒，进通奉大夫。该年三月，顺帝敕"枢府、宪台、大宗正、翰林、集贤等官明章程、习典故者"修《至正条格》[③]。五年，足患风痺，乞南归便医，有旨不允。六年二月，嗣子达老卒，哭之过哀，携柩返葬，顺帝遣使追还。拜翰林学士、资善大夫、知制诰、同修国史。十月，脱脱为中书右丞相，更张朝政，事有不便者，集议廷中，玄极言无隐。十二月，复科举取士制。科举之复，沮者尤众，玄力争之[④]。

至正元年（1341）九月，南归。二年，复起为翰林学士，以疾未行。十一月，至分宜防里访族省墓，"屏谢导吹，车徒稀寂。其乡人孙春洲先生，有名士也，有诗曰'圭斋只是一圭斋，不带些儿官样回。若使他人官二品，门前车马闹如雷'"[⑤]。三年三月，诏修辽、金、宋三史，遣使召为总裁官，力疾就道。四年三月，《辽史》成书上进。七月，三史总裁官之一、翰林侍讲学士揭傒斯卒，年七十一。九月，欧阳玄铭其墓[⑥]。十一月，《金史》成书上进。五年二月，知贡举。进翰林学士承旨、荣禄大夫、知制诰、兼修国史。玄进承旨之前，顺帝语御史大夫也先帖木儿曰："斯人历事累朝，制作甚多，朕素知之。今修三

① 《元史》卷38《顺帝本纪一》。

② 张起岩：《欧阳龙生神道碑》。

③ 欧阳玄：《至正条格序》，《圭斋文集》卷7。

④ 《元史》卷40《顺帝本纪三》；危素《欧阳玄行状》。按：复科之诏实欧阳玄撰，其《题彭功远先世手泽》云："俯仰四十余年，科目废而熠兴，兴而欻废，今明诏复饬中书举行。玄叨尘从臣，初议阙下，力赞其成，又适秉笔代言，播告海内矣。"（《圭斋文集》卷14）危素《欧阳玄行状》云："科目之复，沮者尤众，公力争之。命脱脱右丞相草诏。"上疑脱"传公"二字。

⑤ 正德《袁州府志》卷9《遣事》。

⑥ 欧阳玄：《揭傒斯墓志铭》，《圭斋文集》卷10。

史，尤任劳勋。汝其谕旨丞相，超授爵秩，用劝贤能。”玄进承旨之后，顺帝大悦，称快者再三，命左丞董守简赐宴史馆。十月，《宋史》成书上进，顺帝大喜，赐玄白金百两，金币、表里段四。玄乞致仕还乡，帝不允。十一月，《至正条格》成书，玄奉敕作序①。六年，御史台奏除福建闽海道肃政廉访使。行次浙四，疾复作，乃上休致之请，冬归浏阳②。作南山隐居，优游山水之间，谢绝世务，日与昆弟故旧觞咏自适，有终焉之志。八年五月，虞集卒，年七十七③。

十年秋，复授翰林学士承旨。玄以老病力辞，帝不允，遣使趣行，才勉强北上。冬，奉敕撰定国律，撰《选格序》。十一年十一月，工部尚书、总治河防使贾鲁治理黄河成功，玄奉敕撰《河平碑》（已佚），又自撰《至正河防记》④。

十二年四月，乞致仕，陈情诚恳。于是特授湖广行省右丞致仕，赐玉带及钞一百锭，给全俸终其身⑤。将行，帝复降旨不允，依前翰林学士承旨，进阶光禄大夫。八月，顺帝命中书右丞相脱脱出师征讨徐州，玄作《命相出师诏》，又陈论事宜，献招捕之策，凿凿可行，当时不能用⑥。十三年，奉敕撰《金字藏经序》、《新建寿元忠国寺碑》文（皆已佚）。十四年二月，知贡举。三月，充廷试读卷官。“至是，始知家罹寇祸，二兄一弟相继去世，亲属四百指死亡大半。配冀国夫人谢氏避难郡城，亦没。公闻变哀甚。上深闵念，赐楮币万五千贯，传旨慰劳。”⑦ 大赦天下，草诏。秋，皇太子遣宫臣以亲书“经训”二大字、内酝二尊赐之。十五年三月，撰《皇太子玉册文》。十六年，帝遣近臣赐楮币万五千贯。抚谕高丽，草诏。十七年春，乞致仕，欲由蜀还乡，帝不允。大赦天下，宣赴内府草诏。时玄久病，不能步履，丞相传旨，肩舆至延春阁下。十二月戊戌（二十九日），薨于大都崇教里之寓舍。

① 欧阳玄：《至正条格序》，《圭斋文集》卷7。

② 欧阳玄：《送刘仲宾归安成诗序》，《圭斋文集》卷8。

③ 欧阳玄：《虞集神道碑》，《圭斋文集》卷9。

④ 欧阳玄：《至正河防记》，《圭斋文集补编》卷7。

⑤ 危素：《欧阳玄行状》，《元史》卷42《顺帝本纪五》。

⑥ 《元史》卷42《顺帝本纪五》；欧阳玄《命相出师诏》，《圭斋文集》卷13；危素《欧阳玄行状》，《元史・欧阳玄传》。

⑦ 危素：《欧阳玄行状》。

中书以闻，顺帝赙以楮币二万五千贯，皇太子赙以楮币五千贯。后追赠崇仁昭德推忠守正功臣、大司徒、柱国，追封楚国公，谥曰文。十八年三月壬寅（初四日），权葬京西宛平县香山乡石井村，后归葬于浏阳天马山山麓。

欧阳玄有子皆早卒，复以弟彭年之子达老为嗣。后至元三年（1337），欧阳达老年十九，侍父入京为国学内舍生，学已有成。后至元六年（1340）二月，以疾卒，年二十二。至正元年（1341）春，归葬浏阳先茔[①]。柩发之日，欧阳玄于大都作《祭子达老文》[②]。欧阳玄有二女，一嫁靖州安抚司经历卜士骏，一嫁教授李崇志。欧阳玄“既丧其长子达老，后请于朝，以长兄之孙佑持为孙”[③]。“佑持字公辅，问学精该，议论英发，无愧於家学者也。”[④] 元时授从仕郎、侍仪司通事舍人[⑤]，后“积官至中书左司都事”[⑥]。明洪武二年（1369）二月，太祖诏修《元史》。同年七月，《元史》将成，以顺帝一朝史犹未备，诏遣欧阳佑持等十二人往北平等处采访遗事。三年二月，欧阳佑持等人采史还朝，太祖诏续修《元史》[⑦]。不久，佑持被除为陕西按察佥事[⑧]。

欧阳玄是元代中后期的重要文臣，与吴澄、虞集、揭傒斯并称为“元四学士”。他出生于一个书香门第，世代业儒，家学渊源深远。幼年聪敏异常，显露出非凡的才华。年轻时博览经史，好学不倦，得到卢挚、虞汲等前辈的赏识和推荐，名声远扬。延祐初，恰逢复兴科举，他凭借自身才智，幸运地成为元朝首科进士之一，从此步入仕途。先后担任平江州同知、芜湖县尹、武冈县尹等地方官员，为政廉平，关爱百姓，政绩卓著。泰定初，因虞集等人的力荐，被召入朝为国子博士。从

① 许有壬：《欧阳生哀辞》，《至正集》卷68。

② 《圭斋文集》卷15。

③ 危素：《欧阳玄行状》。

④ 宋濂：《欧阳文公文集序》，《文宪集》卷7。

⑤ 危素：《欧阳玄行状》。

⑥ 苏伯衡：《送欧阳公辅序》，《苏平仲文集》卷5。

⑦ 《明太祖实录》卷43洪武二年七月乙未条、卷49洪武三年二月乙丑条；《明史》卷128《宋濂传》、卷285《赵壎传》。上引文献中，“欧阳佑持”均误作“欧阳佑”。参陈高华《〈元史〉纂修考》，载《历史研究》1990年第4期。

⑧ 苏伯衡：《送欧阳公辅序》，《苏平仲文集》卷5。

此一直在朝任职，得到历朝皇帝的赏识与器重，尊宠不衰，成为朝中重臣。晚年官至翰林学士承旨、光禄大夫，位列一品，登上了元朝文学侍从之臣的最高地位，被尊为文坛宗主，文采风流，震耀一世。时人称说："其宠其荣，国朝百年以来一人而已。"[①] 他虽然位高望重，却"谦和好礼，虽三尺童子请问，亦诚然答之"[②]，尤喜奖掖后进，因此更受天下人的敬重。危素在为其所撰《行状》中说：

> 惟公学于未有科第之先，沉潜经传，所亲承多故宋耆硕，而性度雍容，含弘缜密。出宰二县，宽仁恭爱，处己俭约，为政廉平不苛，视民如子，举善以劝，未尝笞辱。故历官四十余年，在朝之日居四之三，三任成均，而两为祭酒，六入翰林，而三拜承旨。修实录、《大典》、三史，皆大制作。屡主文衡，两知贡举及读卷官。凡宗庙朝廷雄文大册，播告万方国所用制诏，多出公手。海内名山大川，释老之官，王公贵人墓隧碑铭，得公文词为荣。片文只字，流传人间，咸知贵重。文章道德，卓然名世。引拔善类，赞化卫道，黼黻治具，与有功焉。於是中外莫不敬服[③]。

欧阳玄写有一篇《自赞》，读之可知其怀抱：

> 不古不怪，不清不奇。置之竹篱茅舍，似无不可；贡之玉堂金马，亦无不宜。噫！百年三万六千日与吾相对，吾亦不知其为谁[④]。

欧阳玄是元代著名的文学家，诗文俱佳，散文成就尤高，是一代文章大家，享有盛名，深为时人及后世所推崇，影响颇大。元代杨维桢说："我朝文章肇变为刘（因）、杨（奂），再变为姚（燧）、元（明善），三变为虞（集）、欧（阳玄）、揭（傒斯）、宋（本），而后文为

① 孔齐：《静斋至正直记》卷1《议立东宫》。
② 孔齐：《静斋至正直记》卷1《欧阳梦马》。
③ 危素：《欧阳玄行状》。
④ 《圭斋文集》卷15。

全盛。"[①] 张兑说："若今之文，则以雄健之作而倡之者，姚文公（燧）也，盖今之韩、欧氏也。追而和之者，有虞文靖（集）焉，其文清以赡；有宋正献（本）焉，其文雅以奥：有谢文安（端）焉，其文严以重；有承旨欧阳公（玄）焉，其文弘以畅。"[②] 明代宋濂说："有元盛时，荆楚之士以文章名天下者，曰虞文靖公集、欧阳文公玄、范文白公椁、揭文安公傒斯，海内咸以姓称之，而不敢名。"[③] 又说："近代以文章名天下者，蜀郡虞文靖公（集）、豫章揭文安公（傒斯）、先师黄文献公（溍）及庐陵欧阳文公（玄）为最著。"[④] 王祎说："于乎！以余观乎有元一代之文，其亦可谓盛矣。当至元、大德之间，时则柳城姚文公之文振其始；及至正以后，时则庐陵欧阳文公之文殿其终。即两文公之文而观之，则一代文章之盛，概可见矣。"[⑤] 方孝孺说："元兴，以文自名者，相望于百年之间，为世所称者，曰姚宽甫（燧）、虞伯生（集）、黄晋卿（溍）、欧阳原功（玄）。"[⑥] 何乔新说："终元之世，名儒继作，许衡、刘因、吴澄以道学鸣，姚燧、虞集、欧阳玄以文章显。"[⑦] 清代四库馆臣评元代文章大家，则称"欧（阳玄）、虞（集）、黄（溍）、柳（贯）"[⑧]。魏源说："元之诗不如唐宋，而古文则姚燧、揭傒斯、欧阳玄、张养浩、黄溍、柳贯、苏天爵皆祖述韩、欧，远在南宋之上。明黄宗羲论元文，独以虞集、姚燧二人并称，尚非笃论也。"[⑨] 元代文学研究专家邓绍基提出元文六家之说："姚燧、元明善、虞集、欧阳玄、黄溍和苏天爵，足堪并列。"[⑩] 可见，欧阳玄在元代文坛中的重要地位及其对后世产生的深远影响。

---

① 杨维桢：《王希赐文集再序》，《东维子集》卷 6。

② 张兑：《潜溪后集序》，见《潜溪录》卷 4。

③ 宋濂：《元故秘书少监揭君墓碑》，《宋学士文集》卷 63。

④ 宋濂：《书刘生铙歌后》，《宋学士文集》卷 65。

⑤ 王祎：《文评》，《王忠文集》卷 20。

⑥ 方孝孺：《张彦辉文集序》，《逊志斋集》卷 12。

⑦ 何乔新：《史论·宋·蒙古杨（维）[惟] 中建太极书院于燕京延赵复为师》，《椒邱文集》卷 7。

⑧ 《四库全书总目》卷 169《集部二十二·别集类二十二·说学斋稿》。

⑨ 《元史新编》卷 47《文苑传一·姚燧》。

⑩ 邓绍基：《我对元代散文的探索》，载冯仲平主编《中国文学史的理论维度：全国古代文学研究方法创新专题论文集》，广西师范大学出版社 2007 年版，第 31 页。

欧阳玄论文，提倡学习欧阳修散文的“温柔敦厚”，苏轼散文的“明辩闳隽”[①]。他尤为推崇欧文“舒徐和易”的艺术风格，反对为文“险劲峭厉”，主张“平心定气”作文，以达至“廉静而深醇”，有德而近道[②]。欧阳玄虽然学欧习苏，但并非亦步亦趋，而是追求独出心裁的创作。“规矩蔑一定之用，文章怀无穷之巧。”[③] 他与当代其他文学巨擘虞集、揭傒斯、黄溍、柳贯等声应气求，共振雅音，一同推动元代散文在元代中后期达到鼎盛阶段，形成了特有的平易正大、雍容典雅的盛世之风。欧阳玄曾在《雍虞公文序》说：“皇元混一之初，金、宋旧儒，布列馆阁，然其文气，高者崛强，下者委靡，时见旧习。承平日久，四方俊彦，萃于京师，笙镛相宣，风雅迭倡，治世之音，日益以盛矣。”这种“治世之音”的雅正文风，不仅主导了当时的文坛，也对后世文坛产生了深远影响。

欧阳玄久在翰苑，所作文章多为碑铭传记一类的应用文字。“志大人物、记大典礼、碑大兴作，其文用全力，奔注上下古今，如长江大河，浑灏流转”[④]，气昌而辞繁，多长篇巨制，由于欧阳玄“博学多识，故其文繁多而不迫”[⑤]，且具有雄浑弘畅、雍容典雅的特色。如赵孟𫖯、贯云石、虞集、阿里海涯、揭傒斯等人所撰碑铭墓志，以及《赵氏乡学碑记》、《金溪县重建儒学记》、《道州路重建学记》、《中兴路创建九老仙都宫记》、《圭塘记》、《至正河防记》、《重修大禹庙碑》等文，皆气沛而文赡，事详而辞核，洋洋洒洒，一气贯注，不愧为盛世之文、治世之音。宋濂在《欧阳文公文集序》中说：“君子评公之文，意雄而辞赡，如黑云四兴，雷电恍惚，而雨雹飒然交下，可怖可愕；及其云散雨止，长空万里，一碧如洗，可谓奇伟不凡者矣。”[⑥] 王祎在《文评》中说：“欧阳（玄）之文如沧溟之涛，浩瀚无际，长风四至，而汹涌山立，天吴、罔象、蛟龙之属，因舞其间，及乎风止浪息，百怪沉冥，则

① 欧阳玄：《刘桂隐先生文集序》，《圭斋文集》卷8。

② 欧阳玄：《族兄南翁文集序》，《圭斋文集》卷8。

③ 欧阳玄：《刘桂隐先生文集序》，《圭斋文集》卷8。

④ 李祖陶：《庐陵钓源校刊欧阳圭斋先生文集跋》。

⑤ 方孝孺：《张彦辉文集序》，《逊志齐集》卷12。

⑥ 宋濂：《欧阳文公文集序》，《文宪集》卷7。

巨艘大舶，一息千里矣。”[①] 由此可以看出欧阳玄散文长篇兼具动态美与静态美两方面的艺术特征。

欧阳玄的散文小品更具艺术价值。他的小品文章，立意不落窠臼，文辞舒徐和缓；叙事简洁，抒情真挚，说理畅达，具有极大的艺术感染力。李祖陶在《庐陵钓源校刊欧阳圭斋先生文集跋》说：“若其应酬小品，意精词洁，多随手之变，而无越宿之言，不见其繁而有余，只见其简而自足。”[②]

如《芳林记》，作者以兰作比，借题发挥，表达了做人要始终保持高尚情操的观点：

> 宜春郭廷秀，世儒家子也。因其所居之地名，著号曰“芳林”。属予族兄宜翁，求予为之记。予复之曰：
>
> 兰生深林之中，未尝不自闷其芳也。人以为有国香而服媚之，兰欲自远于当时，其可得乎？君子修其身于暗室屋漏之地，而声流于四方万里之外，亦岂所愿哉？
>
> 且夫“芳林”者，君之所以自况也。余虽乏一日之雅，而乐为君记之，良有以也夫，殆犹兰处于僻而芳播于远也。虽然，兰或握以事上，或佩以修禊，而其芳烈之气不改于深林，岂非其性然与？
>
> 草木无情，能一其性；人惟有情，鲜不汩性，君子存之。兰荃同畦，不混于植；兰鲍同室，不移于染：斯以异乎众人也。
>
> 吾闻廷秀之风，清白之操，使一日而进诸市朝，吾知其无愧于芳林也，卓矣。请以是为记[③]。

而《静修先生画像赞》则仅用寥寥数语，就精练地刻画出刘因怀有兼济之才却又独善其身的儒士形象：

---

① 王祎：《文评》，《王忠文集》卷20。

② 李祖陶：《庐陵钓源校刊欧阳圭斋先生文集跋》。

③ 《圭斋文集》卷5。

> 微点之狂，而有沂上风雩之乐；资由之勇，而无北鄙鼓瑟之声。于裕皇之仁，而见不可留之四皓；以世祖之略，而遇不能致之两生。呜呼！麒麟凤凰，固宇内之不常有也。然而一鸣而六典作，一出而《春秋》成，则其志不欲遗世而独往也明矣。亦将从周公、孔子之后，为往圣继绝学，为万世开太平者耶[①]！

当然，欧阳玄深处元代，由于深受程、朱理学熏陶，也难以避免元代文学的通病。其散文多不离纲常伦理，充满理学气息，因而其文章往往理趣有余，而情趣不足，缺少悠长情韵。

欧阳玄主张诗歌创作应该“据其境趣之实，发乎性情之真”[②]。认为“诗得于性情者为上，得之于学问者次之；不期工者为工，求工而得工者次之”[③]。欧阳玄追求雅正的诗风。他在《罗舜美诗序》中说：“诗不轻儇，则日进于雅；不锲薄，则日造于正。诗雅日正，治世之音也，太平之符也。”[④]

翁方纲说：“欧阳原功诗，所传虽不甚多，而精神亦少，又在黄（溍）、柳（贯）之次。盖学有本原，词自规矩，初非必专精于诗也。”[⑤] 欧阳玄在元代诗坛占有一席之地，其诗不论是写景咏物，还是记事抒情，都情真意切，清新典雅；“实篇篇皆有意味”[⑥]。

欧阳玄的各体诗作中，绝句数量最多，艺术价值最高。大多流畅自然，情味隽永。其《为所性侄题小景》三首之三：“浦口归帆落，沙头行客回。林间酒旗出，快着一篙来。”[⑦] 写归舟帆落，尚未靠岸，而行客因酒渴喉急，一见林间露出酒旗一角，便紧催舟人撑篙，其急不可耐之状毕现，颇见情趣。而《京城杂咏》七首之六：“京城走马听晨钟，我欲宵征仆兴慵。却忆江南春睡美，小楼欹枕听村舂。”[⑧] 诗中透出浓

---

① 《圭斋文集》卷15。
② 欧阳玄：《刘执中诗序》，《圭斋文集》卷8。
③ 欧阳玄：《梅南诗序》，《圭斋文集》卷8。
④ 欧阳玄：《罗舜美诗序》，《圭斋文集》卷8。
⑤ 《石洲诗话》卷5。
⑥ 李祖陶：《庐陵钓源校刊欧阳圭斋先生文集跋》。
⑦ 《圭斋文集》卷2。
⑧ 《圭斋文集》卷3。

浓的思乡之情，末句乃陆游名句“小楼一夜听春雨”之意境。《漫题四绝》之一：“铃索无声玉漏稀，青绫夜直月侵扉。五更一觉梅花梦，催得江南学士归。”[①] 诗中抒发了怀乡思归之情，清丽淡雅，真挚感人。

七律也是欧阳玄擅长的体裁。如《昌山渡》、《三峡桥》，皆写景生动，对仗工整，可堪吟咏。

欧阳玄的七言古诗中亦不乏意境深远的佳作。如《题捕鱼图》：

> 太湖三万六千顷，灵槎倒压青天影。大鱼吹浪高如山，小鱼卷鬣为龙盘。群鱼联艘代桴鼓，势同三军战强虏。长纲大罟三百尺，栏截中流若环堵。吴王宫中宴未阑，银丝斫脍飞龙鸾。大官八珍奉公子，猩猩赪唇鲤鱼尾。洞庭木落天南秋，黄芦满天飞白鸥。江头吹笛唤渔舟，与君大醉岳阳楼[②]。

欧阳玄惟一存世的词作《渔家傲南词》十二首，乃仿欧阳修“十二月《渔家傲》鼓子词”而创作，“以道京师两城人物之富，四时节令之华”[③]。明代杨慎《渔家傲·滇南月节》词自序云：“宋欧阳六一作《十二月鼓子词》，即今之《渔家傲》也。元欧阳圭斋亦拟为之，专咏元世燕京风物。予流居滇云廿载，遂以滇之土俗，拟两欧为十二阕。虽藻丽不足俪前贤，亦纪并州故乡之怀耳。”[④] 可见此作对后世之影响。

《渔家傲南词》描绘元大都从一月到十二月的景物风俗，辞藻繁丽，内容充实，极富生活气息，像一幅幅清新明丽的风俗画，“读之如亲见六百年前景物也”[⑤]。是研究元大都社会生活、风俗习惯的重要史料。

欧阳玄同时又是元代重要的文学批评家，为他人诗文作序颇多，传世的主要有《风雅类编序》、《潜溪后集序》、《萧同可诗序》、《罗舜美诗序》、《刘桂隐先生文集序》、《族兄南翁文集序》、《宋翰林燕石集序》、《此山先生诗集序》、《雍虞公文序》、《楚国文宪公雪楼程先生文集序》、

---

① 《圭斋文集》卷3。

② 《圭斋文集补编》卷2。

③ 欧阳玄：《渔家傲南词·序》，《圭斋文集》卷4。

④ 杨慎：《升庵长短句续集》卷1，上海古籍出版社1992年影印《明词汇刊》本。

⑤ 瞿兑之：《杶庐所闻录·元代燕京风俗》，辽宁教育出版社1997年版，第2页。

《蒲庵集叙》等。他善于在评论中把握诗文发展的流变趋势，影响较大。他还批点过周权的《此山先生诗集》，全书共有其批语五十八条[①]。

欧阳玄史学成就卓著，是一位优秀的史学家。从致和元年（1328）入翰林国史院为翰林待制兼国史院编修官，直至至正十七年（1357）病逝于翰林学士承旨任上，三十年间，欧阳玄始终供职翰苑，“演论玉署，黼藻帝猷”[②]，竭忠尽诚，毕生致力于元朝官方的撰述工作，其中主要是史学撰述。他主持编修宋、辽、金三朝正史，纂修《经世大典》、《太平经国》，编纂四朝实录，修订《至正条格》，撰定“国律”，元代中后期几乎所有重大的史学工程都凝聚着他的心血和智慧，而他卓越的史学、史才、史识也在其中得到了充分发挥和具体展现。欧阳玄自著的《唐书纂要》、《至正河防记》和《圭斋文集》等著作也有重要的史学价值。“作为元皇朝历次重大史书修纂活动中的核心人物，他的史学思想和实践构成了以官方撰述为主体的元代史学的重要内容，深深影响着元代史学之发展。”[③]

欧阳玄在史学上最为突出的成就和贡献在：主持编修宋、辽、金三史，并且撰写三史论赞。三史之修，早在元世祖灭宋后即已开始，后来元仁宗、文宗也都曾下诏修纂，但因体例未决等原因，一直没有成功，“六十余年，岁月因循，造物有待”[④]。元顺帝至正三年（1343）三月，又一次下诏修三史，“以中书右丞相脱脱为都总裁官，中书平章政事铁木儿塔识、中书右丞太平、御史中丞张起岩、翰林学士欧阳玄、侍御史吕思诚、翰林侍讲学士揭傒斯为总裁官”[⑤]。三史共七百四十七卷。欧阳玄是三史编修的实际主持者：一方面，建言搜集史料、遴选史官：“庙堂问修史之要，公曰‘是独作室，在于聚材择匠。聚材则先当购书，择匠则必遴选史官’。于是用公言，遣使购书，增设史官”；一方面，“立三史凡例，又为便宜数十条，俾论撰者有所据依”；一方面，裁定删正史稿：“史官中有悻悻露才、议论不公者，公不以口舌争，俟

① 参见《圭斋文集补编》卷9，《此山先生诗集序》附《〈此山先生诗集〉批语》。

② 张起岩：《欧阳龙生神道碑》。

③ 江湄：《欧阳玄与元代史学》，《北京师范大学学报》（社会科学版）1997年第3期。

④ 欧阳玄：《进辽史表》，《圭斋文集》卷13。

⑤ 《元史》卷41《顺帝本纪四》。

其呈藁，援笔窜正，其论自定”；一方面，“论、赞、表、奏，皆公属笔”[①]。在欧阳玄主持下，史馆诸人共同努力，迁延半个多世纪的三史工程，仅用两年半时间，便大功告成。“从史学发展的角度来看，三史作为元朝统一政权对辽、宋、金时期多民族历史进程的总结，作为宋元理学思潮影响之下的历史著作，作为《二十四史》的组成部分，它在历史编纂方法和史学思想上都有着一定的成就和特色”[②]，它们至今仍是研究宋、辽、金三朝历史最基本、最重要的史籍。“可见，主持编修宋、辽、金三史是欧阳玄对元代史学发展和中国古代史学作出的不朽贡献，这足以使他跻身于中国古代著名史家之列而无愧。”[③]

欧阳玄的史学成就还表现在纂修《经世大典》和编纂四朝实录上。《经世大典》是元代官修的规模最大的政书，元文宗至顺元年（1330）二月下诏纂修，命奎章阁大学士赵世延、奎章阁侍书学士虞集为总裁，“与（奎章阁）学士院、艺文监官属分局修撰”[④]。至顺三年（1332）三月，《经世大典》成书奏进，共八百八十卷，另有《目录》十二卷、《公牍》一卷、《纂修通议》一卷，进表为欧阳玄所撰[⑤]。全书分为十篇，其中君事四篇，臣事六篇。“其目则《周礼》之六典，其制则近代之会要，其事则今枢密院、御史台、六部总治中外百有司之事务。而其牍藏于故府者不足，则采四方之来上者参之。祖宗之成宪、功臣之阀阅具存。”[⑥]《经世大典》中的《宪典》是欧阳玄、揭傒斯共同纂修的。当时，欧、揭两人“属在秋官，因捃摭国初以来记载，若令申诸书及文武百司吏牍之可征者，作《宪典》廿有二篇，上稽唐律，旁引百家，而卒折之以经义，炳如也”[⑦]。《宪典》在当时得到了极高的评价。元文宗览读《宪典》后，“惊曰：‘兹非《唐律》乎！’”[⑧] 元人陈基称赞曰：“二公之修《宪典》，折衷众议，一本诸经，务以是是非非公天下，其

① 危素：《欧阳玄行状》。
② 江湄：《欧阳玄与元代史学》，《北京师范大学学报》（社会科学版）1997年第3期。
③ 同上。
④ 虞集：《经世大典序录》，《道园学古录》卷5。
⑤ 欧阳玄：《进经世大典表》，《圭斋文集》卷13。
⑥ 欧阳玄：《虞集神道碑》，《圭斋文集》卷9。
⑦ 陈基：《夷白斋稿·补遗·杂著·刑平编志》。
⑧ 欧阳玄：《揭傒斯墓志铭》，《圭斋文集》卷10。

忧世之志，殆欲使吾君为尧、舜。”[1]《经世大典》为明初编修《元史》带来了极大的方便，《元史》诸志主要根据《大典》各篇修订而成。《元史·刑法志》即来源于欧阳玄、揭傒斯所修《宪典》，前者与后者的篇目结构几乎完全相同[2]。

元顺帝元统二年（1334），欧阳玄拜翰林直学士，“奉敕编修四朝实录”[3]。欧阳玄与翰林学士王结、翰林侍讲学士张起岩共领纂修事[4]，明初所修《元史》，本纪四十七卷，除顺帝一朝外，全部出自元代官修十三朝实录。《元史》中的泰定帝、明宗、文宗、宁宗四朝本纪，实际上根据欧阳玄等人所修四朝实录改编而成。欧阳玄纂修《经世大典·宪典》和编纂四朝实录，乃本朝历史撰述之总结。虽然《大典》和实录的原书都已佚失，但它们的内容都已被采入《元史》，流传到今。从这一意义上说，欧阳玄实际上间接地参与了元朝正史的编修。

元顺帝时期，欧阳玄还参与了两次重要的法律修订工作。元顺帝后至元四年（1338）三月，敕修《至正条格》。欧阳玄奉敕作《至正条格序》，详述了这次重新删定法律条例的缘由、具体经过、成书的内容形式及其颁行情况。他在序中说，参与此次修律活动的人为“枢府、宪台、大宗正、翰林、集贤等官明章程、习典故者”[5]。对于其自身是否会参与此次修律活动，序中没有提及，危素所撰《欧阳玄行状》中也没有相关记载。不过，四川大学汤锐认为，欧阳玄应当是《至正条格》修订者之一，理由有三：一、欧阳玄久官翰林，熟悉典故，有修律的资格；二、欧阳玄曾纂修《经世大典·宪典》比他人更具有修律的经验；三、《至正条格》成书后，由欧阳玄作序，这从侧面证明了他是修订者之一。至正十年（1350）冬，欧阳玄“奉敕撰定国律，撰《选格序》”[6]。

欧阳玄的史学成就还表现在他自撰的《至正河防记》等著作上。“玄既为河平之碑，又自以为司马迁、班固记河渠沟洫，仅载治水之

① 陈基：《夷白斋稿·补遗·杂著·刑平编志》。

② 参见刘晓《再论〈元史·刑法志〉的史源——从〈经世大典·宪典〉一篇佚文谈起》，《北大史学》第10期，北京大学出版社2004年版，第95页。

③ 危素：《欧阳玄行状》。

④ 苏天爵：《王结行状》，《滋溪文稿》卷23；《元史》卷182《张起岩传》。

⑤ 欧阳玄：《至正条格序》，《圭斋文集》卷7。

⑥ 危素：《欧阳玄行状》。

道，不言其方，使后世任斯事者无所考则，乃从鲁访问方略，及询过客，质吏牍，作《至正河防记》，欲使来世罹河患者按而求之。”[①]《至正河防记》全文被收入《元史·河渠志》、《元史纪事本末》、《新元史·河渠志》和多种治河书中；又有《学海类编》本、《丛书集成初编》本（题作《河防记》）和《中国水利珍本丛书》本，皆一卷。

同时代文章名家中，欧阳玄以“实事不妄”而著称，其“作文必询其实事而书，未尝代世俗夸诞”[②]。欧阳玄所作文章，多有能补史传之阙的珍贵史料，如其为许衡、赵孟頫、贯云石、虞集、马合马沙、刘宗说、揭傒斯、董士珍、吴恭祖等人所作的碑铭墓志，以及《高昌偰氏家传》、《真定路学乐户记》、《江浙行省兴造记》、《曲阜重修宣圣庙碑》、《江陵王新庙碑》、《大元敕赐先师兖国复圣公新庙碑铭》、《居庸关过街塔铭》、《敕赐滕李氏先茔碑铭》、《京畿都漕运使王君去思之碑》、《中书右丞相领治都水监政绩碑》等文，涉及元代政治、经济、文化、思想等各个方面，“类有关于一代之典制史实”[③]，包含有丰富的社会历史内容，具有很高的史料价值。

除上述著述外，欧阳玄还曾纂修《太平经国》二百十二卷[④]，撰《王清献公神道碑》一卷[⑤]，著《唐书纂要》[⑥]等，惜皆已散佚，未能传世。此外，他还校正过《资治通鉴纲目书法》一书。其《庐陵刘氏通鉴纲目书法后序》云：“昔司马文正公变纪传为编年，作《资治通鉴》。朱文公稍变其法，且寓所去取焉，是谓《纲目》。读是书者，夫

① 欧阳玄：《至正河防记》，《圭斋文集补编》卷7。

② 孔齐：《静斋至正直记》卷1，《欧阳梦马》。

③ 王欣夫：《蛾术轩箧存善本书录·甲辰稿》卷4，《圭斋文集补遗》10卷。

④ 清黄虞稷《千顷堂书目·史部·国史类》、倪灿、卢文弨《补辽金元艺文志·史部·国史类》著录“欧阳玄等修《太平经国》212卷”，清钱大昕《补元史艺文志·经济类》著录“欧阳原功等《太平经国》212卷”。

⑤ 明孙能传、张萱等《内阁藏书目录·传记部》著录欧阳玄撰“《王清献神道碑》一册全”，清黄虞稷《千顷堂书目·史部·传记类》、倪燦、卢文弨《补辽金元艺文志·史部·传记类》著录“欧阳玄《王清献公神道碑》1卷”，下注“王都中”。王都中，字元俞，福宁州人。官至江浙行省参知政事。至正元年（一三四一）卒。赠昭文馆大学士，谥清献。详见《元史》卷184本传。

⑥ 清邵远平《元史类编》卷35《欧阳玄传》夹注：“《纲鉴》云著有《唐书纂要》。”同治《浏阳县志》卷21《艺文志一·史部·杂编类·元》著录“《唐书纂要》，欧阳玄著”，下注：“《了凡鉴补》引。”

人以为《春秋》三传之遗意也。……庐陵刘先生研覃于是三十余载，比辞而核研，推事以求度，纲举目张，如指诸掌，曰《通鉴纲目书法》，亶其严乎！"[①]

除文学、史学以外，欧阳玄在理学和书法上也颇有造诣。

欧阳玄"经史百家，靡不研究。伊洛诸儒源委，尤所淹贯"[②]。他的理学思想，既有鲜明的道统色彩，又有调和朱、陆的倾向。

欧阳玄是元代书法大家，其"正书略似元常（钟繇），方整古厚"[③]，"用笔如太阿列剸截，而古穆之气流露行间"[④]，其"行草略似苏文忠（苏轼），而刚劲流畅，风度不凡，未易以专门之学一律议之"[⑤]。

## 第二节　挚友：琐非（Soqui）复初——相得知音

琐非（Soqui）字复初，号拙斋，西域人。精音律。[⑥]

陈垣在周德清《中原音韵》中，发现有西域人琐非复初，精音律，为德清所推服。

周德清在《中原音韵后序》说：

> 泰定甲子秋，予既作《中原音韵》并起例，访西域友人琐非复初，读书是邦。同志罗宗信见饷，携东山之妓，开北海之樽，复初举杯，讴者歌乐府《四块玉》，至"彩扇歌，青楼饮"，宗信止其音而谓予曰"彩字对青字，而歌青字为晴。吾揣其音，此字合用平声，必欲扬其音，而青字乃抑之，非也。"予因大笑，越其席，捋其须而言曰："信哉，吉之多士！"语未讫，复初前驱红袖而自用调歌，曰："买笑金，缠头锦，则是矣。"乃复叹曰："予作乐府三十年，未有如今日之遇，宗信知某曲之非，复初知某曲之是

① 《圭斋文集》卷7。

② 危素：《欧阳玄行状》。

③ 吴升《大观录》卷10上《元贤诗翰姓氏·承旨欧阳玄》。

④ 张岳崧《题元欧阳圭斋楷书杨公墓（志）（碑）铭卷》，《岳雪楼书画录》卷3。

⑤ 陶宗仪《书史会要》卷7，《欧阳玄传》。

⑥ 王德毅、李荣树、潘柏澄编：《元人传记资料索引》第4册，中华书局1987年版，第2625页。

也。”遂捧巨觞于二公之前，口占《折桂词》一阕，烦皓齿歌以送之，以报其能赏音也。

周德清为琐非复初所倾倒，于此可见。

琐非复初在《中原音韵序》中也说：

余勋业相门，貂蝉满座，列伶女之国色，歌名公之俊词，备尝见闻矣。如大德天寿贺词《普天乐》云：音亮语熟，浑厚宫样，黄钟大吕之音也，迹之江南，无一二焉。吾友挺斋周德清，以出类拔萃通济之才，为移宫换羽制作之具，所编《中原音韵》，并诸起例，能使四方出语不偏，作词有法，皆发前人之所未发者。以余观京师之目，闻雅乐之耳，而公议曰：德清之韵，不独中原，乃天下之正音也；德清之词，不惟江南，实当时之独步也。

末署西域拙斋琐非复初序。

由此可见，周德清与琐非复初一唱一和，互诩知音，相得甚极。“琐非复初号拙斋，德清号挺斋，以斋为号，亦当时顾曲家风尚。‘勋业相门’云云，琐非复初盖贵介公子，贵介公子与声色狗马之好易近，琐非复初、贯云石之所为，盖开纳兰性德诸人之先例者也。”①

## 第三节　疑友

### 一　贯云石——酸斋乐府，超擢尘外

贯云石（1286—1324），号酸斋。维吾尔族杰出的散曲家，本名小云石海涯。祖籍北庭（即别失八里，今新疆吉木萨尔县），祖父阿里海涯是元朝消灭南宋之役的重要将领之一。一生写作勤奋，目前流传的作品主要有散曲（小令八九十首，套曲约十套），另外有诗、文、词传世。有《酸斋文集》，久已散佚不传。

贯云石家世显赫。忽必烈汗曾亲笔书写诏书，赐给阿里海涯，使其

① 陈垣：《元西域人华化考》，上海古籍出版社2008年版，第72—73页。

一时荣宠无加，而这南征大将阿里海涯，正是贯云石的祖父。贯云石的祖父阿里海涯曾是高昌王国的臣民。阿里海涯与阿术（蒙古兀良氏）、刘整（南宋降将）并列为元朝攻灭南宋的三大统帅。

元世祖至元二十三年（1286）年初，阿里海涯自湖广行省任所赴大都，入朝述职。忽必烈对他荣宠有加，晋衔为光禄大夫。但正在这时，出现了一个意想不到的情况。元世祖忽必烈于至元二十三年（1286）四月二十三日，下诏书正式委任要束木为理算官，前往湖广行省稽查国家税收和财政情况。仅仅十天左右，要束木就上书弹劾阿里海涯侵蚀帑藏。那时，阿里海涯正因病在大都的府邸休养，因此病情更重了。在临上马动身去皇宫时，阿里海涯的病情突然加重，面见忽必烈后，阿里海涯回到家中。至元二十三年（1286）五月二十五日，他情绪十分低沉，并向夫人诀别，然后，就仰药自杀了。享年整六十岁。

在此之前，阿里海涯曾屡次受到言官的纠弹，都为元世祖保护过关，这一次为什么会闹到自杀身死的地步？这与以后贯云石第二次辞官有重大关系。

据现有史料可以肯定，籍没阿里海涯家产时，并没有株连亲属。而且，当舆论基本平息后，元世祖又为他恢复了名誉，由词臣王构代拟了《赠谥制》，赠开府仪同三司、上柱国。封楚国公，谥武定。以后，又由袁桷代拟了诏书，追封阿里海涯为太师、长沙郡王。元顺帝至正七年（1347），又再一次加封阿里海涯为江陵王。[①]

在这一系列的赠封中，由皇帝出面一再肯定了阿里海涯对元朝的大功。

阿里海涯第二个儿子贯只哥（即贯云石的父亲），是郝谦长女所生。贯只哥早早就出任军政要职，任履稳健，没有经受跌宕，颇沾父亲之光。

大德三年（1299），贯只哥整理家族档案，并找出元世祖赐给父亲的亲笔信，编写了阿里海涯生平简历，拿上这些材料，去拜访当时的古文大家姚燧，请姚燧为阿里海涯撰写一通神道牌，姚燧慨然允诺了。而十年之后，贯云石又拜姚燧为老师，向他学习诗文，并由他推荐给皇帝，贯云石才得以第二次出任做官。姚燧很认真地撰写了《湖广行省左丞相神道碑》，后人凡选元代文章，这篇神道碑都几乎无一例外地入选了。

---

① 据《江陵王新庙碑》。

元仁宗廷祐二年（1315）——元泰定帝泰定六年（1324 年），任江西行省平章政事。元泰定帝泰定元年冬，自江西调至浙江行省。① 而周德清《中原音韵》正写成于此时。

贯云石的母亲是娶自北庭廉氏家族。北庭廉氏第一代名布鲁海牙，因曾任廉访使，即以廉为其姓氏。贯云石以贯为其姓氏，肯定受了母亲的影响。② 布鲁海牙有十三个儿子，廉希闵，即贯云石的外祖父。廉希宪，是元世祖的宰相，世祖亲口称为“廉孟子”。廉希闵、廉希宪都精通儒家经典，倾心汉族文明，而他们的弟弟廉希贡是著名书法家，号称“读书通大义，尤喜读《易》”。③ 贯云石与廉氏关系极为密切，一生所受廉氏的影响，十分明显。

**贯云石家世表④**

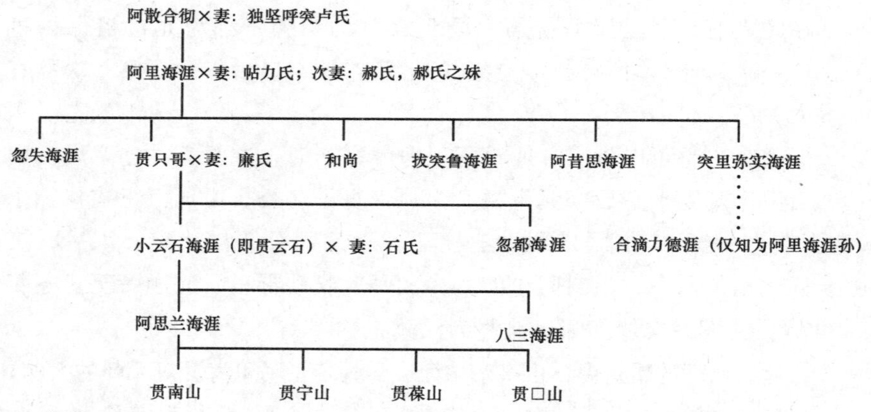


说明：

1. 此表系据《蒙兀儿史记·氏族表》、《新元史·氏族表》及姚燧《湖广行省左丞相神道碑》、欧阳玄《贯公神道碑》设计。

2. 表内未列入女性后人。

3. 忽失海涯系帖力氏生。贯只哥系长郝氏生。和尚系次郝氏生。妾者肖生拔突鲁海涯、阿昔思海涯。婢女某生突里弥实海涯。

4. 阿里海涯有五个女儿。

---

① 据清人吴廷燮《元行省丞相平章政事年表》。

② 一般中国文学史在“元代文学”这一部分，介绍贯云石时，都说其因父亲名叫贯只哥，就依照汉族习惯，以贯为姓氏。纯属想当然耳，不确。

③ 元人鲜于枢：《困学斋杂录》。

④ 此表据杨镰《贯云石评传》，略有修改，新疆人民出版社 1983 年版，第 34 页。

因父亲名叫贯只哥，小云石海涯也以“贯”为姓氏，又称作贯小云石海涯，为了能与汉族的文友们广泛交往，他又把贯小云石海涯简称为贯云石海涯，进而则简化为贯云石了。一般认为，贯云石是小云海涯另起的汉族名字，正像他的一位舅舅，在维吾尔本名密只儿海涯外，又起汉族名字廉恂那样。其实不然。贯小云石海涯的原意是：“贯只哥的小儿子小云石海涯。”贯云石又是从此简化而来。

贯云石的外祖父廉希闵受汉族文化影响较深，有别号“野云”，又给贯云石起了表字、别号，表字为浮岑。贯云石最初别号叫成斋，成年时又号疏仙，后来，改号酸斋。他一生中还用过“芦花道人”、“石屏”等别号①，但他以酸斋知名于世，表字和其他别号，则不大为人所知。

当时，热心的维吾尔族乡亲们不可能意识到：阿里海涯之死宣告了一个时代的结束。小云石海涯（贯云石）的出世，预示着另一个时代的即将到来。

贯云石承继祖上余荫，出任两淮万户府达鲁花赤，成为统兵的将领镇守一方。不久，又受命出镇永州。到任不久，贯云石对永州山水古迹产生了浓厚兴趣。

回顾祖父阿里海涯起自草莽，以军功出任大将，又突然身死的一生；回顾父亲贯只哥无寸尺之功，身居要职，却玩忽职守的行径，再进而考虑自己的前途，使他感到非常矛盾。他并非不具备身为大将的条件，但他却在行辕中写诗填词，“竟欲自适，不为形势禁格”。

从其对祖父与父亲的回顾，我们可以分析其不愿为官的缘由所在。

据贯云石友欧阳玄回忆：“然其超擢尘外之志，夙定于斯时。”② 经过反复思索，贯云石决心放弃军职。他是个有作为的人，如果在职一天，就不能置职责义务于不顾；而真正埋头于治理军政，却又违反了他个人的生活志趣。在这时他刻了一方图章，印文是“疏懒野人”，就是他当时心境的反映。

一天，他把弟弟忽都海涯叫到跟前，说：“我生性就不那么热衷于

---

① 这里系据杨镰考证。贯云石亦曾自署“酸斋道人”，如其《筚篥乐》手迹上就是如此。但杨镰认为那只是“酸斋”的不同用法。

② 欧阳玄：《圭斋文集》卷9。

做官，但祖上因军功获得的职务不敢不袭承。现在我任职已有一段时间了，决心把官职让给你！”

自幼年起，贯云石经常随母亲住在廉园，并受到外祖父廉希闵的许多影响。在廉园，程文海、赵孟頫、袁桷等对贯云石产生过深刻的影响，但，经外祖父廉希闵介绍，在廉园中结识的人物中，对贯云石产生最大影响的，是年逾古稀的文坛名流姚燧。

贯云石早从祖父的碑文上“认识”了姚燧，并神交已久。贯云石当即拜姚燧为师，向他学习写文章作诗词的方法。

能够受知于姚燧，无疑是贯云石生平中的重大事件，姚燧对于贯云石的文学创作及其生活道路，都产生了无可取代的影响。

在元武宗海山即位后，年已七十的姚燧日益受到重视。姚燧曾一再以太子的老师身份，向人们推荐贯云石，说他年轻有为，才华横溢，应进翰林院草拟政府文件。

一条辉煌灿烂的坦途就摆在贯云石面前。作为东宫旧臣，他分外受到元仁宗的信任。仁宗顺利地登上皇位，使贯云石不禁信心十足。他要依仗对皇帝的影响来施展自己的抱负了。

半个世纪之后，贯云石也被太子少傅姚燧推荐给在“潜邸”的元仁宗，仁宗继承了哥哥的皇位，等于替贯云石打开了越过许多台阶，直接进入权力中心的大门。

元仁宗爱育黎拔力八达皇庆二年（1313）二月，贯云石被授予翰林侍读学士的官职。

翰林院的学士都是“天子近臣”，其地位与影响非同寻常。翰林院的主管是承旨，官秩为从一品，姚燧曾任翰林承旨，但他已于两年前辞官家居了。侍读学士一共有两名，官秩为从二品。[①] 同时在翰林院任职的，都是元老重臣，如赵孟頫已六十高龄，程文海已六十五岁，元明善和张养浩则都是四十五岁。作为最年轻的翰林学士，那一年贯云石才二十七岁。

七、八年前，由于祖上的军功，受任为两淮万户府达鲁花赤，而今天身居清要，则全凭的是个人的聪明与才智。

---

① 清阮元《两浙金石录》引称：贯云石受职为侍讲学士。

与此同时，贯云石的文学创作活动亦进入了一个新的时期。他已经能熟练地运用散曲这一为朝野人士所喜爱的艺术形式；他有了参与上层文化活动的身份与机会。

在大都的几年中，先是在廉园结识了当代文坛名流，受知于世；然后入侍东宫，继而官拜翰林侍读学士，有了这样的际遇，贯云石的创作活动进入了一个空前繁荣的时期。

与散曲创作密切相关的是与著名的散曲作家和选家杨朝英的结识。

杨朝英的年龄大致与贯云石相仿，青城人，自号“澹斋”。他是著名的元曲家，元末文坛盟主杨维桢曾把杨朝英与关汉卿、庾吉甫、卢疏斋并称，足见其在元曲家中的地位。[①]

杨朝英同时又是元朝最重要的元曲选家。他编选的两部选集《阳春白雪》与《朝野新声太平乐府》是今人研究元人散曲的主要依据之一。这两部选集中，《阳春白雪》编辑时间较早，大约于皇庆年间（1312—1313）成书，书前有贯云石写的序，书中选了贯云石的几十支小令和套曲，并只称“酸斋”而不著姓氏。何以此为，猜而测之，可能出于以下考虑：两人相得，互为欣赏，杨朝英对贯云石的认同，自然在情理之中，因而多选其作品，自然情不自禁；因为多选，又怕时人相讥，自然不好全署真名，最好的办法当然只有署其号而不著其姓氏。至于后代版本，更而改之，已应另当别论。相反，我们从其对待周德清的态度中，更洞然可鉴。先是于《阳春白雪》中一字不入，孤而立之；后是在《朝野新声太平乐府》中有意选录，彰而显之。

那时贯云石初入翰林院，开始有了较大的影响，杨朝英拿上已编辑成书的《阳春白雪》请贯云石写一篇序言。贯云石认为“阳春白雪”是早就听不到的佳音，而此书中选的名家杰作，就像阳春白雪一样令人神往，于是欣然命笔，写下了序文。

这篇序文是有关元代散曲评论的第一篇专文。文中贯云石提出了自己的创作思想，并一一批评了前辈名家。序云：

> 盖士尝云：东坡之后，便到稼轩。兹评甚矣！然而北来徐子芳

---

① 杨维桢：《周月湖今乐府序》。

滑雅，杨西庵平熟，已有知者。近代疏斋媚妩，如水仙寻春，自然笑傲。冯海粟豪辣灏烂，不断古今，心事天与，疏翁不可同舌共谈。关汉卿、庾吉甫，造语娇娇，却如小女临杯，使人不忍对殢。仆幼学词，辄知深度如此。年来职史稍稍遐顿，不能追前数士，愧已。

这里贯云石明确表示了自己对卢疏斋（挚）、冯海粟（子振）、关汉卿、庾吉甫等人的仰慕，并希望自己能像他们那样给人间留下优秀作品。

在此之前，贯云石自号成斋与疏仙，此后就更号为酸斋。他为什么以酸斋为号，我们从巴西（四川西部）人邓子晋为杨朝英选的另一部散曲选《朝野新声太平乐府》写的序言中，可窥知大略。邓子晋云：

昔酸斋贯公与澹斋游，曰："我酸则子当澹。"遂以号之。常相评今日词手，以冯海粟为豪辣灏烂，乃其所畏也。

按这篇序文所说，酸斋所以"酸"乃是与"澹"相对称。澹，是恬静、平淡。

元人张之翰曾给杨朝英写了一首诗，其中对他自号"澹斋"作了最好的脚注：

至人寡于欲，达者无所嗜。
或不接世俗，或不谈荣利。
贤哉吾英甫，学古亦已至。
以"澹"名其斋，涉世良有为。
灭除是非心，消落忧喜意。①

据此，贯云石号酸斋或有以热切、迂腐自嘲之意。

《朝野新声太平乐府》序写于元顺帝至正十一年（1351）春，是时

① 元张之翰：《西岩集》卷1，转引自孙楷第《元曲家考略》丁稿。

贯云石已去世二十多年。但邓子晋此说当得自杨朝英本人。

在皇庆二年（1313）春天以后，贯云石首次把自己写的诗文汇集到一起，抄录成卷，并向文友们征求意见。程文海是贯云石的“忘年交”，他读过贯云石的诗文，慨然挥毫写下一则跋语。在全文结束时，程文海画龙点睛般地说：“盖功名富贵有不足易其乐者，世德之流，讵可涯哉!”

程文海是第一个指出：贯云石以为文学创作所带来的乐趣，是功名富贵所不能取代的。

年仅二十八岁的贯云石，不但赢得了“小翰林”的号称，而且希望能对朝廷大政有更多的发言权。

元仁宗皇庆二年（1313）十一月间议行科举，他便起了很大的作用。科举举行之功，功在云石。

由于蒙古贵族的抵制等原因，元朝一直没能把历代的科举制度继承下来。

元太宗窝阔台攻灭金国之后，听取耶律楚材建议，曾试行过科举，但因“廷以为非便，事复中止”①。

元世祖至元二十一年（1284）十一月，曾下诏命群臣议立科举的办法，但又没有施行。

元仁宗皇庆二年（1313），中书省主管大臣又向皇帝进言：“科举事，世祖朝屡尝命行，成宗、武宗寻亦有旨，今不以闻，想或有沮其事者。”仁宗爱育黎拔力八达决心要正式施行科举，就命令翰林院的文臣们专门拟出科举的办法与条例，以备施行。当时翰林学士承旨姚燧已告老归隐，② 这一工作就由程文海、贯云石、元明善三人具体负责。

贯云石是科举制度的主要拥护者之一。贯云石之所以赞成科举，主要出于对儒家正统观念的信服，对汉族文化的仰慕。

然而，科举正式施行时，贯云石已弃官南归，未能亲自选拔人才。

---

① 《元史纪事本末》卷8《科举学校之制》。

② 姚燧于次年延佑元年（1314）去世，享年七十六岁。去世前不久，他在赏春花时，写了一首《菩萨蛮》词，词中说：“花枝依旧好，只自伤重老。七十六年人，见花能几春!”那果然是他得见的最后一次春光。临终前，姚燧还未来得及知悉贯云石等议行科举的情况。作为及门弟子，贯云石肯定有挽恩师之作，可惜已经见不到了。

元仁宗即位初期仿佛要大有作为，但却始终未见有什么改弦更张之举。这时，贯云石毅然写了一篇“万言书”，进呈皇帝。“万言书”进呈给仁宗后，仁宗口头上空洞地称赞其“切中时弊”，但实际上却晾在一边。贯云石感到不安。于是，他上书称病，要求辞去翰林侍读学士官职。出人意料，皇帝很快就批准他辞职。

贯云石上“万言书”是第二次去职的表面的、直接的原因。

毫无疑问，对官场的阴暗面有了更多了解，对元仁宗爱育黎拔力八达由崇敬转为失望，是贯云石再次辞去官职的主要原因。

竟功名有如车下坡，惊险谁参破。昨日玉堂臣，今日遭残祸，争如我避风波走在安乐窝。

这是几年以后，贯云石隐居钱塘时写的一支小令。由此可以肯定，在翰林院任职期间，他所了解到的朝廷秘闻，导致了他产生归隐的强烈愿望。

在翰林院期间，贯云石还与陈俨共同修订《世祖实录》，这样，势必要了解到祖父阿里海涯的情况，尤其是有关他自杀身死的内幕。从贯云石懂事起，阿里海涯的死因就被官方和家族共同蒙上了厚重的幕布，在朝廷一次次追封、表彰中，贯云石突然发现：原来祖父作为一次政治斗争的牺牲品，死得很不光彩。这样，他很自然地对仕途产生了恶感与厌倦情绪。

进入翰林院后就国政方面所作的第一次努力——上“万言书”失败后，贯云石便不愿再留在官场中了。

当然除了促使其坚决再次辞官归隐的客观原因外，还有个人志趣、气质方面的因素。

在外祖父熏陶下，随着年龄的增长，贯云石对祖国传统文化产生了越来越强烈的兴趣。

元仁宗延祐二年（1315）以后的某一日，贯云石前往南昌。这一年贯云石父亲贯只哥自湖广行省平章政事任上，调赴江西，仍出任江西行省平章政事。

他的舅舅廉惇（廉希宪之子）也于几年后出任江西行省参知政事。

由于贯云石这时已很有名气，所以他的到省，引起江西文人的关注。

江西有一个颇为人知的学者王炎午，在他看来，贯云石来到南昌，能使他绝处逢生。王炎午甚至把《上贵学士》编在了他的文集《吾汶稿》的开卷第一篇。

在江西南昌，贯云石看望了父亲贯只哥，会见了省内的文人学者。而独独与周德清擦肩而过。

元英宗至治三年（1323）秋天，贯云石在杭州见到了老朋友欧阳玄。他们早在元仁宗皇庆年间（1312—1313）就有着密切的来往，自大都一别，一年未见。

次年，泰定帝也孙铁木儿泰定元年（1324）夏天，贯云石在杭州客寓去世，几个月后，讣告才送达欧阳玄手中，欧阳玄为贯云石壮年早逝，十分悲痛。

元顺帝至正七年（1347），贯云石去世已经二十五年了，欧阳玄在大都见到贯云石的长子阿思兰海涯，阿思兰海涯是来首都省亲。他请欧阳玄为父亲写一篇神道碑，欧阳玄欣然命笔。

贯云石出入佛、老，不过是他避祸的手段，但由此也势不可免地给贯云石的精神面貌注入了消极的因素。

邓文原在为贯云石文集写的序言中，高度地评价了贯云石的人格：我们常称许的古往今来的著名文学家，大多是出身底层或身世坎坷，而贯云石出身于富贵之家，是勋臣的后人，能享受种种特权，他却从不整日沉湎于酒色，不像纨绔子弟那样讲究吃穿，以奢侈为荣；他有了那样优越的家庭条件，还愿与下层文人儒生唱和，立志在文学创作方面去发挥个人的才智，并以此为人生的乐趣，这比之贯云石杰出的作品更使人钦佩不已，才是最难于做到的事。在序文结束时，邓文原引证了庄子的话，说："夫名者，天下之公器也，公亦慎勿采取也夫。"①

从现存的贯云石作品看来，辞去翰林学士之前他是以写作诗、文、词为主；辞官称疾还江南之后，他致力于散曲的创作。

贯云石因病去世于海鲜巷寓所时，张可久在场，并写有一首"带

① 邓文原：《巴西文集·翰林侍读学士贯公文集序》。

过曲”《为酸斋解嘲》，试图在曲中概括贯云石的一生。

自从贯云石于元仁宗延祐元年（1314）辞去翰林学士，直至去世于泰定帝泰定元年（1324）五月，度过了十年退隐的生活。也许是因为他早年在元英宗“潜邸”中伏下祸根，也许是因为他实在不愿在朝为官，他并没有再次踏入仕途。

当贯云石出任元英宗硕德八剌的“潜邸说书秀才”时，元英宗的老师是铁木迭儿。铁木迭儿为人阴柔，野心又极大，肯定与刚强正派的贯云石合不来。而元仁宗延祐元年（1314）时，贯云石上“万言书”曾专论“教太子以正国本”，这无疑于给太子的老师铁木迭儿一个难堪，种下了祸根。

在贯云石的密友欧阳玄写的神道碑中，曾这样介绍了贯云石一生中最后的几年：“自是，为学日博，为文日邃，诗亦冲澹简远。书法稍取法古人而变化，自成一家。其论世务，精核平实，识者喜公，谓将复为世用，而公之踪迹与世渐疏。日过午，拥被坚卧，宾客多不得见，童仆化之以昼为夜。道味日浓，世味日淡。”

元泰定帝改元的第一年（1324）五月八日，贯云石死于钱塘正阳门外海鲜巷寓舍，终年只有三十九岁。

临终时，贯云石口占了一首《辞世诗》：

洞花幽草结良缘，被我瞒他四十年。
今日不留生死相，海天秋月一般圆。

就在贯云石临终时，他的密友张可久写下一首题为《为酸斋解嘲》的“带过曲”：

君王曾赐琼林宴，三斗始朝天。文章懒入编修院。红锦笺，白苎篇，黄柑传。

学会神仙，参透诗禅。厌尘嚣，绝名利，近林泉。天台洞口，地肺山前，学炼丹。同货墨，共谈玄。

兴飘然，酒家眠。洞花溪鸟结姻缘，被我瞒他四十年，海天秋月一般圆。

文友钱惟善为贯云石写下这样一首挽诗：

> 身骑赤虬揽江海，手携锦囊入兰荪。月明采石怀李白，日落长沙吊屈原。万里壮游遗剑履，七年高卧老乾坤。萋萋芳草汉阳路，王孙不归遥断魂。

相比之下，欧阳玄为贯云石下的赞语更全面而深刻：

> 玄尝评公，武有戡定之策，文有经济之才。以武易文，职掌帝制，固为斯世难得。然承平之代，世禄之家，势宜有之。至如铢视轩冕，高蹈物表，居之弗疑，行之若素，泊然以终身，此山林之士所难能。斯其人品之高，岂可浅近量哉！

我们可以想象：如果他能享有赵孟頫那样的高寿，或许他那“稍取法古人而变化，自成一家”的书法会有更多的真迹传世；如果他能像张可久那样年逾不惑，或许他的散曲能编成好几大卷，高踞元代曲坛的首要位置。可是，正在他向元曲顶峰攀登的中途，不幸夭折，只活了三十九岁。

贯云石死去之后，其人品、学问长久为人们所称道，其散曲为西湖增添了色彩，其高洁的风格代代在杭州居民中间传播。

清人陈若莲在《西湖杂咏》组诗中，专为贯云石写了一首七言绝句：

> 洞花幽草夙缘谐，安稳山舟卧亦佳。
> 卖药偶然来市上，无人知是贯酸斋。

贯云石死后不久，由亲友及其后人扶他的灵柩北上大都，择吉日安葬于大都畏吾村的祖茔中。

欧阳玄在《贯公神道碑》中，以这样的文字作为结尾：“事有可知，有不可知。所可知者，燕茔之藏体魄在兹！我以铭诗，讵能为公之轻重，姑以慰公后人之思！”

贯云石被后人推尊，一在人品之高超，一为在元代散曲创作之地位。贯云石为人的不同凡响，主要在于他敢于超出民族界限，打破人际壁垒；其散曲，正如陈垣先生所说："不独在西域人中有声，即在汉人中亦可称绝唱也。"①

贯云石以散曲家知名于世。

明人王世贞曾对元代散曲作过一个简要的综述：

> 曲者，词之变。自金、元入主中国，所用胡乐，嘈杂凄紧，缓急之间，词不能按，乃更为新声以媚之。而诸君如贯酸斋、马东篱（致远）、王实甫、关汉卿、张可久、乔梦符（乔吉）、郑德辉（光祖）、宫大用（天挺）、白仁甫（白朴）辈，咸富有才情，兼喜声律，以故遂擅一代之长。所谓宋词、元曲，殆不虚也。②

王世贞以贯云石居于首位，可见对他的推崇。

时人将贯云石与徐再思并称，并将他们的作品称为"酸甜乐府"③。

对于贯云石的作品，元末人邵亨贞曾委婉地指出，贯云石的词有不合音律处：

> 沙德润、任以南相与追和贯酸斋《琵琶词》韵，拉予同赋。第元韵出入，读之不纯也。④

而周德清在其《中原音韵》的《正语作词起例》卷中，却指摘贯云石［正宫·塞鸿秋］《代人作》衬字过多。

> 战西风几点宾鸿至，感起我南朝千古伤心事。展花笺欲写几句

① 陈垣：《元西域人华化考》5，《西域之中国曲家》。

② 王世贞：《曲藻序》。

③ 因贯云石号酸斋，徐再思号甜斋。最早提出"酸甜并称"的是明人蒋一葵，其《尧山堂外纪》卷71有这样一条记载：贯云石，畏吾人，阿里海涯孙也。父名贯只哥，遂以贯为氏，自号酸斋。时有徐甜斋，失其名，并以乐府擅称，世谓"酸甜乐府"。

④ 邵亨贞和贯云石《琵琶词》的《贺新郎》序文。

知心事，空教我停霜毫半晌无才思。往常得兴时，一雪无瑕疵。今日个病厌厌刚写下两个“相思”字！

——贯云石［正宫·塞鸿秋］《代人作》

细味之，作者在这首小令中，把一个相思者的心境表露得形象逼真，极具立体感，当属少见之杰作。但按曲律，［塞鸿秋］最后一句应是七个字，按照散曲可以加添衬字的惯例，贯云石把最后一句抻长为十四个字，衬字竟又加了七个！难怪周德清批评说：“此何等句法！”

周德清对贯云石的批评比较委婉，但也呼之欲出。周氏在《中原音韵》自序中说：“有板行逢双不对，衬字尤多，文律俱谬，而指时贤作者……”，此处所说“逢双不对”，指的是贯氏的［塞鸿秋］，按［塞鸿秋］格式要求，前六句常作对仗，五六句还须平仄相对，平平仄仄平对仄仄平平仄。这种格式虽稍可变化，但贯氏此曲却于对仗、平仄都不讲究，所以周氏说他“逢双不对”，“文律俱谬”。周氏在序文中又说：“呜呼！言语不可究乎？以板行谬语，而指时贤作者……务取媚于市井之徒，不求知于高明之士，能不受其惑者几人哉，使真时贤所作，亦不足为法。取之者之罪，非公器也。”

周德清进而说：这是无名之辈托名于“时贤”贯云石所作，却又失之于武断。①

《阳春白雪》冠有贯云石序文，周氏当不会视而不见，“酸斋”与“澹斋”之间颇见亲密，周氏当不至于未有所闻，却口口声声说杨朝英不辨友人作品的真伪，诬枉友人，这无法令人相信，看来，倒是“使真时贤所作，亦不足为法”这两句话，却显出了真意，所谓欲抑先扬也。至此，周氏所谓的为“时贤”辨冤，也终于真相大白，辨冤是假，批评是真。当然，或许碍于贯云石的地位、名声，周德清对他未作直率的批评，巧妙地采用了隐晦、曲折的方法。

《中原音韵》的作者后序写于泰定元年，检索历史，我们发现：恰好是贯云石逝世之年，贯氏也就不可能对周氏的批评作出反应。

① 周德清原话：［塞鸿秋］末句本七字，有云“今日个病恹恹刚写下两个‘相思’字”，都十四字矣。此何等句法！而又托名于时贤，没兴遭此诮谤，无为雪冤者。

细琢周德清的评判，用词明显过激，虽有委婉，但显武断。这从杨朝英编选《阳春白雪》，则又另见一斑，揣摩言下之意却又未免过誉，私谊之见，跃然纸上。杨朝英不但选有贯云石许多散曲，在选曲时仅注为“酸斋”而不名，还请贯云石为全选集写序。

贯云石去世才六七年，元人钟嗣成在编写元曲研究著作《录鬼簿》时，就把贯云石名列于“前辈已死名公，有乐府行于世者”一节，足见其对贯云石的推尊。[①]

我们认为：在元代文学史上，贯云石是不“谨守绳尺自程”，不“拘牵常格”，力求独辟蹊径的作家；在元代历史上，贯云石更是超出自己的民族、阶级，蔑视功名富贵、鄙弃封建意识，“铢视轩冕，高蹈物表”的杰出人物。

## 二　杨朝英——搜罗赡富，辑录功臣

杨朝英（约1285—约1355），号澹斋，山东青城人。平生与贯云石相契，邓子晋《太平乐府·序》说：“昔酸斋公（即贯云石）与澹斋游，曰：‘我酸则子当澹。’遂以号之。常相评今日词手。”贯云石曾为他选辑的《阳春白雪》写过序言。杨朝英辑录元人散曲颇有功绩，所辑《乐府新编阳春白雪》、《朝野新声太平乐府》二集，搜罗赡富，元人散曲多赖以传世，是研究元散曲的重要资料。但从杨朝英与贯云石有交往，并有条件编辑散曲集，想来也是一介名流。周德清和他的朋友萧存存、罗宗信曾讥弹杨朝英“不知”曲律和“妄乱编集板行”，盖属片面之言。

杨朝英的散曲今存小令二十七首，多以描摹恋情、歌咏隐逸为内容，关于他作品的风格，《太和正音谱》曾评为“如碧海珊瑚”，似为清丽之意。杨维桢《周月湖今乐府序》说：“士大夫以今乐府鸣者，奇巧莫如关汉卿、庾吉甫、杨澹斋、卢疏斋。”（《东维子集》卷十一）从所列举的庾吉甫、卢疏斋等人看，“奇巧”云云，也当偏于清丽，这固能概括杨朝英散曲的某些特点，却不全面。总的看来，杨朝英的有些作品虽具有俊逸秀丽的风采，但主导风格却更近于豪放，风格略与马致远

① 《录鬼簿》完成于元文宗至顺元年（1330），又于元顺帝元统年间（1333—1335）、至正间（1341—1368）两次修订过。

相近。如［双调·殿前欢］《和阿里西瑛韵》：

白云窝，天边乌兔似飞梭。安贫守己窝中坐，尽自磨陀。教顽童做过活，到大来无灾祸。园中瓜果，门外田禾。

写得豪爽洒脱，用语浅白流畅，有豪放派的情致。但是杨朝英的成就却远不能和马致远、关汉卿、卢疏斋等人相提并论。

杨朝英的生活年代，可从点滴蛛丝马迹略考之。杨所辑《阳春白雪》有贯云石序。贯氏卒于1324年，故《阳春白雪》成书应在贯氏生时。贯序有云："年来职史稍稍遐顿"，当指贯云石"称疾"而"辞归江南"之后。《阳春白雪》后集郑五［双调·新水令］套，中有"吾皇泰定年"句，是《阳春白雪》最后成书在泰定元年（1324），贯氏作序，极可能就在此年，而贯氏作序后不久，便在当年突然病故，时年39岁。杨朝英既与之游，又编《阳春白雪》，年辈应与贯氏大约相当。杨朝英《太平乐府》，据邓子晋作于1351年的序，当成书在1351年。时杨朝英已70多岁了。孙楷第据元·张之翰《西嵩集》卷一《杨英甫郎中淡斋》诗，谓"英甫似淡斋字"，其说不能成立。孙考张之翰元贞二年（1296）卒，诗当作于此前，据诗中云杨英甫"前年作郡守，今年署郎位"，年龄总在40岁上下。即以1296年往上推，诗中"杨英甫淡斋"生年约在1256年左右，如果其人即杨朝英，则朝英编《阳春白雪》时已将近60岁，到编《太平乐府》时则已百岁以上，因此，张诗中的"杨英甫淡斋"与杨朝英断非一人。

对杨朝英所编的《阳春白雪》和杨氏所作的散曲，持"散曲一乐府"观的周德清在《中原音韵》中是颇有非议的。

杨朝英编《阳春白雪》和《太平乐府》，本没有太多的偏见，诸格俱存，于保留元散曲的较全面风貌功劳颇巨。不过，澹斋稍稍偏好较有"曲味"的散曲。其选乔吉、小山的散曲，"曲味"稍浓者居多，小山散曲，《阳春白雪》选得很少，联系贯云石《阳春白雪序》中未提小山一类的清深婉丽一格，可窥杨朝英的某种趣向。[①] 杨朝英的散曲，亦偶

① 至《太平乐府》，杨朝英已选小山小令约300首，可见杨朝英的趣好已有大变化。

有较“醇雅”的作品，如：

［中吕］阳春曲

浮云薄处朦胧日，白鸟明边隐约山，妆楼倚遍泪空弹。凝望眼，君去几时还？

［双调］清江引

秋深最好是枫树叶，染透腥腥血。风酿楚天秋，霜浸吴江月。明月落红多去也。

首曲与周德清［中吕·阳春曲］“千山落叶岩岩瘦”相比较，二曲在结构上极相似，但杨曲显然不及周曲工巧有意致。周曲首句一个“瘦”字，既是对落叶秋山极精练而形象的描绘，又是曲中人的某种写照。而杨曲却缺少这种意趣。至于周曲末句之俊俏，杨曲与之相比就显得太“白”、太陈旧。二曲都是“类词化”兼有某种“透辟”的“曲味”，但杨曲显然不及周曲富有弹性令人回味。

第二曲，不能说不“雅”，但同样缺少意蕴。而从形式上看，首句“是”字颇多余，依周德清“衬字无”的观点看乃是毫无必要的“衬字”。末句，“本格”为七字，但“也”字却好像是“衬字”，是为不该“衬”的也“衬”。在杨朝英，恐怕正欲以末句作“豹尾”，是得“曲味”之所在，但仅仅在语态上来点俏皮，造意则不出陈套，是又未得“曲味”之真谛。

杨朝英“醇雅”一类的散曲都不太出色，但其“曲味”较浓的作品却见其出色，如：

［双调］水仙子

灯花占信又无功，鹊报佳音耳过风。绣衾温暖和谁共？隔云山千万重，因此上惨绿愁红。不付能博得个团圆梦，觉来时又扑个空，杜鹃声又过墙东。

［双调］水仙子

东湖所见

东风深处有娇娃，杏脸桃腮鬓似鸦。见人羞行入花阴下，笑吟吟回顾咱，惹诗人纵步随他。见软地儿把金莲印，唐土儿将绣底儿踏，恨不得双手忙拿。

［双调］得胜令

日日醉红楼，归来五更头。问着诸般讳，揪挦不害羞。敲头，敢设个牙疼咒。揪揪，揪得来不待揪。

第一曲，所用形象并不新鲜，但曲中人的思恋之情却表现得淋漓尽致。末三句，颇见新巧，自己也料不到在梦中能得团圆，比说只有在梦中得团圆的老一套来得新而鲜，而末句则颇为奇巧，“杜鹃声”，古代诗歌中常以其鸣似“不如归”喻思归、叫归，此处用一熟典，然又似一种自然景态，“杜鹃声又过墙东”，意中人的归来遥遥无期，这就使全曲在“直白”之中又独具一丝余韵。

第二曲的形象塑造颇为生动，曲中的“娇娃”写得真切而有生活气息。曲中的“诗人”不免显得轻浮，但却合乎散曲无所顾忌的特色，全曲之妙，在一“活”字。

第三曲极“俗”，但却是历代诗歌中所未曾见过的市井之家的真实一角，使我们得知古代女子并非都是用“妇道”之模铸出的“温柔敦厚”者。而曲中充溢的滑稽风趣，则使人忍俊不禁。散曲特有的趣味，散曲不同于前代诗歌“雅而正之”的特质，于此和盘托出。

这一类散曲，其尖新活泼之态，周德清散曲便难有所见。以此与周德清相比，就不能不说杨、周“各擅胜场”了。从杨朝英本身言，这一类散曲恰是其特色所在。杨朝英的散曲，元杨维桢将之与关汉卿、庾吉甫相提并论，划为“奇巧”一类（《周月湖今乐府序》），当即指此类曲作。但是，将杨朝英与关、庾并提，未免过誉，其“奇巧”者，也只是杨氏散曲之一类。至于杨氏“隐居乐道”的一类，多是蹈袭“前贤”，实无新鲜之处。这一点，杨朝英与尚能表现自己真实情感的周德清却不可同日而语。

杨朝英，对元散曲的贡献，主要在于他编了两部元人散曲集：《乐府新编阳春白雪》和《朝野新声太平乐府》。大量的元人散曲赖此得以保存流传。

尽管他编的散曲集也收入了自己的作品，但其散曲成绩不算突出。

失传的肯定不多，一生只作了二三十首小令，实不足称。既没有名传千古的佳作，也无风格鲜明之作。贯云石在为他编的散曲集作序时将他与关汉卿等人并列，大约乃属朋友间的相互吹捧，并不得当。杨维桢在《周月湖今乐府序》中也认为杨朝英的曲作与关汉卿、卢挚的作品一样，都属“最为奇妙”的一类。这种评价实不相称，但正从侧面说明杨朝英在当时已名气不小。

杨朝英的大部分作品豪放而开朗。［双调·水仙子］七首较有代表性：

依山傍水盖茅斋，旋买奇花赁地栽，深耕浅种无灾害。学刘伶死便埋，促光阴晓角时牌。新酒在槽头醉，活鱼向湖上买。算天公自有安排。（其一）

雪晴天地一冰壶，竟往西湖探老逋，骑驴踏雪溪桥路。笑王维作画图，拣梅花多处提壶。对酒看花笑，无钱当剑沽，醉倒在西湖。（其二）

闲时高卧醉时歌，守己安贫好快活，杏花村里随缘过。胜尧夫安乐窝，任贤愚后代如何。失名利痴呆汉，得清闲谁似我。一任他门外风波。（其四）

这里，“学刘伶死便埋”、“无钱当剑沽，醉倒在西湖”、“一任他门外风波”乃快人快语，通俗爽朗，达观而豪迈。

［正宫·叨叨令］《叹世》二首，亦能见出其作品之风骨与人生观：

想他腰金衣紫青云路，笑俺烧丹炼药修行处。俺笑他封妻荫子叨天禄，不如我逍遥散诞茅庵住。倒大来快活也末哥，倒大来快活也末哥，那里也龙韬虎略攀天柱。

昨日苍鹰黄犬齐飞放，今日单鞭羸马江南丧。他待学欺君罔上曹丞相，不如俺葛巾漉酒陶元亮。倒大来快活也末哥，倒大来快活也末哥，渔翁把盏樵夫唱。

一些写景抒情的曲子，却饶有豪俊之风。如［双调·清江引］写秋景：

> 秋深最好是枫树叶，染透猩猩血。风酿楚天秋，霜侵吴江月。明月落红多去也。

《阳春白雪》，全称《乐府新编阳春白雪》，[①] 是现存最早的元人散曲选本。《阳春白雪》前冠有贯云石序。由贯云石作序的《阳春白雪》至少成书在泰定元年（1324）以前。孙楷第曾据元人周巽《性情集》卷五"上欧阳玄诗"考证，认为杨朝英晚年曾居住在南昌某宅。[②]

《阳春白雪》对《中原音韵》的成书有着极其重要的推动作用。周德清在泰定甲子自序中曾追叙了萧存存问作曲之法于他的情景：

> 青原萧存存，博学工于文词。每病今之乐府有遵音调者；有增衬字作者；有《阳春白雪集》［德胜令］"花影压重檐，沉烟袅绣帘，人去青鸾杳，春娇酒病厌。眉尖，常琐伤春犯。恢恢，恢的来不待恢。""绣"唱为"羞"，与"怨"字同押者；有同集［殿前欢］"白云窝"二段，俱八句，"白"字不能歌者；有板行逢双不对，衬字尤多，文律俱谬，而指时贤作者。……令人无所守。泰定甲子，存存托友张汉英以其说问作词之法于予。[③]

周德清对萧存存提出的这些问题，尤其对《阳春白雪集》的诸种弊端，一一给予批评辨正，仍感到意犹未尽，说："予甚欲为订砭之文，以正其语、便其作、而使成乐府，恐起争端，矧为人之学乎？"因此，他决定把自己的曲学经验形诸文字，遂"分平声阴阳及撮其三声同音，兼以入声派入三声……名之曰《中原音韵》，并《起例》以遗之，可与识者道"。在《起例》中，周德清又多次对《阳春白雪集》提

① 现存《阳春白雪》有三种版本系统：（一）残元刊本；（二）元刊十卷本；（三）九卷抄本。今人隋树森以九卷抄本为底本，会校以元刊十卷本、残元本及后代典籍有关资料，成《新校九卷本阳春白雪》，中华书局 1957 年版。

② 孙楷第：《元曲家考略》，上海古籍出版社 1981 年版，第 152 页。

③ 所引《中原音韵》，据《中国古典戏曲论著集成》第 1 册所收本。

出批评。

因此，《阳春白雪》实在可以说是周德清撰作《中原音韵》的直接原因。

然而，新中国成立以后出版的《中国古典戏曲论著集成》本《中原音韵》在校勘记注（四）中却说：“此《阳春白雪集》，非今存元杨朝英所编的《乐府新编阳春白雪》。”校勘者没有展开论证，不知有何根据下此断语。

周维培认为，周德清在书中所批评的《阳春白雪集》，就是现存的杨朝英《乐府新编阳春白雪》，理由有五：

1. 周德清在书中点名批评《阳春白雪集》的地方有三处，除自序所提列的［德胜令］、［殿前欢］外，《起例》中还举例批评了［水仙子］“寿阳宫额得魁名”一曲。这些曲文分别见于杨朝英《阳春白雪》前集中。如［德胜令］“花影压重檐”曲，见于残元本、九卷抄本前集卷二；［殿前欢］“白云窝”曲，见于残元本前集卷二；［水仙子］“寿阳宫额得魁名”曲，见于残元本、九卷抄本、十卷元刊本卷一。现存的其他元人散曲选本如无名氏《乐府新声》、《乐府群玉》均未选这三首曲子。

2. ［德胜令］等三曲恰好是《阳春白雪》的选编人杨朝英的作品，周德清特别挑选它们作为批评对象，详细地加以分析辨驳后，说：“此自己字之开合、平仄，句之对偶、长短俱不知，而又妄编他人之语，奚足以知其妍媸欤?”（《自序》）“词之法度全不知，妄乱编集板行，其不耻者如是，作者紧戒。”（《起例》）从这些叙述语气推绎，周德清批评的对象确实是《阳春白雪》的选编人杨朝英。至于《中原音韵》中没有明确点出杨朝英的姓名，主要是因为周德清“恐起争端”。

3. 从周德清的批评文字中，我们也可以看出，《阳春白雪集》的选本面貌与现存的杨朝英选本的面貌是相同的。如，周德清在自序中说：“有《阳春白雪集》［德胜令］……有同集［殿前欢］……”我们知道，现存杨朝英选本分为“前集”、“后集”两大部分，每集又分作若干卷。［德胜令］与［殿前欢］皆在杨朝英选本的“前集”中，故周德清称它们为“同集”。又，周德清在自序中还说：“［殿前欢］‘白云窝’二段，俱八句。”杨朝英《阳春白雪》在作品排列上，以宫调曲牌为单位，下面依次排列出同一曲牌的不同作家的作品，每一个作家的作品数目则以“段”相称。如［双调庆东原］下，依次为“白仁甫二段”、“张小山次马致远韵四段”等。查元人同期散曲选本，《乐府群玉》、《乐府新声》都是以作家为总纲，再以曲牌为单位来选辑作品。因此，周德清说，“‘白云窝’二段”，符合杨朝英《阳春白雪》的体例。又，周德清批评的“未闻有八句［殿前欢］”，我们看到残元本《阳春白雪》选录的杨朝英［殿前欢］“白云窝”曲中，确实有两段八句的。这在整个九句式的同名散曲中显得特别刺眼，因为它们不合曲律，从而也证明了周德清批评的是杨朝英选本。

4. 周德清在《中原音韵》“起例”中还吸收了芝庵《唱论》的成果。《唱论》的惟一刊本是附刻在杨朝英《阳春白雪》卷首，而幸存于世。在此之前的元人文集、曲集中均不见有关芝庵及《唱论》的记载。可见周德清正是从杨朝英《阳春白雪》上读到《唱论》，并接受了它的影响。

5. 在现存元人散曲及其他文字资料中，尚未发现在元代有与杨朝英《阳春白雪》同名散曲选集；除《中国古典戏曲论著集成》本《中原音韵》的校勘者对此提出否定意见外，一些专家如隋树森校订九卷本《阳春白雪》、汇辑《全元散曲》，均把周德清的批评文字作为杨朝英散曲校勘参证材料。[①]

周维培从五个方面论证了周德清批评的《阳春白雪集》就是流传至今的杨朝英《阳春白雪》散曲选本。

周德清对杨朝英及《阳春白雪》的批评，是否实事求是？这种批评在当时曲坛又有何现实意义？我们只有通过分析才能作出科学的判断。

周德清的批评文字主要包括两个方面的内容：一是关于杨朝英散曲创作的弊端；一是关于《阳春白雪》选编上的错谬。总的来说，周德清的批评虽嫌苛刻，语气也颇严厉，但其基本观点自有其理。他对杨朝英散曲的批评主要集中在韵律。

在《中原音韵》中，周德清曾一再指出杨朝英用韵不精，开闭同

---

① 《〈中原音韵〉新论》第238—240页，周维培《〈中原音韵〉与元人曲籍五种小考》。

押，“《阳春白雪集》[水仙子]‘寿阳宫额得魁名，南逋西湖分外清，横斜疏影窗间印，惹诗人说到今。万花中先绽琼英。自古诗人爱，骑驴踏雪寻，冻在前村。’开合同押，用了三韵，大可笑焉”。按照北曲格律，[水仙子]凡八句，除了第六句可以不必用韵外，其余皆须押韵。杨朝英这首曲子韵脚依次为：名（庚青）、清（庚青）、印（真文）、今（侵寻）、英（庚青）、寻（侵寻）、村（真文），确实如周德清批评的那样，“开、合”同押，用了三韵。

周德清还批评：“未闻有如此平仄、如此韵脚[德胜令]。”杨朝英[德胜令]“花影压重檐”全曲共八句，韵脚四处，依次为：檐（廉纤）、厌（廉纤）、怨（先天）、忺（廉纤），也是在“合口”廉纤韵中羼入一个“开口”先天韵的字，不合韵律格式。

周德清还批评了杨朝英审音不严，误用平仄，“歌其字，音非其字者”。认为杨朝英造语生涩，不讲文采。如杨朝英[殿前欢]曲有一段末句为“呵呵笑我，我笑呵呵”；[德胜令]曲末句“忺忺，忺的不待忺”。周德清辛辣地讽刺道：“‘呵呵’、‘忺忺’者，何等语句?”

周德清对《阳春白雪》选编上的批评可以用罗宗信的话来总结：“而又妄乱板行。某人号即某人名，分之为二；甲之词为乙之作，以此太多；感东道而欲报者，非词人而有爵者并取之，列名于诸俊之前。”[①]

虽然我们缺乏足够的对比材料厘清周德清对《阳春白雪》的批评，但有些错误显而易见。比如，杨朝英在选本前“选中古今姓氏”栏目中，就把实为一人的吴正卿与吴克斋、刘时中与刘逋斋，“分之为二”，列作不同的两个作家。[②]《阳春白雪》集中的作品误题作家的情况也不少。如前集卷二有[折桂令]“徐容斋赠千金奴”一段，据元人孔齐《静斋至正直记》载，该曲实为孔文升作，“一日，有歌妓千金奴者请赠乐府。容斋属之先君，即席赋[折桂令]一阕。容斋大喜，举杯度曲，尽兴而醉。……其曲今书坊中已刊行，见于《阳春白雪》，但题作徐容斋赠”。杨朝英《阳春白雪》尽管有些错谬，但文献价值还是很高

---

① 罗宗信《中原音韵序》，见《集成》本第177页。

② 这种情况在杨朝英另一选本《太平乐府》中也有，如马东篱之外又有马致远；王爱山之外又有王敬甫；刘时中之外又有刘逋斋；等等。

的。它既保存了大量的元人散曲作品，也提供了不少有意义的研究材料。杨朝英的历史贡献应受到今人的珍视。

如果说，《阳春白雪》从反面推动了《中原音韵》的撰作，那么附刻于《阳春白雪》卷首的《唱论》，则使周德清在编写“正语作词起例”时得到一定的借鉴。《唱论》题燕南芝庵先生撰。芝庵生平事迹不可考，杨朝英在“古今姓氏”栏中把他排在刘太保、商政叔、徐子芳之后，估计芝庵大约是生活在元代早期的北曲音乐家。《唱论》是现存惟一的元人专论北曲清唱技法的著作。

周德清对《唱论》的吸收主要有两个方面的内容：

其一，有关北曲宫调声情的文字。《唱论》云：“大凡声音，各应于律吕，分于六宫十一调，共计十七宫调：仙吕调唱清新绵邈……越调唱陶写冷笑。有子母调，有姑舅兄弟，有字多声少，有声多字少，所谓一串骊珠也。”周德清在总结了北曲乐府所用335章曲牌之后，把《唱论》这段文字移录于后，仅略去“有姑舅兄弟”及“仙吕调唱清新绵邈”等中的“唱”字，从而构成了《中原音韵》曲牌谱式的完整格局。

其二，有关北曲小令、套数、叶儿等定义及分辨。如，《中原音韵》“作词十法”之前云：“凡作乐府，古人云：‘有文章者谓之乐府’，如无文饰者谓之俚歌，不可与乐府共论也。”又如“造语”法之不可作“拘肆语”下云：“前辈云‘街市小令唱尖新茜意’，‘成文章曰乐府’是也。乐府小令两途。乐府语可入小令，小令语不可入乐府。”等等。引述均来自《唱论》。《唱论》这段文字为：“成文章曰乐府，有尾声名套数；时新小令唤叶儿。套数当有乐府味，乐府不可似套数。街市小令，唱尖倩意。”周德清把芝庵称为“古人”、“前辈”，充满敬意，这也反映了他对这位元曲音乐家不甚了解。

《太平乐府》全名为《朝野新声太平乐府》，是杨朝英选编的又一本元人散曲集。该书“分宫类调，皆当代朝野名笔”，[①] 在散曲史上很有地位。据巴西邓子晋至正辛卯春所作的序，可知《太平乐府》约成书于1351年间。周德清《中原音韵》与《太平乐府》并无直接关系。

① 邓子晋：《太平乐府序》，文学古籍刊行社1955年版，第2页。

杨朝英在选集中没有提到这本已由罗宗信在江西吉安刊行的北曲韵书，[①] 对周德清有关自己的批评指责也不置一词，似乎他此时尚未见到《中原音韵》的刊本，反倒在《太平乐府》中收列了周德清的25首小令、3首套数。周德清的散曲作品，因此以传。

从这个意义上分析，《中原音韵》与《太平乐府》，极有关联。其关联表现在附刻该书卷首的《音韵类编》。

《音韵类编》，全称《中州乐府音韵类编》，又称《北腔韵类》，[②] 简称《韵编》，[③] 燕山卓从之述。此人与《唱论》作者燕南芝庵一样，除籍贯外，生平事迹俱不可考。从杨朝英、邓子晋的序文推测，他可能是当时一个不甚闻名的北曲音韵家。《音韵类编》的体例、分韵与《中原音韵》完全一致。所不同的只有三点：其一，《音韵类编》平声分成阴、阳、阴阳三类；其二，《音韵类编》收字4121字，比《中原音韵》少了许多；其三，《中原音韵》两韵并收的字，《音韵类编》收有的注曰："与某几韵通"、有的注为"某几字收"。近现代学者根据《音韵类编》的这些特点，尤其根据《音韵类编》平声分作阴、阳、阴阳三类的特点，大多认为《音韵类编》的底本就是泰定甲子秋由萧存存散之江湖的《中原音韵》墨本，卓从之不过据此稍加厘定、改名行世而已。[④] 这个结论基本上是正确的。

那么《中原音韵》散之江湖的墨本究竟是什么样的面貌？卓从之的《音韵类编》做了哪些厘定修改？杨朝英把《音韵类编》冠于《太平乐府》之首的用意何在？

关于第一个问题，宁继福认为，泰定甲子秋的《中原音韵》"墨本"，只有韵谱而无起例部分，是一部简编性质的韵书，《太平乐府》所附卓从之《音韵类编》可证。明人王骥德家藏的卓氏《中原音韵类编》也是仅有韵谱而无起例的，这则材料亦可参证。[⑤]

---

① 参见宁继福《中原音韵表稿》，吉林文史出版社1985年版，第6页、第192页。

② 邓子晋：《太平乐府序》，文学古籍刊行社1955年版，第2页。

③ 杨朝英：《太平乐府》，《中州乐府音韵类编》小引，文学古籍刊行社本，第2页。

④ 参见《燕京学报》第31期；赵荫棠《中原音韵研究》第24页；陆志韦、廖珣英《中州乐府音韵类编抄校本说明》，见中华书局影印本《中原音韵》附录。

⑤ 王骥德：《曲律》，见《中国古典戏曲论著集成》第4册，第109页。

《中原音韵》“墨本”中的平声确实分为阴、阳、阴阳三类。周德清在起例中追忆泰定甲子秋“墨本”情况时说：“其韵内平声阴如此字、阳如此字、阴阳如此字。”但他又辨解说：“盖抄写之谬”。其实，这是不可能的。从卓从之《音韵类编》看，其阴阳类划分非常有规律，大约是《中原音韵》每个韵类平分阴、阳的一半，“抄写”者是绝不可能错谬到如此整齐规范的地步的。现在见到刊行的《中原音韵》定本中平声分阴、阳两类，那是周德清修改后的结果。而“抄写”出去的数十本“墨本”，则保留了《中原音韵》的原貌。卓从之的《音韵类编》就是被人改动过的“墨本”幸存者。

关于第二个问题，由于无法再找到一本《中原音韵》泰定甲子秋的“墨本”与《音韵类编》进行比较，因此很难指出哪些地方经过了卓从之的厘定，只有以下两点可以稍见端倪。

其一，周德清曾把每韵同一音节的“外来”字，收在“本声”字下，“以别本声外来”，但又“不别立名头”。所谓“本声”字、“外来”字，以鱼模韵为例，此韵624个单字，其中来自《广韵》鱼、虞、模三韵字489个，来自尤、侯二韵字12个；来自入声屋、沃、烛、没、物、术六韵字123个。鱼、虞、模三韵字是《中原音韵》“鱼模”韵的主体，称为“本声”，其他则称作“外来”。如鱼模韵中的“浮”是外来字，周德清就把它次于平声“扶”等六字之后；“阜”字亦是外来字，就排在去声“赴”等十五字后。卓从之《音韵类编》的厘定工作就是在这些外来字如浮、扶、否、阜等类字下，一一注明“收”。这样就等于别立了“名头”，使人一目了然，知道每一栏同音单词的来源。

其二，卓从之还厘定了《中原音韵》“墨本”中某些误收、错收的字。如“屋”字，《中原音韵》在鱼模韵中入声作上声；《音韵类编》则在鱼模韵中入声作去声。如“蒯”、“拐”、“夬”等字，《中原音韵》同属皆来韵之上声一小韵中；《音韵类编》不收“夬”字，又把“蒯”、“拐”分成两小韵。这是有道理的。因为“夬”字无上声，“蒯”、“拐”也不能读作同音。再如，“一”字，《中原音韵》齐微入声作上声、入声作去声兼收；《音韵类编》则只收齐微入声作去声。类似情况还有很多。以上所引可见卓从之根据“中原之音”对《中原音韵》“墨本”的改动情况。

关于第三个问题，杨朝英把卓从之《音韵类编》冠于《太平乐府》之首的用意，依据现有材料，有两种可能。

第一，罗宗信刊印的《中原音韵》，杨朝英在选编《太平乐府》时确实没有见到，而手头恰好有燕山卓从之的《音韵类编》，于是"录刊于乐府之前，庶使作者、歌者皆有所本，而识音韵之奇。"①

第二，杨朝英至正辛卯编《太平乐府》时已经读到《中原音韵》的刊本，也知道周德清在起例中关于"墨本"的解释。但由于周德清在自序及书中对杨朝英及《阳春白雪》的指责过于苛刻，使杨朝英无法接受。但他也"恐起争端"，于是有意忽略《中原音韵》的刊本，而选择了保存《中原音韵》"墨本"原貌的卓从之《音韵类编》，冠于《太平乐府》之前，用事实来"讥其前后不一"，作为对周德清对他批评的回敬。既然杨朝英晚年曾居住在南昌，罗宗信所刊刻的《中原音韵》又在江西吉安付梓，我们比较倾向于第二种可能性。②

### 三　钟嗣成——立以传世，德业辉光

钟嗣成，字继先，号丑斋，（约1279元世祖至元十六年—1360元顺帝至正二十年），元大梁（今河南开封）人，寄居杭州（今浙江杭州）。初在杭州官学进学，为邓文原、曹鉴弟子。及成年，以明经累试于有司，不克遇。从吏则有司不能辟，亦不屑就，因杜门养浩然之志，创作诗文杂剧散曲。元顺帝至正二十年（1360），逝，年约八十。

钟嗣成善音律、隐语，有文集若干卷藏于家，今俱不传。乐府小曲，长篇大什，脍炙人口，每不遗稿，未能成编。《太和正音谱》评其曲词"如腾空宝气"。所作杂剧《寄情韩翊章台柳》、《讥货略鲁褒钱神论》、《宴瑶池王母蟠桃会》、《韩信泜水斩陈余》、《汉高祖诈游云梦》、《孝谏郑庄公》、《冯谖焚券》七种，今亦不传。《全元散曲》辑存其小令五十九首、套数一套。

---

① 杨朝英：《太平乐府》，《中州乐府音韵类编》小引，文学古籍刊行社本，第2页。

② 《〈中原音韵〉新论》第244—245页，周维培《〈中原音韵〉与元人典籍五种小考》。

钟嗣成平生广交曲家，尝聆听郑光祖、宫天挺、金仁杰、曾瑞、鲍天祐、施惠等论曲，又与睢景臣、赵良弼、陈无妄、廖毅、周文质、朱凯、王晔、王仲元等曲家交厚。复从陆登善、吴弘道处获前辈元曲家资料，深感于曲家虽门第卑微、职位不振，而高才博识，俱有可录，遂撰成《录鬼簿》，为曲家立传以寄慨。该书分上下两卷，记述一百五十二位杂剧和散曲作家。大略以年代先后排列，著录剧目共四百余种，为研究元代戏曲重要资料。元朱凯为之作后序评曰："君之德业辉光，文行浥润，后辈之士，奚能及焉？"①

钟嗣成是元代后期散曲作家中风格最为接近前期豪放派、曲的"本色"最浓的作家。一些代表作品具有诙谐、豪爽、泼辣的鲜明特色，颇得前期关、马诸大家三昧。这大约与他本身豪放不羁的性格有关。他有一首［双调·沉醉东风］写自己的为人处世态度：

> 听不厌鸾笙象板，看不足凤髻蝉鬟。按不住刺史狂，学不得司空惯。常不教粉吝红悭。若不把群花恣意看，饱不了平生饿眼。

公开宣称自己是喜欢拈花惹草的风流才子，这与关汉卿如出一辙。［双调·清江引］十首则宣告着他的人生观的另一方面：不近官场，不慕功名，不争闲气，"早寻个稳便处闲坐地"闲过日子是上策。

第一首：

> 采薇首阳空忍饥，枉了争闲气。试问屈原醒，争似渊明醉。早寻个稳便处闲坐地。

第七首：

> 古今尽成闲是非，翻覆兴和废。休夸韩信功，谩说陈平智，早寻个稳便处闲坐地。

---

① 澹泊主编，中国名人志编纂委员会编著：《中国名人志》，中国档案出版社2001年版，第827页。

第八首：

凤凰燕雀一处飞，玉石俱同类。分甚高共低，辨甚真和伪？早寻个稳便处闲坐地。

一切的感慨和心事均以懒辨是非的“早寻个稳便处闲坐地”收结，无可奈何之态跃然纸上。

［正宫·醉太平］三首甚有意趣，很能见出钟嗣成散曲的风格：

绕前街后街，进大院深宅。怕有那慈悲好善小裙钗，请乞儿一顿饱斋，与乞儿绣副合欢带，与乞儿换副新铺盖，将乞儿携手上阳台。设贫咱波奶奶。

俺是悲田院下司，俺是刘九儿宗枝。郑元和俺当日拜为师，传流下莲花落稿子。搠竹杖绕遍莺花市，提灰笔写遍鸳鸯字，打爻槌唱会《鹧鸪词》。穷不了俺风流敬思。

风流贫最好，村沙富难交。拾灰泥补砌了旧砖窑，开一个教乞儿市学。裹一顶半新不旧乌纱帽，穿一领半长不短黄麻罩，系一条半联不断皂环绦。做一个穷风月训导。

这个穷得没饭吃却依然精神抖擞、自夸才情甚而异想天开做风流梦的乞儿，大约有作者自身的影子在内，在诙谐滑稽、玩世不恭中透出对现实的揶揄和反抗。

钟嗣成惟一留存的套曲［南吕·一枝花］《自序丑斋》，居然是以九支曲子的篇幅，来叙述自己相貌如何丑陋，以及由此生发出的对世风和社会现实的砭刺，在元散曲中称得上是一篇难得的妙作：

生居天地间，禀受阴阳气。既为男子体，须入世俗机。所事堪宜，件件可咱家意。子为评跋上惹是非。折莫旧友新知，才见了着人笑起。

［梁州］子为外貌儿不中抬举，因此内才儿不得便宜。半生未得文章力，空自胸藏锦绣，口唾珠玑。争奈灰容土貌，缺齿重颏，更兼着细眼单眉，人中短髭鬓稀稀。那里取陈平般冠玉精神，何晏

般风流面皮；那里取潘安般俊俏容仪？自知，就里。清晨倦把青鸾对，恨煞爷娘不争气。有一日黄榜招收丑陋的，准拟夺魁。

［隔尾］有时节软乌纱抓劄起钻天髻，于皂靴出落着簌地衣。向晚乘闲后门立，猛可地笑起。似一个甚的？恰便似现世钟馗唬不杀鬼。

［牧羊关］冠不正相知罪，貌不扬怨恨谁？那里也尊瞻视貌重招威！枕上寻思，心头怒起。空长三千岁，暗想九千回。恰便似木上节难镑镙，胎中疾没药医。

［贺新郎］世间能走的不能飞，饶你千件千宜，百伶百俐。闲中解尽其中意，暗地里自恁解释，倦闲游出塞临池。临池鱼恐坠，出塞雁惊飞，入园林俗鸟应回避。生前难入画，死后不留题。

［隔尾］写神的要得丹青意，子怕你巧笔难传造化机。不打草两般儿可同类。法刀鞘依着格式，妆鬼的添上嘴鼻，眼巧何须样子比。

［哭皇天］饶你有拿雾艺冲天计，诛龙局段打凤机。近来论世态，世态有高低。有钱的高贵，无钱的低微。那里问风流子弟？折末颜如灌口，貌赛神仙，洞宾出世，宋玉重生，设答了镘的，梦撒了寮丁，他采你也不见得。任自论黄数黑，谈说是非。

［乌在啼］一个斩蚊龙秀士为高第，升堂室古今谁及。一个射金钱武士为夫婿，韬略无敌，武艺深知。丑和好自有是和非，文和武便是傍州例。有鉴识，无嗔讳，自花白寸心不昧，若说谎上帝应知。

［收尾］常记得半窗夜雨灯初昧，一枕秋风梦未回。见一人，请相会，道咱家，必高贵。既通儒，又通吏；既通疏，更精细。一时间，失商议，既成形，悔不及。子教你，请俸给，子孙多，夫妇宜。货财充，仓廪实，禄福增，寿算齐。我特来，告你知，暂相别，恕情罪。叹息了几声，懊悔了一会。觉来时记得，记得他是谁？原来是不做美当年的捏胎鬼。

随口打诨，幽默滑稽，而又在自我解嘲的背后隐含着不平之气，讥刺了以财势取人、以貌取人的不良世风。他并不是故意糟蹋自己来博人一笑。[梁州]“丑榜夺魁”之说，[收尾]捏胎鬼的高谈阔论叹息懊悔，奇思妙想，神来之笔。

钟嗣成曾用[双调·凌波仙]的曲牌给多位已故曲家各作悼词，今存十九首。这在散曲的应用范围来说，是一个创举，而且也为后世研究者提供了一些可资利用的史料，如《吊乔梦符》：

> 平生湖海少知音，几曲宫商大用心。百年光景还争甚？空赢得雪鬓侵！跨仙禽路绕云深。欲挂坟前剑，重听膝上琴，漫携琴载酒相寻。

是悼人，也是自伤。

《吊郑德辉》：

> 乾坤膏馥润肌肤，锦绣文章满肺腑。笔端写出惊人句，解翻腾今是古，词坛老将输伏。翰林风月，梨园乐府，端的是曾下功夫。

这是介绍郑光祖的文章几乎都要提到的。

钟嗣成的[南吕·骂玉郎过感皇恩采茶歌]组曲五组，包含二十支曲，分为《四时佳兴》（春、夏、秋、冬）、《四景》（风、花、雪、月）、《四福》（富、贵、福、寿）、《四情》（悲、欢、离、合）、《四别》（叙别、恨别、寄别、忆别），极尽铺排点染之能事，但价值不大，近乎文字游戏，不过文字技巧是相当高的。①

元杂剧的发展，到了元贞、大德年间，已形成了强大的声势，曲作家已是文坛的一支不可忽视的力量。关于戏曲的论著也必会应运而生。钟嗣成生活在后期戏剧活动的中心——杭州。亲身参加了创作，并且结识了不少曲家。他编写《录鬼簿》得到他的朋友陆登善的很多帮助。此外，后期曲家陈无妄、李齐贤、刘宣子、屈子敬等是他同窗学友；宫天挺是他父亲的知交，生前他“常得侍坐”；比他年长的曾瑞，他也“尝接见音容，获闻言论”；与金仁杰“江浙一见，如平生交”；与廖毅

---

① 梁扬、杨东甫：《中国散曲史》，广西人民出版社 1995 年版，第 125—128 页。

会面“即叙平生欢”；与钱吉甫“谈论节要”，“得其良法”；与周文质“交二十年未尝跬步离也”。此类记载在《录鬼簿》中比比皆是。他耳闻目睹，间接直接地对元杂剧兴盛发展的状况，以及剧作家的生平事迹了解甚多，并且积累了大量材料，这为他著《录鬼簿》一书作了充分准备。他与大部分杂剧作家同样不得志，因此孤傲牢落之气，耿耿于心中。朱凯在《录鬼簿·后序》中说他“借此为喻，实为己而发之”，是有根据的。但他立志为正史不可能列传的杂剧作家立传，还另有目的在，他说：“余因暇日，缅怀古人。门第卑微，职位不振。高才博艺，俱有可录。岁月弥久，湮没无闻。遂传其本末，吊以乐章。复以前乎此者，叙其姓名，述其所作。冀乎初学之士，刻意词章，使水寒乎冰，青胜于蓝，则有幸矣。”（曹本《录鬼簿·自序》）这就是钟嗣成著《录鬼簿》的宗旨之一，他要借为这些门第卑微而高才博艺的曲作家立传，来激励后来者，推动戏剧继续发展。

《录鬼簿》中表层的思想和观点，与正统的儒家的文艺观点大相径庭。他把《录鬼簿》中所著录的作家，称为“已死、未死之鬼”，而实质上却把他们视作“不死之鬼”、“虽死而不鬼者”。他讽刺那些真正的“未死之鬼”，“酒罂饭囊，或醉或梦，块然泥土者，则其人虽生，与已死之鬼何异？此曹未略论也”。他又说：“其或稍知义理，口发善言，而于学问之道，甘为自弃，临终之后，漠然无闻，则又不若块然之鬼之愈也。”他鄙视那些“酒罂饭囊”般的人物，同时也揶揄那些“甘为自弃”的浅薄之士。他还说：“若以读书万卷，作三场文，占夺魁科，首登甲第者，世不乏人。或其甘心林岩，乐道守志者，亦多有之。但于学问之余，事务之暇，心机灵变，世法通疏，移宫换羽，搜奇索怪，而以文章为戏玩者，诚绝无而仅有者也。”“以文章为戏玩”的内涵，是指写文章并非是为了阐明“圣贤之道”，这在当时已具离经叛道的思想因素。钟嗣成把文人分成登甲第为官者，乐贫守志者，以及移宫换羽的曲作家三类人，大致与元代士人的实际情况相符。而把第三类人看作是“绝无仅有者”，可以看出钟嗣成反传统的思想。看来，在科举进身道路上的失败对钟嗣成来说，并不只是不幸，倒是使他得到一种反思的机会，从而使他撰写了《录鬼簿》，成为戏曲史上第一个给予戏曲与散曲作家以崇高地位的人。

程、朱理学在元代成为官学，延祐年间正式开科举后，试题多出自朱熹经注。钟嗣成在当时就已料到，他作《录鬼簿》必然会受到那些尊奉"性理之学"人们的歧视与不满，因而他说："若夫高尚之士，性理之学，余有得罪于圣门者。吾党且噉蛤蜊，别与知味者道。"明确地表示杂剧与宣传"性理之学"的作品不同，自有"蛤蜊"味。其独树一帜，以聚"知味者"，与"性理之学"分庭抗礼之心，昭然纸上。自宋、金以来，随着城市经济的发展，戏剧、小说等新的文艺形式的兴盛发达，不断冲击着传统的文艺观点。但是还没有人把这些新的文艺形式提高到应有的位置上来，作比较系统地介绍与评论。元杂剧的兴盛为俗文学开创了新时代，记录元杂剧作家、作品并热情地为之欢呼的《录鬼簿》的出现，正是这一时势的必然。

《录鬼簿》成书于至顺元年（1330），不久，作者又对此书进行了修改。即今所知，至少修改了两次：一次在元统年间，另一次在至正年间。到了明初，戏曲家贾仲明又在钟嗣成原作上增补挽关汉卿等人的八十首吊词，对不少作家生平有所补充。《录鬼簿》全书上下两卷，上卷为：一、前辈已死名公有乐府行于世者；二、方今名公；三、前辈已死名公才人有传奇行于世者。据钟嗣成自己说明，这三类人的生平、著作情况是"余友陆君仲良，得之于克斋吴公"，所以"未尽其详"。下卷分为：一、方今已亡名公才人余相知者，为之作传，以凌波曲吊之；二、已死才人不相知者；三、方今才人相知者，纪其姓名行实并所编；四、方今才人闻名而不相知者。共七类。（此据曹楝亭本。《说集》本孟称舜本，分六类。天一阁本只分三类。）记录了一百五十二位杂剧、散曲作家，大略按年代先后排列；并著录剧目共四百余种。有元一代戏剧、散曲作家的里籍生平和著作情况，皆赖以传世。同时，在一些记载中还透露了元杂剧家的活动情况，杂剧作家之间的互相切磋，共同创作的情况，如马致远与李时中、红字李二、花李郎合著《黄粱梦》；鲍天祐与汪勉之合著《曹娥泣江》；关汉卿与杨显之共同切磋等等。在《录鬼簿》中还可以看到杂剧发展的某些线索，如杂剧作家的南迁，后期杂剧形式的变化，沈和甫创南北合套的形式等等。除此之外，在《录鬼簿》中还透露了其他通俗文艺的写作情况，如王伯成曾作《天宝遗事诸宫调》，屈彦英编《看钱奴》院本，萧德祥写南戏，陆显之写《好儿赵正》话本等，这些材料都十分宝贵。

《录鬼簿》不但保存了丰富的资料，而且还反映了钟嗣成的文艺观点。在他对一些作家的评论和介绍中，可以知道他认为作杂剧要使人“感动咏叹”，要有动人的故事情节；并且要“搜奇索古”、“翻腾古今”，提倡从古老的故事中翻出新鲜的东西，反对蹈袭，要求作家有独创精神。这就是他所说的“蛤蜊”味，是与经史家喋喋不休的枯燥的说教不相同的味道。但是由于他是后期作家，当然要受那一时期文艺风尚的影响，所以《录鬼簿》也不可避免地反映了后期作家的艺术观点，也讲究“工巧”、“新奇”，喜欢“骈俪之句”，讲究推敲苦吟。在他对陈以仁、鲍天祐、睢景臣、范康等人的评述中，这样的观点常常有所流露。不过他却并非一味地追求工丽，对于有些作家过于雕琢，他还提出了批评。他认为郑光祖的作品“未免多于斧凿”。这表明钟嗣成具有评论家的眼光，并不一味地被时尚所左右。

钟嗣成散曲作品中的十九首［双调·凌波仙］，是为后期作家宫大用等人所作吊词。其余则是“咏情”、“咏景”等传统题材的散曲。值得注意的是他的三首［正宫·醉太平］和散套［南吕·一枝花］《丑斋自序》。前两首［醉太平］模拟串街走巷的卖艺人的口气，写出了地位同于乞丐的艺人的生涯。后一首反映了一个与艺人有密切联系的地位较低的文人的思想和生活：

> 风流贫最好，村沙富难交。拾灰泥补砌了旧砖窑，开一个教乞儿市学。裹一顶半新不旧乌纱帽，穿一领半长不短黄麻罩，系一条半联不断皂环绦，做一个穷风月训导。
>
> ——［正宫·醉太平］《落魂》

这三支小令以诙谐的、玩世不恭的笔调，写出贫穷散诞的生活方式，蔑视那些虽富却俗的财主；并且也反映了作者傲岸不群的处世态度。套曲［南吕·一枝花］《丑斋自序》，与这三首小令异曲同工，曲中夸大地描述了自己丑陋的容貌，讽刺了世俗的人们只重金钱地位，不重才学文章；以貌取人，以权势量人的风气：

[哭皇天] 饶你有拿雾艺冲天计，诛龙局段打凤机，近来论世态，世态有高低。有钱的高贵，无钱的低微，那里问风流子弟。折未颜如灌口。貌赛神仙，洞宾出世，宋玉重生，设答了谩的，梦撒了寮丁。他采你也不见得，枉自论黄数黑，谈是说非。

这首散曲对以貌取人、以钱论人的社会现象所发泄的不平之气，与《录鬼簿》所表现的对现实不满的思想情绪是一致的。

[醉太平] 三首和《丑斋自序》都用的是寓愤懑之情于诙谐嘲讽的手法，文字质白如口语，声口逼肖生动，自成一格。至于《太和正音谱》所说的"钟继先之词如腾空宝气"，那当是指他的另一部分以俊逸见长的作品而言，如 [双调水仙子]：

灯前抚剑听鸡声，月下吹箫引凤鸣。功名两字原无命，学神仙又不成，叹吴侬何处归耕。日月闲中过，风波梦里惊，造物无情。

钟嗣成散曲作品虽然不多，但是比起大多数喜欢雕琢的后期作家来，自有特色。[①]

钟嗣成著《录鬼簿》，备元一代词曲文献。其书至今为人所重。明无名氏《录鬼簿续编》有《钟继先传》。称："继先名嗣成，古汴人，号丑斋。以明经累试于有司，数与心违。因杜门养浩然之志。著《录鬼簿》，实为己而发。……有文集若干卷藏于家。所编小令套数极多，脍炙人口。惜其传奇皆在他处按行，故近者不知，人皆易之。"其叙事极简该。今以继先书证之。如曾瑞卿，大兴人，家于钱塘；施君美，钱塘人。传则云："余尝至其家"，"获闻而论"。《睢景臣传》云："大德七年自维扬来杭，余与之识。"《周仲彬传》云："居杭州，余与之交二十年，未尝跬步离。元统二年，余自吴江回，公已抱病。"《王仲元传》云："杭州人，余与之交有年。"如继先杭州人。其自署曰"古汴"，他人以为古汴或大梁人者，皆举其祖贯也。又于陈彦实、刘宣子、屈子敬、李齐贤四人，皆云"与余同舍"（舍或作窗）。继先曾入杭州官学。

① 邓绍基：《元代文学史》，中国社会科学出版社 2007 年版，第 204—208 页。

于赵郡卿则云："总角时与余同里闬，同发蒙。同师郑善之、曹克明、刘声之三先生。又于省府同笔砚。"而朱凯《录鬼簿后序》亦云："继先乃善之邓祭酒、克明曹尚书之高弟。"继先之学，渊源有自。曾为江浙行省掾史。此皆为《录鬼簿续编》所不详的。邓善之即邓文原。《元史》俱有传。文原，绵州人，自其父避蜀兵徙钱塘。宋咸淳九年，年十五，中进士举。宋亡，开门授徒，户屦常满。至元二十七年，江浙行省辟署杭州路儒学正。大德二年秩满，调崇德州儒学教授。五年，擢应奉翰林文字。自此显达，扬历中外。天历元年卒于杭州，年七十。文原至治三年以集贤学士奉政大夫兼祭酒。故朱凯《序》以祭酒称之。实则官阶不止于是。后至元元年为礼部尚书。俄卒，年六十五。今朱凯《序》署至顺元年。下距后至元元年，尚有五年。凯不应于五年前预知镒为礼部尚书。至顺盖至正之误耳。史但称镒大德五年为镇江淮海书院山长，不言为杭州学官。然戴表元《剡源戴先生集》卷二十七有《次元明善时》。序云："大名元复初郎中携示《感遇》五言八章。次韵。并陈东平曹子贞（曹元用）编修，蓟丘曹克明教授。"表元此诗，乃大德四年在杭州时所作。《集》卷十四有《赠曹子贞编修序》，称："庚子夏，曹子贞访之于钱塘逆旅。"可证。然则镒大德四年固尝为教授矣。刘声之，名濩，莆田人。尝以经学教授钱塘。殁后，门人瞿士弘集其遗文若干篇。金华黄溍跋其后。继先师邓文原，当在至元末、元贞初：师曹镒，当在大德初。其时继先年尚少。至元顺元年为《录鬼簿》时，年约五十余；至至正五年补书《录鬼簿》"乔梦符"时，年约七十。盖与张小山年相若。[①]

钟嗣成的生活年代约与周德清同时稍晚。《录鬼簿》是一部记录北曲作家作品的曲籍，在戏曲史上地位很高。《录鬼簿》成书虽比《中原音韵》晚了八年，但刊行可能要比《中原音韵》早一些。

从表面上看，《录鬼簿》与《中原音韵》并无直接关系。钟嗣成作此书时，周德清早已完成了《中原音韵》，其墨本也有数十本散之江湖。周德清自称"作乐府三十年"；从虞集诸人序中看，他在当时也颇有文名；然而，《录鬼簿》"方今名公子才"栏中却未列周德清之名，无论是

① 孙楷第：《元曲家考略》，上海古籍出版社 1981 年版，第 148—150 页。

钟嗣成"相知者"，还是闻名"不相知"者。反倒是周德清在《中原音韵》之"定格"中，征引了钟嗣成［骂玉郎感皇恩采茶歌］《得书》带过曲。该曲在《太平乐府》、《乐府群珠》中又题作《寄别》，是"四别"组曲之一。周德清在评语中赞曰："音律、对偶、平仄俱好。"表明他很推重钟嗣成的散曲创作。钟嗣成在《录鬼簿》中未收周德清，恐怕不是由于周德清不够条件，而是因为钟嗣成主要以闻见所及作为他撰作《录鬼簿》下卷的标准。我们知道，当时活跃在杭州地区以外的北曲作家还很多，如撰作了《潇湘八景》的临川陈克明、人称黑刘五的散曲名家刘庭信、少数民族北曲作家兰楚芳、以及当时的北曲选家杨朝英等等，都不见《录鬼簿》收列。由此可见，钟嗣成也许根本就不知道高安周德清的大名，也不知道他是《中原音韵》"墨本"的作者，否则钟嗣成至少在至正年间修改《录鬼簿》时会增添周德清条目。

然而，钟嗣成应该见到过《中原音韵》。他在收列元前贤传奇（即杂剧）作品名目时，曾用过《中原音韵》来分析该剧作的韵脚。如，李文蔚《东山高卧》下注云："监咸韵"[①]；王实甫《贩茶船》下注云："廉纤韵"[②]；纪君祥《贩茶船》下注云："第四折，庚青韵"[③]。此三剧大部分已亡佚，只有王实甫《贩茶船》尚存佚曲［中吕粉蝶儿］一套，明人曲选《盛世新声》、《词林摘艳》、《雍熙乐府》皆收之，据今人赵景深考订，此套曲当属该剧第二折。[④]

现在要解决的问题是，为什么钟嗣成要在这三部杂剧名目下注出韵脚？钟嗣成又用的是《中原音韵》哪种版本作为检韵凭据？

我们认为，钟嗣成注出这三种杂剧的用韵，是因为它们在元人杂剧的韵律上有特殊之处。监咸、廉纤在北曲曲韵中属于险韵，它们与侵寻韵一起构成了三种特别难以掌握的韵部，后人称作闭口三韵，认为它们最易与"开口韵"真文、先天、寒山相混，所谓"开之则非其字，闭

---

① 此据孟称舜本，下同。说集本同；楝亭藏书十二种本伯《谢安东山高卧》，注云："赵公辅次本，盐咸韵。"

② 说集本注云："盐甜韵。"

③ 说集本注云："第四、庚青。"

④ 参见赵景深《元人杂剧钩沉》，古典文学出版社 1957 年版，第 33 页。

之则不宜口吻”。[①] 而且此三韵所属韵字又很少，全本杂剧很难在四大套曲中检字做到应付裕如而不捉襟见肘。查检现存元杂剧的韵律，确实无一人用此三韵作为全本韵脚。因此，王实甫、李文蔚能分别选用监咸、廉纤韵创作《东山高卧》和《贩茶船》，确实值得钟嗣成大书一笔。以现存王实甫《贩茶船》佚曲为例，该曲共有十二支，全押廉纤韵，无出韵、借韵现象，贴切妥协，殊为难得。择其中两支曲子韵脚如下：［粉蝶儿］恬、占、淹、醶、纤、念；［醉春风］脸、帘、掩、艳；可见一斑。至于钟嗣成在纪君祥《贩茶船》下注：“第四折，庚青韵。”这有两种可能。其一，《贩茶船》第四折全押庚青韵，很好地配合了思想内容的表达，使这折戏达到文、律兼美之境界；其二，《贩茶船》第四折纯押庚青韵，不杂入其他韵（如真文韵）的字，这在当时也是不容易的，故而钟嗣成在《录鬼簿》中加以提示，以备后人仿效。

周维培认为，钟嗣成当时使用的《中原音韵》，是泰定甲子秋由萧存存散之江湖的“墨本”。这是因为：一、在周德清之前尚未发现材料证明当时曾有韵部（包括韵目代表字）与《中原音韵》相同的韵书。《中原音韵》是《广韵》系统韵书以后出现的第一部根据北曲韵律而编的戏曲韵书。这就排除了钟嗣成使用其他戏曲韵书的可能性。二、《中原音韵》正式刊行在元至正三年以后，其时，钟嗣成早已完成了《录鬼簿》的写作，虽改订过数次，从作家目录中未收周德清这一事实来看，钟嗣成确实没有读到正式刊行的、印有高安周德清大名的“的本”。三、综合考察钟嗣成为《录鬼簿》作家作品所写的注文，王实甫、李文蔚、纪君祥三人属于“前辈已死名公才子有所编传奇行于世者”，这部分内容在成书后基本上未经改动。钟嗣成的改动集中在“方今已亡”和“方今未亡”的两栏作家小传上，因为这部分作家随着岁月的流逝，还会出现钟嗣成初稿时料想不到的情况。我们知道的周文质由初稿中的“未死鬼之列”到元统二年进入“方今已亡名公才人余相知者”一栏，就是明显的例证。而王实甫等三人的注文是在《录鬼簿》初稿时就完成了，后来也不大可能改动。四、钟嗣成撰作初稿的至顺元年（1330），距周德清成《中原音韵》的泰定甲子（1324）已有六载。

① 王骥德：《曲律》，见《中国古典戏曲论著集成》第四册，第159页。

其时，经萧存存手而抄传于江湖的数十本“墨本”，恰好被钟嗣成获得一种，于是就用它来检索前辈杂剧用韵有特色的作品，遂成王实甫等人的三剧小注，又因为《中原音韵》“墨本”不题作者，钟嗣成无法考证，竟不能在《录鬼簿》中给予一定的交待。①

## 第四节 昵友：萧存存——垂青相知

萧存存，青原人。青原为吉安别称，以其境内有青原山而得名。萧存存为周德清友人，《中原音韵》墨本最初是送给萧存存的，已见于本文（同时抄有数十部），余无考。

江西省文物考古队陈江曾撰文考萧存存为歌妓，本名萧敬夫，出身青原萧氏望族。父萧如愚。兄萧立夫，元仁宗延祐二年（1315）进士，授南丰府判官，卒于赴任途中。敬夫曾随兄赴京，学习北曲唱。兄殁，沦为歌妓，改艺名“存存”。从此序的语气看，萧与周的确不像一般身份地位相当的朋友②。周德清在《中原音韵》谈到写作缘起时在该书的序里说：

> 青原萧存存博学，工于文词。每病今之乐府，有遵音调作者；有增衬字作者；有《阳春白雪集》〔德胜令〕：“花影压重檐，沉烟袅绣帘，人去青鸾杳，春娇酒病恹，眉尖常琐伤春怨，忺忺忺的来不待忺。”“绣”唱为“羞”，与“怨”字同押者；有同集〔殿前欢〕“白雪窝”二段，俱八句，“白”字不能歌者；有板行逢双不对，衬字尤多，文律俱谬，而指时贤作者；有韵脚用平上去不一一，云也唱得者；有句中用入声，不能歌者；有歌其字音非其字者。令人无所守。泰定甲子，存存托友张汉英以其说问作词之法于予。……因重张之请，遂分平声阴阳，及撮其三声同音，兼以入声派入三声，如鞞字次本声后，葺成一帙，分为十九，名之曰《中

① 《〈中原音韵〉新论》第245—248页，周维培《〈中原音韵〉与元人曲籍五种小考》。

② 陈良运主编：《中国历代赋学曲学论著选》，百花洲文艺出版社2002年版，第507—508页。

原音韵》，并《起例》以遗之，可与识者道，是秋九日，高安挺斋周德清自序。

可见，周德清编撰《中原音韵》，与萧存存问作词之法的关系极为密切，更可见周德清与萧存存关系之亲，感情之昵。元泰定甲子（1324），《中原音韵》书成。周德清又在《中原音韵·后序》中说：

泰定甲子秋，予既作《中原音韵》并《起例》，以遗青原萧存存。

《中原音韵·正语作词起例》第八条也说：

《中原音韵》的本内，平声阴如此字，阳如此字。萧存存欲锓梓以启后学，值其早逝。

从这一段话中可以看出，当时《中原音韵》有前后两种版本，一是“墨本”，一是“的本”。早先送给萧存存的就是“墨本”，其感情之切，亦依此可窥。

## 第五节　宗侄：周伯琦——眷遇益隆

周伯琦，字伯温，号玉雪坡真逸，（1298 元成宗大德二年—1369 明太祖洪武二年），元饶州（今属江西波阳）人。自幼从宦，游京师，入国学，为上舍生，积分及高等。以父荫授将仕郎、南海县主簿，三转为翰林修撰。

元顺帝至正元年（1341），为宣文阁授经郎，教戚里大臣子弟。自后累转官，皆在宣文阁或崇文阁，眷遇益隆，帝呼其字而不名，特命佥广东廉访司事。至正八年（1348），召入为翰林待制，参预修撰《后妃列传》、《功臣列传》，累升直学士。至正十二年（1352），授兵部侍郎，与贡师泰同擢监察御史。两人皆为南士名望所在，时人以为荣。

至正十三年（1353），迁崇文太监，兼经筵官。丁母忧。至正十四年（1354），起复为江东肃政廉访使。长枪锁南班攻陷宁国，周伯琦与僚佐仓皇出奔，寻逃奔至杭州。除兵部尚书，未行，改浙西肃政廉访使。江南行台监察御史余观纠劾周伯琦失陷宁国，宜正其罪。至正十七年（1357），江浙行省丞相达识帖睦迩承制假周伯琦参知政事，招降张士诚，张士诚既降，释其罪，拜资政大夫、江浙行省左丞。于是留平江十余年。张士诚为朱元璋所灭，周伯琦归鄱阳。明太祖洪武二年（1369），逝，年七十二。

周伯琦仪观温雅，粹然如玉，虽逢元末乱世，而善于自保。博学工文章，而尤以篆、隶、真、草擅名当时。元顺帝以其工书法，命篆"宣文阁宝"，仍题匾宣文阁，及摹王羲之《兰亭序》、智永《千文》，刻石阁中。

著有《六书正讹》、《说文字原》、《近光集》、《扈从集》等。[①]

《近光集》、《扈从集》，二集于"朝廷掌故，边塞风土，纪载详明，尤足以资考证"（《四库提要》）。

周伯琦边塞诗，长于写景，如《九月一日还自上京途中纪事十首》，写出了古长城一带的自然风光："落日明驼背，晴沙响马啼，草枯人少聚，地冰路无泥"（其二），"石乱山余骨，沙深溪不毛"（其八）。

其《过太行山》："太行苍翠插秋旻，叠岭重关自惜闻。战国东西分晋赵，中原南北带河汾。帝王都邑青青草，豪杰勋名点点坟。鸟道盘空频立马，便从高处望飞云。"不仅写出了太行山的自然景色，重要的地理位置，更寄托一股世事沧桑之感慨。[②]

① 中国名人志编纂委员会编著：《中国名人志》，中国档案出版社 2001 年版，第 884—885 页。

② 参吴海、曾子鲁主编《江西文学史》，江西人民出版社 2005 年第 1 版，第 374 页。

# 第六章　《中原音韵》的语言学思想

## 第一节　《中原音韵》的音韵学思想

### 一　《中原音韵》的成书与版本

《中原音韵》的写作缘起，周德清在该书的序里说：

> 青原萧存存博学，工于文词。每病今之乐府，有遵音调作者；有增衬字作者；有《阳春白雪集》[德胜令]："花影压重檐，沉烟袅绣帘，人去青鸾杳，春娇酒病恹，眉尖常琐伤春怨，忺忺忺的来不待忺。""绣"唱为"羞"，与"怨"字同押者；有同集[殿前欢]"白雪窝"二段，俱八句，"白"字不能歌者；有板行逢双不对，衬字尤多，文律俱谬，而指时贤作者；有韵脚用平上去不一，云也唱得者；有句中用入声，不能歌者；有歌其字音非其字者。令人无所守。泰定甲子，存存托友张汉英以其说问作词之法于予。……因重张之请，遂分平声阴阳，及撮其三声同音，兼以入声派入三声，如鞞字次本声后，葺成一帙，分为十九，名之曰《中原音韵》，并《起例》以遗之，可与识者道，是秋九日，高安挺斋周德清自序。

可见，周德清编撰《中原音韵》，与萧存存问作词之法的关系极为密切。元泰定甲子，公元一三二四年，《中原音韵》书成。周德清又在《中原音韵·后序》中说：

> 泰定甲子秋，予既作《中原音韵》并《起例》，以遗青原萧

存存。

《中原音韵·正语作词起例》第八条也说：

> 《中原音韵》的本内，平声阴如此字，阳如此字。萧存存欲锓梓以启后学，值其早逝。泰定甲子以后，尝写数十本，散之江湖，其韵内，平声阴如此字，阳如此字，阴阳如此字。夫一字不属阴则属阳，不属阳则属阴，岂有一字而属阴又属阳也哉！此盖传写之谬。今既的本刊行，或有得余墨本者，幸毋识其前后不一。

从这一段话中可以看出，当时《中原音韵》有前后两种版本，一是“墨本”，早先送给萧存存及稍后周德清自写的数十本属之。“墨本”将平声分为“阴”、“阳”及“阴阳”三类。其后周德清不满意这种分类，在自己刊行的《中原音韵》里，平声只分“阴”、“阳”两类，这是“的本”。“墨本”今已不传，我们现在所能看到的都是“的本”，其成书当晚于“墨本”之泰定甲子年。至于“的本”何时成书？《中原音韵·虞集序》说：

> 余昔在朝，以文字为职，乐律之事，每与闻之。……当是时，苟得德清之为人，引之禁林，相与讨论斯事，岂无一日起余之助乎！惜哉！余还山中，眊且废矣。德清留滞江南，又无有赏其音者。……

依据《元史·虞集传》：

> 幼君崩，大臣将立妥欢贴穆尔太子，用至大故事，召诸老臣赴上都议政，集在召列。祖常使人告之曰：“御史有言”。乃谢病归临川。……至正八年五月己未，以病卒，年七十有二。

虞集在元至顺四年（1333）归临川，卒于公元一三四八年。由此，我们可以推知，“的本”《中原音韵》至迟在公元一三四八年就已经刊行了。

值得注意的是，据新发现的江西高安《暇堂周氏宗谱》载，周德清逝于1365年（生于1277年），并据虞集序语“余还山中，眊且废矣”及宗谱中周伯琦序语可推出，《中原音韵》乃初刻于1341年左右。而在“的本”写成之1324年至初刻问世之1341年间，周氏曾对全书小做增补（《正语作词起例》第八则可证）。

## 二 《中原音韵》编撰的目的与性质

任何一本书的编撰都有其目的。由于有关周德清的生平史料少之又少，因而后人对其编撰《中原音韵》的目的与性质，自然众说纷纭，仁者见仁，智者见智。但科学研究讲求理据，我们当从周德清自身的言说以考究其《中原音韵》的性质。

1. 北曲韵脚字音谱

《中原音韵》所收录的字不及六千，与传统韵书、字书尽量蒐罗字形的性质不同，周德清在《中原音韵正语作词起例》第一条就说：

> 《音韵》不能尽收，《广韵》如“崆峒”之“崆”，“要驾”之“要”，“倥偬”之“倥”，“鹁鸽”之“鹁”字之类，皆不可施于词之韵脚，毋讥其不备。

第十二条说：

> 《汉书》：东方朔滑稽，“滑”字读为“骨”；金日磾，“日”字读为“密”。诸韵皆不载，亦不敢擅收，况不可押于韵脚，姑录以辨其字音耳。

周德清强调：“不可施于词之韵脚”、“不可押于韵脚”的字不收，可见《中原音韵》中只收可以用于韵脚位置的字。而这种“韵脚”用于何种文体？周德清在《中原音韵·自序》中是这样界定的：

> 言语一科，欲作乐府，必正言语；欲正言语，必宗中原之音。

> 乐府之盛、之备、之难，莫如今时。其盛则自搢绅及闾阎歌咏者众；其备则自关、郑、白、马一新制作，韵共守自然之音，字能通天下之语，字畅语俊，韵促音调，观其所述，曰忠曰孝，有补于世；其难则有六字三韵，“忽听一声猛惊”是也。……呜呼！言语不可究乎？以板行谬语，而指时贤作者皆自为之词，将正其己之是，影其己之非，务取媚于市井之徒，不求知于高明之士，能不受其惑者，几人哉？使真时贤所作，亦不足为法。取之者之罪，非公器也。韵脚用三声，何者为是，不思前辈某字其韵必用某声，却云也唱得，乃文过之词，非作者之言也。……予甚欲为订砭之文，以正其语、便其作，而使成乐府，……遂分平声阴阳，及撮其三声同音，兼以入声派入三声，如鞞字次本声后，葺成一帙，分为十九，名之曰《中原音韵》。

关、郑、白、马“一新制作”的“乐府”文体，就是《中原音韵》正音的对象，而这种“乐府”即今人所称的元代北曲。由此可见，《中原音韵》的主要性质是北曲韵脚字的音谱。

2. 中原口语正音字谱

周德清强调“欲作乐府，必正言语；欲正言语，必宗中原之音”，《中原音韵》所表现出来的音系，是否和“中原之音”完全相同？依周德清之见，《中原音韵》只有平、上、去三声的字和“中原之音”相同，入声应另当别论。这一观念在《中原音韵正语作词起例》第十八条里说得最为明白：

> 亳州友人孙德卿长于隐语，谓：“《中原音韵》三声，乃四海所同者，不独正语作词。夫曹娥义社、天下一家，虽有谜韵，学者反被其误，半是南方之音，不能施于四方，非一家之义。今之所编，四海同音，何所往而不可也！诗禅得之，字字皆为法。”余曰：“尝有此恨。切谓言语既正，谜字亦正矣。从葺《音韵》以来，每与同志包猜，用此为则，平上去本声则可，但入声作三声，如平声伏与扶，上声拂与斧，去声屋与误字之类，俱同声则不可。何也？入声作三声者，广其押韵，为作词而设耳。毋以此为比，当

以呼吸言语还有入声之别而辨之可也。”德卿曰：“然”。

《中原音韵》三声，四海所同，因此，可以充分表现出中原口语的音系。至于“呼吸言语，还有入声之别”，而《中原音韵》却入派三声，可见其间存有很大的差异。周德清为了澄清此事，所以他屡次强调：

> 入声派入平上去三声者，以广其押韵，为作词而设耳！然呼吸言语之间，还有入声之别。①
>
> 入声派入平上去三声，如鞞字次本韵后，使黑白分明，以别本声、外来，庶使学者、有才者，本韵目足矣。②
>
> 入声作平声——施于句中不可不谨，皆不能正其音。③
>
> 夫声分平仄者，谓无入声，以入声派入平上去三声也。作平者最为紧切，施之句中，不可不谨。派入三声者，广其韵耳，有才者，本韵自足矣。④

因为“入派三声”是唱曲的权宜措施，而“入派平”时，又可能与平声调有差异，所以不可不谨，有才的人不用入声字，似乎是上上之策。至于“入派三声”的原则，周德清说：

> 平上去入四声，音韵无入声，派入平上去三声，前辈佳作中间，备载明白，但未有以集之者。今撮其同声，或有未当，与我同志，改而正诸。⑤

纵观上下文，揣摩其语气，我们发现：周德清对归派三声，似乎并不是充满信心，而自认一定正确无误。概而言之，作曲既要正语音，《中原音韵》平上去三声属字的归韵分调，已表现出中原口语的正音。

---

① 《中原音韵正语作词起例》第五条。

② 《中原音韵正语作词起例》第六条。

③ 《中原音韵正语作词起例·作词十法》第五项。

④ 《中原音韵·自序》。

⑤ 《中原音韵正语作词起例》第四条。

### 三　《中原音韵》的编撰体制

《中原音韵》总共收录了五千八百多字，[①] 分成十九个韵部，每个韵部用两个字作为标目，略按《广韵》音序排列，这十九个韵部的名称依序是：一东钟、二江阳、三支思、四齐微、五鱼模、六皆来、七真文、八寒山、九桓欢、十先天、十一萧豪、十二歌戈、十三家麻、十四车遮、十五庚青、十六尤侯、十七侵寻、十八监咸、十九廉纤，每个韵目下再分声调，以声调分类标目为准，十九韵部，大致有如下的分配：

一、分“平声阴”、“平声阳”、“上声”、“去声”四目的有：东钟、江阳、真文、寒山、桓欢、先天、庚青、侵寻、监咸、廉纤等十部。

二、分“平声阴”、“平声阳”、“入声作平声”、“上声”、“入声作上声”、“去声”、“入声作去声”七目的有：鱼模、皆来、萧豪、歌戈、家麻、车遮、尤侯等七部。

三、分“平声阴”、“平声阳”、“上声”、“入声作上声”、“去声”五目的有：“支思”一部。

四、分“平声阴”、“平声阳”、“入声作平声”、“去声作平声”、“上声”、“入声作上声”、“去声”、“入声作去声”八目的有：“齐微”一部。

在声调之下，将同音字排列一处，不同音的字组间，用“〇”隔开，每个音组以常见字为首，[②] 以“东钟”韵去声字为例，收字情形如下：

洞动栋冻蝀〇凤奉讽缝〇贡共供〇宋送〇弄哢碧〇控空鞚〇讼诵颂〇瓮齆罋〇痛恸〇众中仲重种〇纵从粽〇梦孟〇用永莹〇哄阂横〇综〇迸〇铳

① 依陈乃乾影抄铁琴铜剑楼景《中原音韵正语作词起例》本的字数是5876字，但中间偶有脱漏。

② 《中原音韵正语作词起例》第十一条说：《音韵》内每空是一音，以易识字为头，只依头一字呼吸，再不另立切脚。

《中原音韵》内所收的字，原则上不注反切，也不注字义，只有极少数的字下写出了字音和字义，它们分别是：

东钟韵：囱——烟突。吖——人声。 廱——辟。

江阳韵：汤——洪水。沆——沆瀣。

支思韵：澌——音史。塞——音死。

鱼模韵：局——廷。屈——申①。

真文韵：员——伍员、人名。

家麻韵：魏——释丑。厙——傍屋。

上列注音的三字，与“入派三声”有关，其余注义的字，或为破音，或为罕见字，其目的不外乎提醒人特别注意，以不致产生差错。

### 四 《中原音韵》在音韵学上的价值

蔡清《中州音韵序》：“盖天地之中，气在中国，中国之中，气在中州。气得其中，则声得其正，而四方皆当以是为的焉。此元高安周德清之《中州音韵》，所以为人间不可无之书也。……然人知《正韵》出于当时儒臣承诏之所编定，而不知其有得于《中州音韵》之书者宜多也。何以言之？虞集文靖公一代名儒也，尝爱德清先生之书而序之，深许其得音之正。而序中所谓吴楚伤于轻浮，燕苏失于重浊云云者，今《正韵》凡例中纯用之。则是当时诸儒之采用其书，初无损于诸儒之自得，而适足以见其能集众美，以成一代之盛典为可嘉。而德清先生之功，亦于是乎为不可掩矣。”②

祝允明《重刻中原音韵序》：“噫嘻，陋哉！大河王将军廷瑞，俊迈士也，既刻诗韵，复欲取周德清《中原韵》入板，以示予，予为之喜甚。凡正音之说，德清言之甚详。因稍为括取要旨数节授之，令列诸

① 屈字解释字义，《中原音韵正语作词起例》第三条曾作说明，内容为：余与清原曾玄隐言，世之有呼屈原之屈为屈伸之屈字同音，非也。因注其韵。玄隐曰：“尝闻前辈有一对句可正之：‘投水屈原终于是屈，杀人曾子又何曾’。”

② 《虚斋集》卷3。

前，庶览者可得其概也。缮毕就梓，稍引之云尔。”①

何瑭《读中原音韵》：“《中原音韵》，江西周德清氏所著也。其法谓平分二义，入派三声。平分二义，则以平声之字，音有抑扬，分为阴阳，如荒、黄、青、晴之类是也。词曲之间，当用阳字者不可用阴字，当用阴字者不可用阳字，若失其法，则歌喉有碍。然此亦近世之论耳，古法不然也。……况周法谓入派三声，则入声之字当歌之时，亦借为平上去声而歌之矣。拘于平声而不拘于入声，抑岂得为通例乎？然则周氏盖亦知音而未达者也。独其所述十二曲调，犹可考见古乐之仿佛，观者亦不可尽废之耳。”②

现代汉语音韵学者严学宭曾说：“在汉语语音史上，周德清的《中原音韵》是继《诗经》、《切韵》之后第三座光辉的里程碑。”③

当代音韵学研究专家刘晓南说：“如果要给整个近代语音史确立一个代表音系，还是以《中原音韵》最为适宜。理由有二：其一，《中原音韵》是近代语音史上第一本完全描写北方通语的实际语音的韵书，真实地反映了当时语音面貌。其二，在整个近代语音史的从九世纪到十九世纪的一千余年间，《中原音韵》出现于十四世纪，正处于近代时段的中心，其语音特征中的近代特征最为突出。”④

（一）但开风气——北音、曲韵韵书之鼻祖

陈第《毛诗古音考·自序》说：“时有古今，地有南北，字有更革，音有转移，亦势所必至。”

周德清屡次批评《广韵》是依南方闽、浙音制订的，所说固有矫枉过正之嫌，⑤ 但他以“四海所同”的“中原之音”为准制订韵书，却开启了后人编写北音韵书及南、北曲韵书的风气。罗常培在《旧剧中的几个音韵问题》一文中，曾就北音韵书演化系统、曲韵韵书韵目对照及小学派韵目对照三方面，说明北音、曲韵韵书的源流及演化，以

① 《怀星堂集》卷24。

② 《柏斋集》卷9。

③ 《〈中原音韵〉新论》代序。

④ 刘晓南：《汉语音韵研究教程》，北京大学出版社2007年版，第184页。

⑤ 周德清以为吴兴人沈约是初造韵书的人，又误认《广韵》是“闽海之音”，这些都与事实不符。

为《中原音韵》是它们共同的鼻祖。下面是罗常培先生的表格化说明。

1. 北音韵书演化系统

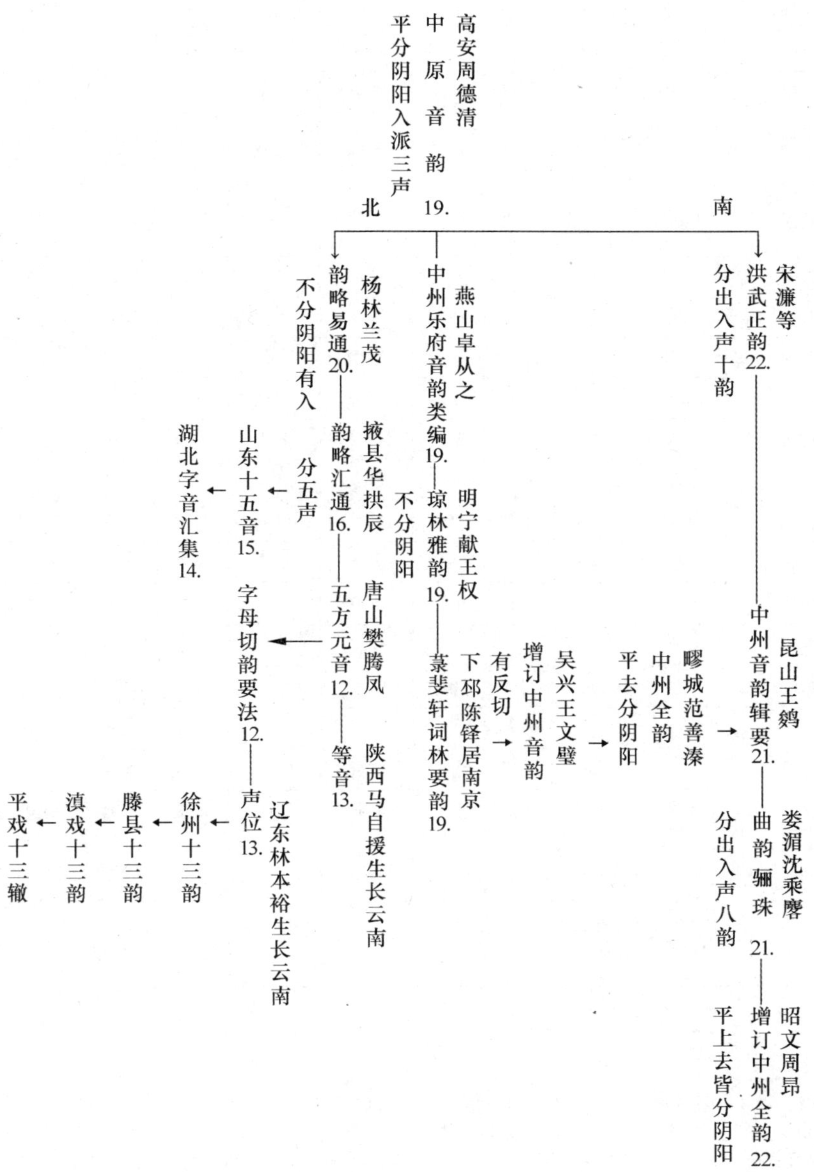

2. 曲韵韵目对照表①

| 中原音韵 | 卓中州 | 洪武 | 琼林 | 菉斐 | 王中州 | 范中州 | 辑要 | 骊珠 | 周中州 |
|---|---|---|---|---|---|---|---|---|---|
| 东钟 | 东钟 | 东 | 穹窿 | 东红 | 东钟 | 东同 | 东同 | 东同 | 东钟 |
| 江阳 | 江阳 | 阳 | 邦昌 | 邦阳 | 江阳 | 江阳 | 江阳 | 江阳 | 江阳 |
| 支思 | 支思 | 支 | 诗词 | 支时 | 支思 | 支思 | 支时 | 支时 | 支时 |
| 齐微 | 齐微 | 齐<br>〇灰 | 丕基 | 齐微 | 齐微 | 机微 | 机微<br>〇归回 | 饥微<br>〇灰回 | 齐微<br>〇归回 |
| 鱼模 | 鱼模 | 鱼<br>〇模 | 车书 | 车夫 | 鱼模 | 居鱼 | 居鱼<br>〇苏模 | 居鱼<br>〇姑模 | 居鱼<br>〇知如<br>〇苏徒 |
| 皆来 | 皆来 | 皆 | 泰阶 | 皆来 | 皆来 | 皆来 | 皆来 | 皆来 | 皆来 |
| 真文 | 真文 | 真 | 仁恩 | 真文 | 真文 | 真文 | 真文 | 真文 | 真文 |
| 寒山 | 寒山 | 寒〇删 | 安闲 | 寒山 | 寒山 | 千寒 | 千寒 | 千寒 | 寒山 |
| 桓欢 | 桓欢 |  | 觽鸾 | 鸾端 | 欢桓 | 欢桓 | 欢桓 | 欢桓 | 欢桓 |
| 先天 | 先天 | 先 | 乾元 | 先天 | 先天 | 天田 | 天田 | 天田 | 先天 |
| 萧豪 | 萧豪 | 萧〇爻 | 箫韶 | 萧韶 | 萧豪 | 萧豪 | 萧豪 | 萧豪 | 萧豪 |
| 歌戈 | 哥戈 | 歌 | 珂和 | 和何 | 歌戈 | 歌罗 | 歌罗 | 歌罗 | 歌罗 |
| 家麻 | 家麻 | 麻 | 嘉华 | 嘉华 | 家麻 | 家麻 | 家麻 | 家麻 | 家麻 |
| 车遮 | 车遮 | 遮 | 砗砑 | 车邪 | 车遮 | 车遮 | 车蛇 | 车蛇 | 车遮 |
| 庚青 | 庚青 | 庚 | 清宁 | 清明 | 庚青 | 庚亭 | 庚亭 | 庚亭 | 庚青 |
| 尤侯 | 尤侯 | 尤 | 周流 | 幽游 | 尤侯 | 鸠尤 | 鸠由 | 鸠侯 | 鸠由 |
| 侵寻 | 寻侵 | 侵 | 金琛 | 金音 | 侵寻 | 侵寻 | 侵寻 | 侵寻 | 侵寻 |
| 监咸 | 监咸 | 覃 | 潭岩 | 南山 | 监咸 | 监咸 | 监咸 | 监咸 | 监咸 |
| 廉纤 | 廉纤 | 监 | 恬谦 | 占炎 | 廉纤 | 纤廉 | 纤廉 | 纤廉 | 纤廉 |
| 一三二四 | 一三五一 | 一三七四。又多出入声十韵 | 一三九八 | 一四八三 | 一五〇八前 | ? | 一七八一 | 一七九二。又多出入声八韵 | 一七九一? |

① 曲韵韵目采用简称，“卓中州”指元至正年间卓从之作《中州乐府音韵类编》，“洪武”指明初官修的《洪武正韵》，“琼林”指明朱权作《琼林雅韵》，“菉斐”指明陈铎作《菉斐轩词林要韵》，“王中州”指明王文璧作《增订中州音韵》，“范中州”指明末范善溱作《中州全韵》，“辑要”指清王鵕作《中州音韵辑要》，“骊珠”指清沈乘麐作《曲韵骊珠》，“周中州”指周昂作《增订中州全韵》。

### 3. 小学派韵目对照表①

| 中原音韵 | 易通 | 汇通 | 十五音 | 汇集 | 五方元音 | 切韵要法 | 等音 | 声位 | 徐州十三韵 | 滕县韵 | 滇戏韵 | 十三辙 |
|---|---|---|---|---|---|---|---|---|---|---|---|---|
| 东钟 | 东洪 | 东洪 | 东 | 风 | 龙 | | | | | | 空同 | 中东 |
| 江阳 | 江阳 | 江阳 | 江 | 央 | 羊 | 冈 | 冈 | 冈 | 秧养样阳 | 江 | 堂郎 | 江阳 |
| 支思 | 支辞 | 支辞 | 支 | 诗 | | | | | | | | |
| 齐微 | 西微 | 灰微 | 齐<br>微 | 依<br>威 | 地<br>（地） | 裓(齐)<br>傀 | 基<br>规 | 基<br>圭 | 吉纪识极<br>灰惑会回 | 吉<br>饥 | 提携<br>灰堆 | 一七<br>灰堆 |
| 鱼模 | 呼模<br>居鱼 | 呼模<br>居鱼 | 姑<br>虞 | 夫 | 虎<br>（地） | 裓(合)<br>裓(撮) | 孤 | 沽 | 屋武误吴 | 居 | 土伏 | 姑苏 |
| 皆来 | 皆来 | 皆来 | 皆 | 哀 | 豺 | 该 | 该 | 该哂 | 郃咍泰台 | 皆 | 开怀 | 怀来 |
| 真文 | 真文 | 真寻 | 真 | 深 | 人 | 根 | 根 | 根 | 温稳问文 | 金 | 青沉 | 人辰 |
| 寒山 | 山寒 | 山寒 | 元 | 焉 | 天 | 干 | 干 | 干 | 焉衍彦言 | 坚 | 天仙 | 言前 |
| 桓欢 | 端桓 | | | | | | | | | | | |
| 先天 | 先全 | 先全 | | | | | | | | | | |
| 萧豪 | 萧豪 | 萧肴 | 萧 | 蒿 | 獒 | 高 | 高 | 高 | 腰咬要尧 | 交 | 暴燥 | 遥条 |
| 歌戈 | 戈何 | 戈何 | 歌 | 呵 | 驼 | 歌<br>○<br>(裓)<br>（开） | 哥 | 哥 | 豁火货和 | 角 | 梭波 | 梭波 |
| 家麻 | 家麻 | 家麻 | 家 | 巴 | 马 | 迦 | 他 | 迦 | 鸭雅亚牙 | 加 | 抓麻 | 发花 |
| 车遮 | 遮蛇 | 遮蛇 | 遮 | 赊 | 蛇 | 结 | 迦 | 结 | 叶耶夜爷 | 结 | 跌雪 | 乜斜 |
| 庚青 | 庚晴 | 庚晴 | | | | 庚 | 庚 | 庚 | 青请倩情 | 经 | | |
| 尤侯 | 幽楼 | 幽楼 | 幽 | 优 | 牛 | 钩 | 勾 | 钩 | 幽有又尤 | 鸠 | 喉头 | 油求 |
| 侵寻 | 侵寻 | | | | | | | | | | | |
| 监咸 | 缄咸 | | | | | | | | | | | |
| 廉纤 | 廉纤 | | | | | | | | | | | |
| 一三<br>二四 | 一四<br>四二 | 一六<br>四二 | | | 一六<br>五四<br>——<br>六七<br>三？ | 一六<br>九九<br>——<br>七○<br>二？ | | | | | | |

① 韵书名多用简称，“易通”指《韵略易通》，“汇通”指《韵略汇通》，“十五音”指《山东十五音》，“汇集”指《湖北字音汇集》，“切韵要法”指《字母切韵要法》，“滕县音”指滕县《十三韵》，“滇戏韵”指滇戏《十三韵》，“十三辙“指《鼓棒词十三辙》。

（二）脱离旧格——呈现新的音韵系统

传统的《切韵》系韵书体制，都是先分声调，再分韵；而《中原音韵》为顾及曲韵三声通押，则先分韵，再分声调。从语音系统上看，《中原音韵》与《切韵》音系间已产生极大的差异，其缘于“时有古今”、“地有南北”、“音有转移”。

下面从声、韵、调三方面的比较说明，可见一斑。

1. 声类比较——《中原音韵》声类与《广韵》四十声类①

| 《中原音韵》二十声类 | 《广韵》四十声类 |
|---|---|
| 崩 | 博、蒲（仄）、方（部分）、符（部分） |
| 烹 | 普、蒲（平）、芳（部分）、符（部分） |
| 蒙 | 莫（部分） |
| 风 | 方（部分）、芳（部分）、符（部分） |
| 亡 | 莫（部分） |
| 东 | 都、徒（仄） |
| 通 | 他、徒（平） |
| 龙 | 力 |
| 脓 | 奴、女 |
| 工 | 古、渠（仄） |
| 空 | 苦、渠（平） |
| 烘 | 许、胡 |
| 邕 | 於、于、以、五 |
| 钟 | 陟、直（仄）、侧、士（仄）、之 |
| 充 | 昌、丑、直（平）、士（平）、时（平） |
| 双 | 所、式、时（仄） |
| 戎 | 而 |
| 宗 | 子、昨（仄） |
| 惚 | 七、昨（平） |
| 嵩 | 苏、徐 |

① 四十声类，清陈澧系联《广韵》反切上字所得，类名取出现作反切上字次数最多者为代表。《中原音韵》声类及类名采取罗常培《中原音韵声类考》中的二十类。

### 2. 韵目比较——《中原音韵》十九部与《广韵》韵目[①]

| 《中原音韵》韵部 | 《广韵》韵目 |
|---|---|
| 东钟 | 东、冬、钟、庚（部分）、耕（部分）、清（部分）、登（部分） |
| 江阳 | 江、阳、唐 |
| 支思 | 支（部分）、脂（部分）、之（部分）、栉（部分）、德（部分）、缉（部分） |
| 齐微 | 支（部分）、脂（部分）、之（部分）、微、齐、灰（部分）、祭、废、质（部分）、陌（部分）、昔（部分）、锡（部分）、职（部分）、德（部分）、缉（部分） |
| 鱼模 | 鱼、虞、屋（部分）、沃、烛（部分）、术、没、物（部分）、缉（部分） |
| 皆来 | 佳、皆、咍、泰、夬、陌（部分）、麦、职（部分）、德（部分） |
| 真文 | 真、谆、文、殷、魂、痕 |
| 寒山 | 元（部分）、寒、山、删 |
| 桓欢 | 桓 |
| 先天 | 元（部分）、先、仙 |
| 萧豪 | 萧、宵、肴、豪、觉、药（部分）、铎（部分）、末（部分） |
| 歌戈 | 歌、戈、铎（部分）、物（部分）、曷（部分）、合、末（部分）、药（部分） |
| 家麻 | 麻（部分）、曷（部分）、黠、狎、帖（部分）、洽、乏、月（部分）盍、辖、末（部分） |
| 车遮 | 麻（部分）、帖（部分）、屑、薛、月（部分）、叶、业、陌（部分） |
| 庚青 | 庚、耕、清、青、蒸、登 |
| 尤侯 | 尤、侯、幽、屋（部分）、烛（部分） |
| 侵寻 | 侵 |
| 监咸 | 覃、谈、咸、衔 |
| 廉纤 | 监、添、严 |

① 《广韵》韵目平该上去声。

3. 声调比较——《中原音韵》声调与《广韵》声调的比较①

| 《中原音韵》声调 | 《广韵》声调 |
|---|---|
| 阴平 | 平（清） |
| 阳平 | 平（浊）、去（“鼻”字） |
| 上 | 上（清及次浊） |
| 去 | 上（全浊）、去 |
| 入声作平声 | 入（全浊） |
| 入声作上声 | 入（清） |
| 入声作去声 | 入（次浊） |

（三）审音辨字——考订元代北方音系的依据

董同龢《汉语音韵学》中说：

> 元朝时代中国的标准语，即当时所谓“中原雅音”或“中原雅声”者，已经和现代官话很相近了。为清楚起见，现在可以称为“早期官话”。
>
> 早期官话的语音系统，现时还可以就不太少的一些资料去考订。在那些资料之中，时期最早，与煊赫一时的戏曲文学有密切关系，而又能影响一时的，便是元代周德清著的《中原音韵》。《中原音韵》不是“字书”，也与传统的“韵书”不同，他是专为唱曲子或作曲子的人审音辨字而设的参考书。至于审音辨字的标准，周氏自己说，乃是北曲前辈权威作家“关、郑、马、白”的作品，北曲是根据活的语言写成的，“关、郑、马、白”的作品又是“韵共守自然之音，字能通天下之语”，所以我们说，《中原音韵》就是早期官话的语音实录。

有鉴于《中原音韵》一书的重要，从20世纪20年代起，中外学者开始探讨元代北音系统时，莫不以之为研究的中心点，如石山福治一

① 仅为概略，有少数例外，不一一举出。

九二五年的《考定中原音韵》，赵荫棠一九三六年的《中原音韵研究》，陆志韦一九四六年的《释中原音韵》，服部四郎和滕堂明保一九五八年的《中原音韵的研究》，斯蒂姆逊一九六二年的《中原音韵的音韵》，薛凤生一九七二年写成的《中原音韵音位系统》，杨耐思一九八一年的《中原音韵音系》，李新魁一九八三年的《中原音韵音系研究》，宁继福一九八五年的《中原音韵表稿》等，都对此书的音韵系统作了深入的研究，王力一九八五年《汉语语音史》一书，叙述元代音时，更以《中原音韵》音系为主要基准，可见《中原音韵》确实是考订元代北方音系的重要依据。

## 第二节 《中原音韵》的修辞学思想

周德清的修辞学思想，集中体现在《中原音韵》中的作词十法。在作词十法中，他从音韵、曲律、俊语、曲意等方面，进行了别开生面的研究，发前人之所未发。在"正语作词起例"中的作词十法，最早论及戏曲中的知韵、造语、用事、用字、入声作平声、阴阳、务头、对偶、末句、定格等方面的内容。他对中原音韵的研究，以元代著名曲作为研究对象，实际上以元代京城大都（今北京市）为中心，以其语言系统为标准进行理论性总结，并由此规范和制约元曲的音韵特质，从而为市井文学的发展、繁荣和曲作语言的规范化，作出了重要的贡献。

不仅如此，他本人工于曲作，还亲历而为，用实践创作，力行其修辞思想。时人多之："故人皆谓德清之韵，不独中原，乃天下之正音也；德清之词，不惟江南，实天下之独步也。信哉，信哉！"（《录鬼簿续编》）虞集更称誉他自制乐府，"属律必严，比字必切，审律必当，择字必精，是以和于宫商，合于节奏，而无宿昔声律之弊矣。"

### 一 《中原音韵》的修辞学思想

#### （一）语音修辞——"宗中原之音"

"欲作乐府，必正言语，欲正言语，必宗中原之音。"（《中原音韵·自序》）

周德清对探讨戏曲语音修辞的巨大贡献，主要体现在《中原音韵·作词十法》中专列“知韵”、“入声作平声”、“阴阳”等条来讨论音韵曲律问题。

1. 力主“知韵”

周德清在《中原音韵·作词十法·知韵》条中指出：“无入声，止有平上去三声。”“平声有阴、有阳；入声作平声俱属阳。”“上声无阴，无阳；入声作上声亦然。”“去声无阴、无阳；入声作去声亦然。”

元代，中原之音已与中古音不同，发生了很大的变化。中古音的平、上、去、入四声中，平声已分为阴阳，入声已派入平上去三声。

周德清发现了这一语音变化的规律，证明了中原之音在当时已完成了由隋唐中古音向近代音的转变。周氏的这一发现，的确是了不起的贡献。毫无疑问，对戏曲的健康发展有着划时代的指导意义。

他的好友琐非复初在《中原音韵》一书序中给予了高度的评价：“吾友……周德清，并诸起例，平分二义，入派三声，能使四方出语不偏，作词有法，皆发前人之所未尝发者；……德清之韵，不独中原，乃天下之正音也。”

2. 务慎“入声作平声”

周德清指出：“入声作平声，施于句中，不可不慎。”周氏有“入派三声”之说，为何独独只强调“入声作平声”？其原因在于入声派入上声、去声者，其在平仄格律中仍属“仄声”，对诗的平仄格律并不造成影响，而入声派入平声，若仍读入声，则平仄不协；但依北方音读，则不合平仄，故应慎正其音。

3. 平分“阴阳”

阴平平而远，阳平则上扬，二者无论是声调还是音值均不相同，周氏对“平分阴阳”规律的发现，意义重大。在实际运用中，他极力强调，平分阴阳，严格区分，不可随意更换。

从周氏对［寄生草］的解释，可见一斑：

> ［寄生草］末句七字内，第五字必用阳字，以“归来饱饭黄昏后”为句，歌之协矣；若以“昏黄后”歌之，则歌“昏”字为“浑”字，非也。盖“黄”字属阳，“昏”字属阴也。

这里，周德清强调的是阴平字与阳平字不能互换，文字的声调必须与曲谱的旋律相配合，否则歌唱时易造成字义的误解与音不合律。

（二）文字修辞——“用字必熟”

> 用字必熟，太文则迂，不文侧俗；文而不文，俗而不俗，要耸观，又耸听，格调高，音律好，衬字无，平仄稳。（《中原音韵·作词十法·造语》）

戏曲演唱时，周德清从考虑听众易懂的特点出发，特别强调“用字必熟”。他指出：“用字切不可用生硬字、太文字”，不可用“书生语”。无论是“生硬字”与“太文字”都会影响听众的效果，“书生语”更是“书之纸上，详解方晓；歌，则莫知所云”，极不受听众青睐。但他发现，只求“熟”，又有“俗”之病，因此，他认为最理想的用字境界是：“文而不文，俗而不俗，要耸观，又耸听。”

（三）词汇修辞——“造语必俊”

> 未造其语，先立其意，语、意俱高为上，……造语必俊。（《中原音韵·作词十法·造语》）

“俊语”，即高卓之语。宋·朱熹《游昼寒以茂林修竹清流激湍分韵赋诗得竹字诗》：“俊语非碌碌。”从其四十首“定格”用例中，我们大致可以理解为：通俗易懂、大众化的、生动有趣、富有吸引力和表现力的语言。

如：（梧叶儿）《别情》的“殃及车”三字、（金盏儿）《岳阳楼》的“黄鹤送酒仙人唱”一句及（卖花声）《香茶》全首。

在“造语”条中，周氏特别提出造语之“可作语”与“不可作语”之说。

“可作语”主要指的是乐府语、经史语、天下通语。“乐府语”是有文采的语言；“经史语”是前人典籍中的语言，在戏典中表现为用事与用典；而“天下通语”，针对偏僻的方言土语而言，是周氏在《中原音韵·自序》中一再称赞的“关、郑、白、马”四大家“一新制作”

的语言，这种语言“韵共守自然之音，字能达天下之语；字畅语俊，韵促音调”，实际上就是通行天下的语言，即以中原之韵为基础的中华大地的实际共同语。

至于“不可作语”，周氏一共归纳出十七类，大致可以归为以下四种：

1. 音律语禁

演唱时音律方面的语禁，主要有两类：一是双声叠韵连用，读之拗口，听之吃力；二是六字三韵语，写之极难，画虎不成反类犬。

2. 文涩难解

书生语，歌之莫知所云；全句语，短章乐府难以适宜；讥诮语，依景托物，不可直述。

3. 俗不可入

凡俗蛮谑嗑、市方构肆、张打曲语，均俗不可入。

4. 病涩粗嫩

语涩，乃生硬平仄不协之言；语粗，属无细腻俊美之语；语嫩，既庸且腐，鄙猥小家，均为语言表达上存在的诸多弊病。

（四）句法修辞——重视“务头”

> 要知某调、某句、某字是务头，可施俊语于其上，后注于定格各调内。（《中原音韵·作词十法·务头》）

“务头”一词，是周德清的发明。周德清所谓“务头”指的是曲调中的关键处，能体现音乐形象的关键处、做腔处。一般认为是作品精彩、警辟或动听之处。我们从其“定格”四十首所注之“务头”处考察，务头既有在句子上的，又有在字词上的。在句子上的“务头”，有单句或多句。单句是指全调仅此一句为务头，一般是某一段落的收煞句。如［普天乐］《别友》一曲中，周德清认为“第八句是务头”。这第八句，正是一段意义上的总结，指明此曲的中心是惜别，然后引出下文。以多句来说，务头以复句句式占多数，其出现在主要作曲调的段落收煞或全篇终曲的收煞语中。而在字词上的务头，周氏均注明其声调。不仅如此，周氏还要求施“俊语”于“务头”之上，这就使曲调之视觉美与曲调的听觉美相结合，使词美与音美相结合，实现了“文章”与“音律”的完美相谐，自然使戏曲更加最大限度地发挥其表现力和艺术魅力。

下面的例子，充分体现了这一特色。

［迎仙客］《登楼》第三句“十二玉阑天外倚”。

周氏评曰：“妙在‘倚’字上声起音，一篇之中唱此一字，况务头在其上。”

［庆东原］《奇遇》第六句“袜冷凌波”。

周氏评曰：“‘冷’字上声，妙，务头在上。”

周氏在评［金盏儿］《岳阳楼》时认为：“妙在七字‘黄鹤送酒仙人唱’，俊语也，况‘酒’字上声以转其音，务头在其上。”

这种以一字为务头者，在“定格”中有十三处，其中声占三分之二以上。这与上声的声调有转折起伏，更适宜为“做腔处”有关。

即使以句子为务头者，也有上声起音的。如［醉高歌］《感怀》第二句“几点吴霜鬓影”、尾句“晚节桑榆暮景”。周氏评曰：“妙在‘点’、‘节’二字上声起音。务头在第二句及尾。”

由此看来，在务头上施的俊语，既有声调之美，又具文词之妙，如此美妙，则修辞效果日臻完美。

（五）语篇修辞——“首尾相救”

> 短章既简，意欲尽；长篇要腰腹肥满，首尾相救。（《中原音韵·作词十法·造语》）

周氏把篇章结构视为一个整体，特别强调“长篇要腰腹肥满，首尾相救”。

与前人不同的是他还提出“诗头曲尾”的观点。

> 前辈已有“某调末句是平煞、某调末句是上煞、某调末句是去煞。”照依后项用之。夫平仄者，平者平声，仄者上、去声也。后云“上”者，必要上；“去”者，必要去；“上去”者，必要上去。（《中原音韵·作词十法·末句》）

这里说明的是戏曲特别重结尾。一方面要求将“好句”作为末句，即“如得好句，其句意尽，可为末句”；另一方面强调戏曲末句的旋律至关重要，因此末句的曲词要与曲的旋律相协合。要求末句曲词的声调必须按照规定，配合曲的旋律，才能使演唱的声律谐和，避免拗折嗓子的弊病。

（六）文本修辞——“明事隐使”、“逢双必对”

1. 用事——“明事隐使，隐事明使”

周氏提出“明事隐使，隐事明使”的原则，实际上是对前人观点的继承，姜夔《白石道人诗说》就主张“僻事实用，熟事虚用”，二者异曲而同工。

周德清极力推崇马致远［寄生草］《饮》，认为“语意皆高”，妙在对偶、用事与韵律。

2. 对偶——“逢双必对”

对偶，用字数相等、句法相似的语句，表现相反或相关的意思。在《中原音韵·作词十法·对偶》中，周德清专门论及扇面对、重叠对和救尾对三种对偶。

扇面对，如［调笑令］的“第四句对第六句，第五句对第七句”；又如［驻马听］的“起四句”。

重叠对，如［鬼三台］的“第一句对第二句，第四句对第五句，第一、第二、第三句对第四、第五、第六句是也。”

救尾对，如［红绣鞋］“第四句、第五句、第六句为三对”。

周氏对于对偶的作用非常重视，认为对偶用得好，是构成“俊语”或“务头”的重要因素之一。

在评论［雁儿落］［德胜令］《指甲摘》时，认为均系“俊词”，“平仄、对偶、音律、皆妙”。

而在评论［拨不断］《隐居》时，则先引原文：“利名竭，是非绝。红尘不同门前惹，绿树偏宜屋上遮，青山正补墙头缺。竹篱茅舍。”接着评价：“务头在三对，急以尾收之。”明确指出后面的三个对偶句组成了“务头”。其实，周氏所论“扇面对”，即诗中所谓的“隔句对”，而重叠对、救尾对则大约是戏曲中常用的对偶。

总之，周德清在《中原音韵》中提出的修辞思想，是我国修辞学史上最早的戏曲修辞思想。这样的宏论，一方面来自对前人诗、词修辞理论的继承，另一方面是对戏曲创作实践的深入总结，这是在继承的基础上的大胆创新。我们认为：平分阴阳，入派三声的发明，是周德清对语言学的巨大贡献，特别是音韵学。而在《作词十法》中对“造语”、“入声作平声”、“阴阳”、“务头”、“定格”等的论述，大多为发前人之所未发，在修辞学史上，特别是戏曲修辞，其修辞学思想，意义深远。

## 二 周德清戏曲创作的修辞实践

### （一）对偶——整齐匀称，音律和谐

如：

> 长江万里白如练，淮山数点青如淀；江帆几片疾如箭，山泉千尺飞如电。晚云都变露，新月初学扇，塞鸿一字束如线。（《［正宫］塞鸿秋·浔阳即景》）

“合璧对”、“连璧对”和“联珠对”三种对偶形式，周德清在此曲中运用得天衣无缝。

曲中“江”与“山”是地名对，“万里”“数点”属数量对，“白”与“青”乃颜色对，“练”与“淀”巧用名物对，这种工对，朱权《太和正音谱》中称为“合璧对”。

三、四两句乃近景定格：一俯视江上轻帆，一仰观庐山飞泉。那大江宽阔浩瀚，江帆犹如几片苇叶，唯其轻灵，疾如飞箭；那庐山巍峨高耸，瀑泉仿佛千尺银河落地，唯因陡峭，飞如闪电。这两句同为“合璧对”，并与一、二句句法全同，四句又构成“连璧对”。一、二句，写江、写山，大处着墨，远处落笔，勾勒出大江远山之雄伟与寥廓；三、四句，写帆、写泉，近处着眼，细处工描，描绘出江帆、山泉之飞奔与迅疾，一为静态，一是动态，动静结合，侧景横生。

五、六句，烘云托月，云与月的变化，构成整个画面的背景。这又是一对“合璧对”，与前四句又合成为“联珠对”。妙笔生花，境界却异：那缥缈的云雾，柔和的月光，不仅给壮丽的画面增添一种朦胧的意境美，令人在心旷神怡中又多了一层凄迷感；更为绝妙的是，捕捉出了

景物瞬息变化的运动美，微妙地凸显出时间的流动感。

结句，北塞鸿雁南来，一字形掠过烟波浩渺的江天。这美妙的瞬间，不仅点明时令，更让人联想起王勃笔下“落霞与孤鹜齐飞，秋水共长天一色”的苍莽雄浑的境界，并为曲中“无声诗”的画面留下了“阵雁惊寒”的音响，令人遐思逸想。

全篇七句四十五字，却尺幅万里。分则一句一景，宛如七幅山水屏画，七个风景镜头，千姿百态，各放异彩；合则构成浔阳江山的立体壮观，恰似一部名胜风景片，令人目不暇接。

全曲起首大笔如椽，有“笔未到而气已吞”之势，独具“凤头”之美；中间远近参差，静动交错，明暗相间，极尽变化之能事，“猪肚”浩荡；结尾题外传神，伏游不竭，“豹尾”之响，响彻云空。曲中七句中六句对偶，结句，奇而独特，与首四句遥相对衬，灵动飞扬。特别是六个比喻的兼用，明白无隐，满纸生气，酣畅淋漓。

“正宫惆怅雄壮”，而［塞鸿秋］除第五句外，又句句押韵，且押去声。韵位如此密集，音调这般激越，去声那样高亢劲峭，音调铿锵，奔腾驰骤。笔势纵横，意象壮阔，感情蓬勃豪放，词情与声情配合，情到好处，声文并茂。

于此小令，我们看到作者对“逢双必对”、“造语必俊，用字必熟”的身体；于此妙曲，我们体验到作者对“文而不文，俗而不俗，要耸观，又耸听，格调高，音律好，衬字无，平仄稳”的力行。这里，是周德清戏曲修辞学理论的实践；这里，更是周德清修辞学思想的见证。

如：

> 半池暖绿鸳鸯睡，满径残红燕子飞；一林老翠林鹃啼，春事已，何日是归期？（《［中吕］阳春曲·赠歌者韩寿香》）

前三句，破空而来。周德清妙用鼎足对，工稳富丽，极形象地从多侧面描绘了暮春初夏的自然景观，摄住读者的注意。这三句的句型结构完全相同，每句所描写的对象又同为植物和禽鸟，但同中有异，富于变化。一是，官能的感觉不断转移。由池塘而路径，由路径而树林，由近及远，从低到高。二是，视听变化，扑朔迷离。前两句诉诸视觉，后一句却变为主要诉诸听觉，而同样诉诸视觉的前两句，又迥然有别：前句不仅绿叶是不动的，而且能动的“鸳鸯”也“睡”而不动，静态极妍；后句不仅“燕子”在“飞”，而且红花是正在飘动的，顾盼如风。“绿”，是池中的浮萍，“风约半池萍”。“绿”是冷色，周德清却于其前着一“暖”字，巧妙地把对气候和水温的感受暗中转嫁，写出一时独特的感受。“红”，乃红色之春花。周德清却在其前着一“残”字，悼惜之意味，不觉顿生。“翠”，为青绿之色，周氏又以拟人化的手法，于其前着一“老”字，暮春之感，油然而生。

写完这三句，作者马上以“春事已，何日是归期”两句作结，意尽情切，直朴爽快，而又耐人寻味。

周德清为纠正当时北曲创作在格律上的混乱而著《中原音韵》这样一书，并以极严于音律的创作来贯彻自己的主张。我们从这首《阳春曲》，又可见一斑。其平仄、押韵之稳，其严辨四声之审，历历在目。他在《中原音韵·作词十法·定格》中指出，此曲的首句末字当用去声，均不可上声，这里的“睡”字，正是去声；第二句的第三字，第三句的第七字，以阳平为妙，这里的“残”和“啼”，正是阳平；第四句的中间一字作去声，末一字平上皆可，这里的“事已”，正是去上。

如：

千山落叶岩岩瘦，百结柔肠寸寸愁，有人独倚晚妆楼。楼外柳，眉叶不禁秋。(《［中吕］阳春曲·秋思》)

“千山落叶岩岩瘦，百结柔肠寸寸愁”是一组合璧对。“千山落叶岩岩瘦”写秋，一个“瘦”字，活画出木叶尽脱、山岩裸露的枯寒之态，让人浮想联翩，思妇愁损玉肌、宽褪罗衣的恹恹之态，像慢镜头，定格推出。“百结柔肠寸寸愁”写思，深秋季节排解不开的愁思，汩汩而出。“百结”、“寸寸”，足见秋思之深与重。句中数量对、复叠对，强化了受众的注意，突出了作者的感受。我们于“有人独倚晚妆楼”读出了落寞；我们从“楼外柳，眉叶不禁秋”感受到凄凉与无赖！

“对偶的好处是：匀称、平衡、圆满；还有映衬作用。因为两方面都说到，理词充足，看起来十分稳妥；因为类似的材料并排在一起，衬辞俪句，看起来十分丰赡；因为偶语骈联，很容易红花绿叶，互相辉映。有时候还觉得它像八骏同驰，气势雄壮；百官齐列，场面堂皇煊赫哩。”①

（二）点化——夺胎换骨，画龙点睛

如：

月光，桂香，趁着风飘荡。砧声摧动一天霜，过雁声嘹亮。叫起离情，敲残客况，梦家山身异乡。夜凉，枕凉，不许离人强。（《［中吕］朝天子·秋夜客怀》）

周德清深谙曲之三昧。“月光、桂香，趁着风飘荡”，这是经锤炼之后的曲之语言格调。初唐诗人宋之问《灵隐寺》有：“桂子月中落，天香云外飘”，当是描写桂花最为出色的诗句，在醇美凝炼之中，写出了香气的清淡悠远，巧妙地包融了月宫桂树的神话传说。周氏在曲中巧妙点化其意，于醇醨中不失质朴自然，生动灵活，特别是“趁着风飘荡”的动态描写，正道出其精妙所在。之后，由“飘荡”转向“砧声摧动一天霜”又一动态佳境，周氏暗化李白《子夜吴歌》：“长安一片月，万户捣衣声。秋风吹不尽，总是玉关情”诗意。“摧动”二字，可谓神来之笔，画龙点睛，化无灵之砧声为有灵之物，题旨相叩。“砧声”之后，又出现另一种声音——“过雁声嘹亮”，在寒空中显得分外清晰，令人心惊。“夜凉，枕凉”，叠用“凉”字，遥扣“秋夜”之题，可见其心情的凄凉和客居异乡的孤独寂寞。“不许离人强”，结句尤妙，含不尽之情于言外。“不许离人不断肠”，抚胸难抑之态，敲心震脑。

如：

千山落叶岩岩瘦，百结柔肠寸寸愁，有人独倚晚妆楼。楼外柳，眉叶不禁秋。（《［中吕］阳春曲·秋思》）

① 董季棠：《修辞析论》，文史哲出版社1992年版，第336页。

“有人独倚晚妆楼”，让我们想起温庭筠《梦江南》：“梳洗罢，独倚望江楼，过尽千帆皆不是，斜辉脉脉水悠悠。肠断白蘋洲”，周氏有意点化其词意，拈出思妇哀愁的因由，游子游宦未归，佳人无赖独守空闺。思妇登高，望穿秋水，游子不见，愁从中来，悲不能禁。比起温庭筠《梦江南》，更言简而意赅，含蓄且牵情，朦胧却意远。

（三）用典——用语含蓄，寄意典雅

如：

> 宰金头黑脚天鹅，客有钟期，座有韩娥。吟既能吟，听还能听，歌也能歌。和白雪新来较可，放行云飞去如何？醉睹银河，灿灿蟾孤，点点星多。（《［双调］蟾宫曲·别友》）

“客有钟期，座有韩娥”，两处用典。钟期，即钟子期，春秋楚国人，精于音律。俞伯牙一曲《高山流水》，钟期听而知之，遂为知音。这里借指精通音乐的行家。又暗指座中诸友都是情好甚笃的知音。韩娥，古代的一位歌唱家。据《列子·汤问》记载：她去齐国，途中缺粮，就以卖唱糊口。她的歌声很美，人走后，“余音绕梁，三日不绝”。这里借指宴席上侑酒的歌妓。“行云”句典出《列子·汤问》：“薛谭学讴于秦青，未穷其技，自谓尽之，遂辞归。秦青弗上，饯于郊衢，抚节悲歌，声振林木，响遏行云。”这句用典，翻新出奇，语气幽默俏皮，既推许友人，又自占地步，显得意趣横生。“放行云飞去”，玩而味之，这里巧谐送别友人之意，语意双关，一箭双雕，不着痕迹地将文思转折到抒发因友人将飘然远去而生的寂寞情怀。

这首小令用典贴切而灵活，“钟期”、“韩娥”，既切合宾主身份，又抒发了知音难得和依依惜别的情思。丝毫不见堆垛之病，反翻新出意。特别是曲中妙用谐合手法，“行云”语意双关，“星”则以谐音之法，“星”与“心”谐音，表达出诗人的依依不舍之怀。

“吟既能吟，听还能听，歌也能歌”，三个排比与双齐，写出宾主之优雅倜傥，能吟善唱，彼此相得。其妙解音律之态，其融洽欢快之情，状写逼真，如闻其声。三句中，“吟”、“歌”、“听”三字首尾重出，是元曲中特有的“犯韵”之句，通俗而又佻达，层层渲染出别筵上吟诗咏歌不辞其频的独特气氛。

周德清散曲技巧极高，由此可见一斑。而结尾拓开一步，融情入景，更具一唱三叹之功，余音绕梁，三日难绝。

（四）夸张——渲染气氛，启发联想

如：

> 倚蓬窗无语嗟呀，七件儿全无，做甚么人家？柴似灵芝，油如甘露，米若丹砂。酱瓮儿才罄撒，盐瓶儿又告消乏。茶也无多，醋也无多，七件事尚且艰难，怎生教我折柳攀花！（《［双调］折桂令》）

“柴似灵芝，油如甘露，米若丹砂”，柴、米、油，贵得吓人，简直如灵芝、甘露、丹砂，叠下三喻，夸张新鲜贴切。日常普通之物却成为最稀有贵重之品，只有度日维艰的人才会深切地感受到这种“米珠薪桂”意味着什么。“酱瓮儿才罄撒，盐瓶儿又告消乏”，罄撒、消乏，都是用尽之意，作者巧用同义格，灵活多变。“才”、“又”二字紧相承接，语气迫促，困窘之状跃然纸上。“茶也无多，醋也无多”，两句用重复句式，加强了艰难叠现的沉重感。

阅读这样的文本，最忌把它看成作者的自述，其实这正是对当时社会景观的一种缩写，作者采用夸张的手法，表现出当时下层士人的生活艰难。作者以直白如话的手法，极力铺排“七件儿全无”，错落有致，最后在看似无奈的“怎生教我折柳攀花”的叹语中，把感情推向高峰，声声嗟叹，忽地哽住，其悲慨愤懑更显得郁勃而难以平息。

## 三　周德清戏曲修辞思想对后世的影响

周德清的戏曲修辞思想无疑吸收了前代诗论、词论修辞成果，但其最大的特点是能充分考虑戏曲的实际，全面而较为系统地提出一系列戏曲修辞理论，发前人之所未发，给明代和清季乃至近代以积极的影响。而影响之大，莫过于王骥德、李渔和吴梅三大家。

（一）王骥德《曲律》对周氏戏曲观点的接受与批判

《曲律》是专门论述戏曲修辞理论的著作，作者在《序》中谈及

“元周高安氏有《中原音韵》之创”，认为“厥功伟矣”。

其《曲律》是对周氏观点的全面继承和发展。在论及“曲韵”时，《曲律》中明显设有“论平仄”、“论阴阳”、“论韵”、“论闭口字”、“论险韵”等章节；在论及“作词法”时，《曲律》中则设有“论章法”、“论句法”、“论字法”、“论衬字”、“论对偶”、“论用事”、“论过搭”等专节。从这里，我们可以窥见其与《中原音韵》之渊源。即便是《曲律》中的“论曲禁”所提出的禁“俚俗”、“蹇涩”、“粗鄙”、“方言”、“语病”等，也足以见其受周氏之影响。

在《曲律》中列专条论及音律问题。他一方面主张“格律与文词兼顾”，一方面又认为“使律吕相宜……作词第一吃紧义也”。

《曲律·论用事第二十一》对“用事”论述云：“曲之佳处不在用事，亦不在不用事。”用典是一种修辞手段，不是创作目的，关键在于是否引用得当，所谓“引得正确，用的恰好，明事暗使，隐事显使，务使唱去人人都晓，不须解说”，把周德清的《中原音韵》的论点引来，再作比喻：“有一等事用在句中，令人不觉，如禅家所谓撮盐水中，饮水乃知咸味，方是妙。”

《曲律》论“对偶”云：“凡曲遇有对偶处，得对方见整齐，方见富丽。”

《曲律》，成为中国曲学著作由“首重音律”向李渔“首重结构”过渡的重要一环。

《曲律·论宫调第四》，不厌其烦地将《中原音韵》中论述各宫调之情感色彩，详加罗列，以示强调。《中原音韵》所载六宫十一调，所属各曲，声调各自不同。仙吕宫，清新绵邈。南吕宫，感叹悲伤。中吕宫，高下闪赚。黄钟宫，富贵缠绵。正宫，惆怅雄壮。道宫，飘逸清幽。大石调，风流蕴藉。小石调，旖旎妩媚。高平调，条拗滉漾。般涉调，拾掇坑堑。歇指调，急并虚歇。商角调，悲伤宛转。双调，健捷激袅。商调，凄怆怨慕。角调，呜咽悠扬。宫调，典雅沉重。越调，陶写冷笑。

《曲律·论平仄第五》认为：南戏的编撰，其平仄“不得以北音为拘”，没有必要完全按《中原音韵》入派三声的规则去调叶。关于四声在实际运用的一些具体办法，王骥德不厌其烦，予以揭示。如：“宜平不得用仄，宜仄不得用平（此仄兼上去），宜上不得用去，宜去不得用上，宜去上不得用上去……上上、去去不能叠用……单句不得连用四平、四上、四入……双句合一不合二，合三不合四”等等，看似琐细，实则均是从实践中总结出来的法则。归纳起来，关于调叶平仄的要求是：“调其清浊，叶其高下，使律吕相宣，金石错应，此握管者之者，故作词第一吃紧义也。”

论阴阳。《曲律》有《论阴阳第六》、《论闭口字第八》等章。《论阴阳》云：“夫自五声之有清浊也，清则轻扬，浊则沉郁。周氏以清者为阴，浊者为阳；故于北曲，凡揭起字皆曰阳，抑下字皆曰阴。而南曲正尔相反，南曲凡清声字皆揭而起，凡浊声字皆抑而下。今借其所谓‘阴’、‘阳’二字而言，则曲之篇章字句，既播之声音，必高下抑扬，参差相错，引如贯珠，而后可入律吕，可如管弦。”正好与平仄章的要求前后呼照，吻合一致。如果无视阴阳相错的规律，倘宜用揭而改用“阴”字，则声必欺字；宜用抑字而改用“阳”字，则字必欺声。“阴阳一欺，则调必不和；欲诎调以就字，则声非其声；欲易字以就调，则字非其字矣。”其结果是，不但观众听起来“迕耳”，直接影响到艺术鉴赏，而且令歌者“棘喉”，无法演唱，影响剧情的表现。

论用韵。《曲律》论及用韵的，除《论韵第七》外，全书及其他如《新校注古本西厢记》等著作尚有多处。王骥德对《中原音韵》颇有微词，他以南戏用韵与北曲的不同要求去要求周氏，有欠公允。但他强调南戏传奇既然已在曲坛流行，理当遵循南戏传奇用韵特点的要求，还是有其实际意义的。文中所列南曲用韵要点，以及向读者推荐《南词正韵》，就是王氏从南戏传奇作品的实践中总结归纳出来的规律与经验。他说“余之反周，盖为南词设也，而中多取声《洪武正韵》，遂尽更其旧，命曰《南词正韵》，别有蠡见，见凡例中”正可说明这一点。

《曲律》有《论务头》一章，指出：“务头之说，《中原音韵》于北曲胪列甚详，南曲则无人语及之者。然南北一法，系是调中最紧要句字。”可见“务头”问题实属戏曲修辞范畴，讨论的是剧曲（非宾白）中的“最紧要句字”。具体说来，“凡曲遇揭起其音而宛转其词，如俗之所谓‘做腔’处，每调或一句，或二、三句，每句或一字，或二、三字，即是务头。《墨娥小录》载‘务头’调侃曰：‘喝采’。又词隐先生尝为余言：吴中有‘唱了这高务’语，意可想矣。”按“务头”一词为古代戏曲用语，元代《中原音韵》之“作词十法”论曰：“要知某调某句某字是务头，可施俊语于其上。”俊语用于务头处，则务头在曲中是有固定位置，它要用俊语。《中原音韵》之“定格”举范康［寄生草］《饮》云：“最是‘陶’字属阳，协音。若以‘渊明’字，则‘渊’字唱作‘元’字，盖‘渊’字属阴。……‘虹蜺志’、‘陶潜’是务头也。”由例中可知［寄生草］曲应有两个务头，用字妥贴而且用“阳”不用“阴”，利于唱得响亮。与徐渭所云“高务”庶几近之。他又进而指出：“旧传［黄莺儿］第一、七字句是务头，以此类推，余可想见。古人凡遇务头，辄施俊语或古人成语一句其上……周氏所谓‘如众星中显一月之孤明也’。……余尝谓词隐《南谱》中不斟酌此一项事，故是缺典。今大略令善歌者，取人间合律腔好曲反复歌唱，谛其曲折，以详定其字句，此取务头一法也。”再用“旧传［黄莺儿］”曲为例以明之，仍然不够理论化，不得已采用让歌唱者唱好曲子，反过去，“听出”务头所在处，作为效尤。困难处在确定其曲中的位置，再用修辞手法使之成为“俊语”。虽然仍语焉不详，但由此而引起后人的注意。

（二）李渔《闲情偶寄》对周氏曲律理论的继承与发展

清代李渔《闲情偶寄》“词曲部”的前三部分“结构第一”、“词采第二”、“音律第三”等，更是在周德清论点基础上的发展。李渔对音韵平仄的认识，明显地系继承了周氏关于曲律理论的成果。

李渔的《闲情偶寄》对音律的论述更详尽，他提出的“分鱼模”、“避廉监”的意见引人注目，他的“慎用上声”、“少填入韵”等看法，也产生很大影响。

李渔《闲情偶寄》有《别解务头》一章云：“曲中有务头，犹棋中有棋眼，有此则活，无此则死。进不可战，退不可守者，无眼之棋，死棋也。看不动情，唱不发调者，无务头之曲，死曲也。一曲有一曲之务头，一句有一句之务头。字不聱牙，音不泛调，一曲中得此一句，即使全曲皆灵，一句中得此一二字，即使全句者，务头也。”李渔对之作了具体描述，并进而指明“务头”的修辞目的全在于“动情”、“发调”，比王骥德讲得更具体。之后，论家多有论述，近人吴梅氏在其《顾曲尘谈》的《论北曲作法》中有“要明务头”的论点，也是沿着王骥德和李渔的思路作了发挥。

（三）吴梅《顾曲尘谈》、《曲学通论》对周氏戏曲思路的承继与发挥

近现代曲学大师吴梅《顾曲尘谈》、《曲学通论》专列“平仄”、“阴阳”、“作法”、“论韵”、“务头”、“十知”等专节，也与《中原音韵》的观点一脉相承，但有明显的发挥。

1. 论戏曲结构

在戏曲领域，明王骥德的《曲律》和清初李渔的《闲情偶寄》均对结构予以格外的注意，李渔并专列“结构第一”一节予以论述。遗憾的是，有清一代的曲论家，在李渔之后，竟鲜有谈及戏曲结构者。

正是因为吴梅看出自从李渔之后，清代的曲学家不重视对结构的探讨，他下决心继承李渔的传统。他说：“作剧之难全在结构。”又说：“散曲如诗文，首重结构，一套如一篇也，一曲如一节也。”我们不难找到这些论述与李渔“结构第一”论之间的关系。他在《顾曲尘谈》中较为详细地阐述了这一观点：

> 填词之道，如行文然。必须规矩局度，整齐不紊，则一部大文，始终洁净，读之者虽觉山重水复，而岗峦起伏，自有回顾纡徐之致。数十出中，一出不能删，一出不可加，关目虽多，线索自晰，斯为美也。故填词者，在引商刻羽之先，拈韵抽毫之始，须将全部纲领，布置妥贴。何处可加绕折，何处可设节目，角色分配，如何可以匀称，排场冷热，如何可以调剂，通盘筹算，总以脉络分明，事实离奇为要。……不可急急拈毫。（《顾曲尘谈·论作剧法》）

吴梅基本沿袭了李渔的“一人一事”为传奇主脑的论述，他说：

> 传奇主脑，总在生旦，一切他色，只为此一生一旦之供给。一部剧中，有无数人名，究竟都是陪客。原其初心，止为一人而设，即其一人之身，自始至终，又有无限情由。无穷关目，究竟都是衍文，原其初心，又止为一事而设。此一人一事，即所谓传奇主脑

也。(《顾曲尘谈·立主脑》)

但关于“一人一事”为传奇主脑的原则，当时并未为许多戏曲作者所理解，或者是只知“为一人而作，不知为一事而作”，因此《顾曲尘谈》与《曲学通论》都专设《减头绪》专节：

头绪繁多，曲之大病也。试思观剧者，于一日半日间，欲明此剧中情节，全在一线到底，无旁见侧出之情，则孰主孰宾，一览而知。若喜设关目，多添角色，则通部前后，或有照应不及之处，而线索紊矣。线索既紊，将使观场者，茫然不知其事之始末。

吴梅在《顾曲尘谈》和《曲学通论》中，又专列“密针线”一节，说：

作传奇者，须将全部关目，布置周到，其起伏照应，如作一篇文字然，骨肉停匀，情理周到，而后施以词藻，则华实交茂矣。

把写剧本比为作文章，事先做到胸有成竹，写时要注意前后呼应，并指出：“而于起伏照应之处，须如草蛇灰线，令人无罅隙可寻，无缝天衣，不着一针线痕迹，方是妙文。”

2. 论音律

戏曲家都重视音律的探讨。元代周德清的《中原音韵》开了重视音韵学的先声，明代吴江派沈璟也重视音律，他的学生王骥德受其影响，在《曲律》中列专条论音律问题。李渔的《闲情偶寄》对音律的论述更详尽。

吴梅在前人研究成就的基础上，很重视音律的探讨，提出“曲中之要，在于音韵”，他对语音修辞的论述，较为集中地体现在《顾曲尘谈·原曲》中。

关于字音分阴阳，吴梅认为分辨字韵的阴阳较难：“堆韵之阴阳，在平声入声至易辨别，所难者，上去二声耳。上声之阳，类乎去声，而去声之阴，又类乎上声，此周挺斋《中原音韵》但分平声阴阳、不及上去者，盖亦畏其难也。迨后明范善溱撰《中州全韵》、清初王鵕撰《音韵辑要》，始将上去二声，分别阴阳，而度曲家乃有所准绳矣。”吴梅在前人基础上提出，无论南北曲，曲中字音都“大抵阴声宜先高后低，阳声宜先低后高”。并从实践中总结出以下原则：“四声之中，读时以上声为最高，唱时以上声为最低，阴上尤宜遏抑，而唱时尤须向上一挑，故谱阴上字为尤难。去声之阴声，宜斟酌，要上不类阳上，下不类阳去，方为得当。至若平入二声，最易辨析，入声宜断，平声宜和，此其大较也。”这一观点，为演员提高唱曲的表达效果作出了贡献。

什么是“务头”，尽管周德清《中原音韵》和李渔《闲情偶寄》对此都有说明。如李渔就说：“一曲中得此一句即使全曲皆灵，一句中得此一二字即使全句皆健者，‘务头’也。”终究讲得不具体，而周氏说得更简单，只说“施俊语”。吴梅看出了这一问题：“盖为此务头二字，正不知绞尽多少人才心血，而迄无涣然冰释之一日，可谓奇矣。”接着给“务头”下了定义：“余寻绎再三，竭十余年之功，始有豁然之境，乃为之说曰：务头者，曲中平上去三音联串之处也。如七字句，则第三第四第五之三字，不可用同一之音，大抵阳去与阴上相连，阴上与阳平相连，或阴去与阳上相连，阳上与阴平相连安可。第一曲中必须有三音相连之一二语，或二音（或去上，或去平，或上平，看牌名以定之）相连之一二语，此则为务头处。”吴梅接着又从戏曲作者的角度说：“盖填词家宜知某调某句某字是务头也。换言之，谓当先自定以某句某字为务头，而为之定去上，析阴阳也。又谱中谓可施俊语于其上，盖务头上须用俊语实之，不可拘牵四声阴阳之故，遂至文理不顺也，非谓务头上可用俊语，此外可不必用俊语也。”吴梅从音律的角度论述务头，可谓独辟蹊径，发人之所未发，解决了一个长期未能解决的问题。

可以说，明、清及现当代的曲学理论大家，无不从周氏的论点中吸收营养，获得启示。周德清《中原音韵》，在我国戏曲修辞理论上贡献巨大，在我国修辞学史上地位不可忽视。

纵观周德清《中原音韵》中所传达出的修辞学思想，我们再一次确信虞集对他的赞誉：“属律必严，比字必切，审律必当，择字必清，是以和于宫商，合于节奏，而无宿昔声律之弊矣。”体察其小令与套数的修辞实践，我们又一次印证了欧阳玄对他的赞叹：“通声音之学，术乐章之词”的“词律兼优者”。探寻其对后世的影与响，我们不得不服膺刘熙载对他的定评：“不阶古音，撰《中原音韵》，永为曲韵之祖。”其韵，“乃天下之正音也”；其词，“实天下之独步也。”

## 第三节 《中原音韵》的曲律学思想

### 一 周德清的曲律学思想

《中原音韵》的编写初衷是指导作曲取韵。[①] 周德清作《中原音韵》，就是为了制订曲的“音律”。

虞集《中原音韵》序中说：

> 高安周德清工乐府、善音律，自著《中州音韵》一帙，分若干部，以为正语之本，变雅之端。其法：以声之清浊，定字为阴阳，如高声从阳，低声从阴，使用字者，随声高下，措字为词，各有攸当。则清浊得宜，而无凌犯之患矣。以声之上下，分韵为平仄。如入声直促，难谐音调。成韵之入声，悉派三声，志以黑白。使用韵者，随字阴阳，置韵成文，各有所协，则上下中律，而无拘拗之病矣。是书既行，于乐府之士，岂无补哉。

周德清《中原音韵正语作词起例》“作词十法”中的知韵、入声作平声、阴阳、末句及定格各项，都是有关“音律”的。

周德清的“音律”理论，在其自身的创作中可见其身体力行，周德清在“作词十法”内“末句”一项说：

> 末句，“诗头曲尾”是也，如得好句，其句意尽可为末句，前辈已有某调末句是平煞，某调末句是上煞，某调末句是去煞，照依后项用之。夫平仄者：平者、平声，仄者、上去声也。后云上者必要上，去者必要去，上去者必要上去，去上上者必要去上仄。[②] 仄仄者

① 刘晓南：《汉语音韵研究教程》，北京大学出版社2007年版，第184页。

② “去上上者必要去上”，依上文文例，当作“去上者必要去上”。

上去、去上皆可，上上、去去若得回避尤妙，若是古句且熟亦无害。

曲词除去“押韵”、“平仄”、“阴阳”、“四声”等“音律”部分外，“造语”、“用事”、“用字”、“对偶”是否恰当，均属“格律”问题。周德清“作词十法”在“造语”、“用事”、“用字”方面的要求，很难以较科学的方法验证，如“造语”：“可作乐府语、经史语”、天下通语；不可作俗语、蛮语、谑语、嗑语、市语、方语……”“用事”一项只说：“明事隐使，隐事明使。”“用字”一项也只说：“切不可用生硬字、太文字、太俗字。”这些都难以客观认定。惟有“对偶”一项，周德清说：

逢变必对，自然之理，人皆知之。

再加上他所说的：

扇面对　调笑令——第四句对第六句，第五句对第七句。
救尾对　红绣鞋——第四句、第五句、第六句为三对。

这些似乎都可以一一对照排比确认。但必须明确：“对偶”不单属于文字的形式问题，其与曲调的板式更密不可分。汪经昌《曲学例释》说：

夫一曲之板式，即词章上之句法，此词固可挪移板式，然亦有一定之通例。……就词章言之，遇板行逢双处，须以合璧对应之；板式三行相同自成一组者，须以扇面对应之；板行逢变，位在曲首者，则须以平头对应之；板式双行，位在曲尾者，则须以救尾对应之；其板式成连环者，尤须以连环句应之。若夫孰为叠句，孰为衬句，亦须以板式为据。故恪遵板式，则字句有归而曲格乃见。

曲调的板式今多不传，我们只能从曲家所归纳的句法通则略为推订。

## 二 《中原音韵》在曲学上的价值

周德清编撰《中原音韵》最具价值的，应当是“平分阴阳”、“入派三声”和“分十九部”这三项前所未有的创举。他在《中原音韵·自序》中说：

> 诸公已矣，后学莫及，何也？盖其不悟声分平仄，字别阴阳。夫声分平仄者，谓无入声，以入声派入平上去三声也。……字别阴阳者，阴阳字平声有之，上去俱无，上去各止一声。……上去二声，施于句中，施于韵脚，无用阴阳，惟慢词中仅可曳其声尔，此自然之理也。妙处在此，初学者何由知之！乃作词之膏肓，用字之骨髓，皆不传之妙，独予知之！……入声于句中不能歌者，不知入声作平声也；歌其字音非其字者，合用阴而阳、阳而阴也。……予甚欲为订砭之文，以正其语，便其作而使成乐府。……遂分平声阴阳，及撮其三声同音，兼以入声派入三声，……葺成一帙，分为十九，名之曰《中原音韵》，……可与识者道。

由此可知，周德清《中原音韵》的最大价值，就是对乐府“作词”、“用字”具有“正语”的功效。

当时著名文士虞集为《中原音韵》作序，也从制作“乐府”的角度，说出这《中原音韵》在曲学上的价值，他说：

> 高安周德清工乐府、善音律，自著《中州音韵》一帙，分若干部，以为正语之本，变雅之端。其法：以声之清浊，定字阴阳，如高声从阳，低声从阴，使用字者，随声高下，措字为词，各有攸当。则清浊得宜，而无凌犯之患失。以声之上下，分韵为平仄。如入声直促，难谐音调。成韵之入声，悉派三声，志以黑白。使用韵者，随字阴阳，置韵成文，如有所协，则上下中律，而无拘拗之病矣。是书既行，于乐府之士，岂无补哉！

事实上，《中原音韵》对后代南、北戏曲声乐音律上的确具有巨大的影响力。这从“分韵”、“阴阳”和“入派三声”，可洞然见证。

（一）析音别韵，韵分十九部

北曲曲词是借音乐唱出来的，如何唱得正音，且有音韵重复出现的押韵美感，分韵恰当与否，至关重要。《中原音韵》所分的十九类，明、清以来曲学家或曲作家向来奉为圭臬。明代曲论家沈宠绥说：

> 从来词家只管得上半字面，而下半字面，须关唱家收拾得好。……若乃下半字面，工夫全在收音，音路稍讹，便成别字。如鱼模之鱼，当收于音，倘以噫音收，遂讹夷字矣。庚青之庚，本收鼻音，若舐腭收，遂讹巾字矣。其理维何？在熟晓《中原》各韵之音，斯为得之。盖极填词家通用字眼，惟《中原》十九韵可该其概，而极十九韵字尾，惟噫呜数音可管其全。……唱者诚举各音泾渭，收得清楚，而鼻舌不相侵，噫于不相紊，则下半字面，方称完好。①

清代王德晖、徐沅澄《顾误录》内有“中原音韵出字诀”，韵目虽不全用《中原音韵》，但分十九类则相同，内容为：

> 一东中，舌居中。二江阳，口开张。三支思，露齿儿。四齐微，嘻嘴皮。五鱼模，撮口呼。六皆来，扯口开。七真文，鼻不吞。八寒山，喉没拦。九桓欢，口吐丸。十先天，在舌端。十一萧豪，音甚清高。十二歌戈，莫混鱼模。十三家麻，启口张牙。十四车遮，口略开些。十五庚青，鼻里出声。十六尤侯，音出在喉。十七浸寻，闭口真文。十八监咸，闭口寒山。十九廉纤，闭口先天。

可见《中原音韵》所分十九韵类确当无误，早已成为后人析音别韵的准绳。

（二）声分平仄，字别阴阳

平声可以分出两种音高，宋朝张炎在《词源》里首见其迹，他说：

---

① 《度曲须知》“中秋品曲”一节。

“惜花春早起”云：“琐窗深深”，字意不协，改为“幽”字，又不协，再为“明”字，歌之始协。

清代戈载《词林正韵·发凡》说：

“明”字为阳，“深”“幽”为阴，故歌时不同耳。

张炎的说明虽然不够清楚，但这与周德清强调平分阴阳的理论并无二致。周德清《中原音韵》平分阴阳的最大价值，在于有系统地为平声字两种音高做了分别，以适应曲调；其次则是开启曲论者注意语音四声分阴、阳调问题的风气。明代王骥德《方诸馆曲律》即承继周德清的曲论，对南曲的音调又有了新的发明，他在“论阴阳”条下说：

古之论曲者曰：声分平仄，字别阴阳。阴阳之说，北曲《中原音韵》论之甚详，南曲则久废不讲，其法亦湮没不传矣。……周氏以清者为阴，浊者为阳，故于北曲中凡揭起字，皆曰阳，抑下字，皆曰阴……今借其所谓阴阳二字而言，则曲之篇章句字，既播之声音，必高下抑扬，参差相错，引如贯珠，而后可入律吕，可和管弦。倘宜揭也而或用阴字，则声必欺字，宜抑也而或用阳字，则字必欺声；阴阳一欺，则调必不和，欲诎调以就字，则声非其声，欲易字就调，则字非其字矣。毋论听者逆耳，抑亦歌者棘喉。《中原音韵》载：歌北曲“四块玉”者原是“采扇歌，青楼饮”，而歌者歌青为晴，谓此一字欲扬其音，而青乃抑之，于是改作“买笑金，缠头锦”而始叶正声，非其声之谓也。……周氏以为：阴阳字惟平声有之，上去俱无。夫东之为阴，而上则为董，去则为冻，笼之为阳，而上则为陇，去则为弄，清浊甚别。又以为入作平声皆阳；夫平之阳字，欲揭起甚难，而用一入声，反圆美而好听者何也？以入之有阴也。盖字有四声，以清出者亦以清收，以浊始亦以浊敛，此亦自然之理，恶得谓上去之无阴阳，而入之作平者皆阳也？

王骥德曲论“四声八调”的创说，表面上看，似乎在批评周德清只有平声分阴阳，实则明显受到了《中原音韵》平分阴阳的启示。

清徐大椿《乐府传声》内有“四声各有阴阳”一项，对字音声调分析有了更清晰的认知，他说：

> 字之分阴阳，从古知之。宋人填词极重，只散见于诸家论说，而无全书。惟《中原音韵》，将每韵分出，最为详尽；但只平声有阴阳，而余三声皆不分阴阳，不知以三声本无分乎？抑难分乎？抑可以不分乎？或又以为去入有阴阳，而上声独无阴阳，此更悖理之极者。盖四声之阴阳，皆从平声起，平声一出，则四呼皆来，一贯到底，不容勉强，亦不可移易，岂有平声有阴阳，而三声无阴阳者，亦岂有平去入有阴阳，而上声独无阴阳者。此等皆极荒唐之说，后人竟不深求，不得不急为拈出，使天下后世作曲与唱曲之人，确然有所执持，而审音不惑。如宗字为阴，宗、总、纵、足，皆阴也；戎字为阳，戎、冗、诵、族，皆阳也。上八字岂可删去一字，亦岂可互易一字，亦岂可宗戎有阴阳，而下字无阴阳，更岂可纵足与诵族有阴阳，而总与冗无阴阳？此有耳者之所共察，不必明于度曲者而后知之也。余常欲以《中原音韵》四声之阴阳，每字皆为分定，以息千古纷纷之说，尚未遑而有待。但作曲者能别平声之阴阳，已属难事，若并三声而分之，则尤艰于措笔，不必字字苛求，然不可以作曲之难而并字之阴阳亦泯之也。

可见《中原音韵》的平分阴阳，对某些具有多种调值方音的语言分析，产生了良好的影响，具有开启之实效。

（三）入派三声，以启后世

《中原音韵》入派三声本为唱曲而设，其价值就限在入声字可因此而于曲词中，不致有入声字不能歌的窘境。后人虽未必全然接受这一意见，但却逐渐对南、北曲入声字的唱法有所重视，从某种意义上可以说，《中原音韵》入派三声具有开启学风的价值。明代王骥德《方诸馆曲律》“论平仄”中说：

> 北音重浊，故北曲无入声，转派入平上去三声；而南曲不然，

词隐谓入可代平，为独洩造化之祕。又欲令作南曲者，悉遵《中原音韵》，入声亦止许代平，余以上去相间。不知南曲与北曲正自不同：北则入无正音，故派入平上去之三声，且各有所属，不得假借；南则入声自有正音，又施于平上去之三声，无所不可。大抵词曲之有入声，正如药中甘草，一遇缺乏，或平上去三声字面不妥，无可奈何之际，得一入声，便可通融打诨过去，是故可作平、可作上、可作去；而其作平也，可作阴，又可作阳，不得以北音为拘。

沈宠绥《度曲须知》“四声批窾”条则大抵缘用周德清的理论，他说：

北曲无入声，派叶平上去三声，此广其押韵，为作词而设耳。然呼吸吞吐之间，还有入声之别，度北曲者须当理会。

清代毛先舒《南曲入声客问》是专门研究南曲入声唱法的专著，书中对北曲“入派三声”虽有若干误解，但对南曲却能从音乐上加以解释，这正与周德清当时悟会“入派三声”的情形相同，他说：

客问：“北曲既可派入声入三声，南曲何故又难派入声入三声？”曰：“北之入作平上去也，方音也。北人口语无入声，凡入声皆作平上去呼之。即如轂字，北人云呼为古，北曲自应从北音，故《中原音韵》轂字当以入作上而音古。凡入声皆然。此周挺斋氏之以入派归于三声，非任臆强造也。若南曲，自应从南音，南人呼轂与穀、谷等音同，原不呼古。凡入声皆然。原未尝作平上去呼也，则南曲安得强派之入三声也？既难强派，别无归著，则自应更为标部而单押矣。歌须曼声，入便难唱，则自应随谱入三声作腔矣。”

清代徐大椿《乐府传声》有“入声派三声法”，意见与毛先舒大致相同。

总之，周德清“入派三声”是为唱北曲而设，因为他对入字声的处理法与众不同，明、清以来，南戏盛行，曲论家受《中原音韵》的启示，也从配乐角度，为南曲“入作平”的唱法找到了合理的说词，这就是《中原音韵》“入派三声”本身的实用价值，对南曲，也相对产生了示范性的作用。

《中原音韵》是我国最早一部全面论述北曲体裁、技巧和韵律的著作，是元代北曲之圭臬，为明清两代曲韵学的奠基之作，在戏曲史、音韵史上都有极其重要的地位。①

### 三　周德清散曲作品的曲律实践②

在中国文学史上，创作往往领着理论走。元代文学因杂剧、散曲而著称于世、于史，但方其盛时，元人却无暇论曲。直到曲势由盛转衰，才有一些识者将精力从创作中抽回部分，用之于曲学研究。这样，在杂剧创作高潮灿灿余辉的照耀下，从 14 世纪 20 年代开始，出现了一个北曲研究阵容。而坐帐中军的则是周德清。其曲论，得益于对散曲与剧曲两类作品的总结与归纳。他对剧曲的研究，直接表现在《中原音韵》之中：

1. 《中原音韵》自序中“乐府之盛、之备、之难，莫如今时”一段文字中，周氏对“其备”、“其难”的具体解释，非索解于杂剧创作而不能领会。

2. 《正语作词起例》中，诸如“齐微韵‘玺’，前辈《剐王莽》传奇与支思韵通押”和“以开口陌以唐内盲至德以登五韵，闭口缉以侵至乏以凡九韵，逐一字调平、上、去、入，必须极力念之，悉如今之搬演南宋戏文唱念声腔”诸语，显示出论者对北曲用韵规律的总结，乃从正反两方面兼顾了戏曲的用韵经验。

3. 《作词十法》中，以戏曲为例论述曲词创作技巧者共有七处。

4. 《乐府共三百三十五章》中，“仙吕四十二章”所属曲牌着列[端正好]，下注两个小字“楔儿”，不可等闲视之。任二北说《中原音

---

① 袁行霈、陈进玉主编，余兆鹏、李少恒本卷主编：《中国地域文化通览·江西卷》，中华书局 2013 年版，第 216 页。

② 参考古苓光《周德清及其曲学研究》，文史哲出版社 1992 年初版。

韵》"一书而兼有曲韵、曲论、曲谱、曲选四种作用",[①] 而书中这四个方面，无不涉及剧曲的创作情况。

"曲律之义有二：一为曲之音律，一为曲之格律。"[②] 周德清在其散曲作品中，无论是音律，还是格律，都身体力行，一展其曲学之思与想。

（一）周德清作品的"音律"实践

在"音律"方面，周德清曲作的"用字"实践，尤为突出。

1.《塞鸿秋》末句，周德清订为"平平仄仄平平去"，并说末字"上声为第二着"。周德清有《塞鸿秋》两首，末句分别是"塞鸿一字来如线"与"醉魂不到蓝关下"，除第一字"塞"、"醉"平仄不合外，其余尽合音律，尤其末字用去声"线"、"下"及第三、四字"仄仄"处"一字"、"不到"用"上去"[③]，回避了同声调字，尤妙。周德清在"定格"中有一段对前人所作《塞鸿秋》的说明：

**《塞鸿秋》 春怨**

腕冰消，松却黄金钏。粉脂残，淡了芙蓉面。紫霜毫，蘸湿端溪砚。断肠词，写在桃花扇。风轻柳絮天。月冷梨花院。恨鸳鸯不锁黄金殿。

评曰：音律浏亮。贵在"却"、"湿"二字上声，音从上转，取务头也。韵脚若用上声，属下着。切不可以传奇中全句比之。若得"天"字属阳，更妙！"在"字上声，尤佳。

周德清在二首《塞鸿秋》中，"却"字位置分别为"里"、"拥"，"湿"字位置分别为"几"、"美"，都是上声，合于"音从上转，取务头"的音律。韵脚"殿"字的去声位置，二首中分别是"线"、"下"，也是去声字，属"上着"。"在"字位置，二首中是"尺"、"味"，"尺"是"入声作上声"用，音律"尤佳"。

① 《作词十法疏证序》。

② 赖桥本：《民国以来的曲学》。

③ "一"、"不"二字都是"入声作上声"。

2.《朝天子》末句，周德清订为“仄仄平平去”，并说末字“上声属第二着”。周德清有《朝天子》两首，末句分别是“不许愁人强”与“倒了葡萄架”，平仄全合，尤其末字“强”、“架”属去声，是“第一着”。

3.《满庭芳》末句，周德清订为“仄仄仄平平”。周德清有《满庭芳》四首，末句分别是“长是洒西湖”、“万古揖清芳”、“〔那里有〕南北二朝分”[①]“屈死葬钱塘”，除第一字“长”、“南”平仄不合外，其余尽合音律。周德清在“定格”中有一段对张可久《满庭芳》的说明：

**满庭芳　春晚**

知音到此。舞雩点也。修禊羲之。海棠春已无多事。雨洗胭脂。谁感慨兰亭古纸。自沉吟桃扇新词。急管催银子。哀絃玉指。忙过赏花时。

评曰：此一词但取其平仄庶几。若“此”字是平声，属第二着。喜“羲”字属阴，妙。妙在“纸”字起音，“扇”字去声取务头。若是“纸”字平声，属第二着，“扇”字上声，止可作。

周德清在四首《满庭芳》中，“此”字位置分别为“武”、“君”、“品”、“广”，“武品广”是上声，属“第一着”，仅“君”用平声，为“第二着”。“羲”字位置分别为“图”、“功”、“轻”、“安”，其中“功轻安”是阴平字，为“妙”着。“纸”字位置分别为“夫”、“本”、“君”、“党”，“本党”二字上声“起音”，“夫君”二字平声，是“第二着”。“扇”字位置分别为“渡”、“笏”、“义”、“陷”，四字都是“去声取务头”，字字都合音律。

4.《红绣鞋》末句，周德清订为“仄平平上去”。周德清有《红绣鞋》四首，末句分别是“醉归〔来〕驴背稳”、“〔又〕一年秋事了”、“〔说〕江山憔悴煞”、“酒〔和〕茶都俊煞”，除第三首第一字“江”平仄不合外，其余尽合音律。周德清在“定格”中引张小山《红绣鞋》末句“功名不挂口”，详曰：“妙在口字上声”，这四首末字也都是上声

① “那里有”为衬字，以〔〕表示，后同。

作结[①]，也可应一“妙”字。

5.《天净沙》末句，周德清订为“平平仄仄平平”。周德清有《天净沙》三首，末句分别是“小舟来贩茶茶”、“女儿港到如今”，“〔似〕英雄征战相持”，其中第一字“小”、“女”与第三字“来”、“征”不合平仄，其余尽合音律。周德清在“定格”中，也有一段对马致远《天净沙》的说明：

**天净沙　秋思**

枯藤老树昏鸦。小桥流水人家。古道西风瘦马。夕阳西下。断肠人在天涯。

评曰：前三对，更“瘦马”二字“去上”，极妙！秋思之祖也。

周德清在三首《天净沙》中，“瘦马”位置，有两首作“串瓦”、“剑戟”，都是“上去”，音律也与这首《天净沙》相合。

6.《沉醉东风》末句，周德清订为“平仄仄平平去上”，并说末二字“去平属第二着”。周德清有《沉醉东风》四首，末句都是“何处无鱼羹饭吃”，除第三字平仄不合外，其余尽合音律，末字“吃”是“入声作上声”，“饭吃”正好是“去上”，属第一着。

7.《小桃红》末句，周德清订为“仄仄仄平平”，周德清有《小桃红》一首，末句是“〔输了的似〕楚霸〔王〕刎江湄”，每字均合音律。前三字用“上去上”，同声调字不连用，尤妙。

8.《调笑令》末句，周德清订为“平平仄仄平平”，周德清有《调笑令》一首，末句是“都无〔那〕半点瑕疵”，每字均合音律，第三、四字用“去上”，回避了同声调字，尤妙。

纵观以上各曲，周德清大致能遵守自订之音律，当然亦有少数不合，但未必就是“音律不调”。如依据郑因百先生的《北曲新谱》，《塞鸿秋》末句是“十平十仄平平去”[②]，第一字平仄不拘。《满庭芳》末

① “煞”是“入声作上声”字。

② 《北曲新谱》，第27页。

句作“十仄仄平平”①，第一字平仄不拘。《红绣鞋》末句作“十平平去平”②，第一字平仄不拘。《天净沙》末句作“十平十仄平平”③，第一、三字平仄不拘。则周德清在上述二十一曲用字情形，末句真正“音律不合”的，只剩下《沉醉东风》第三字“无”当“仄”而“平”了④，这一“例外”其实不仅发生在周德清身上，元人散曲中也同样俯拾即得⑤。从其散曲实践考察，我们可以看出，周德清确实是一位能遵守自订音律的作家，行为世范。

当然，《中原音韵正语作词起例》中的“作词十法”，虽是现存时代最早且最具规模的论曲文字，但对我们全面了解周德清曲律的实践，仍嫌不足。析其主因，一是所论及的曲牌只有四十多首；二是他并没有对每首曲子的每一字都订定平仄。因此，我们还须借重后人订定的曲谱来检视周德清所作的每一首曲词。

目前，北曲文字谱有影响力的著作主要有五种，一是明代宁献王朱权《太和正音谱》，二是清代李玄玉《北词广正谱》，三是周祥钰等《九宫大成》，四是民初吴梅《北词简谱》，五是近代学者郑因百先生《北曲新谱》。《北曲新谱》后出转精，为从其简，下面仅以《北曲新谱》所订之平仄谱为准，对周德清曲作的用字是否中律，细加检视。

1.《北曲新谱》中《塞鸿秋》音律为：

十平十仄平平去　十平十仄平平去　十平十仄平平去　十平十仄平平去

十平十仄平<br>十仄仄平平 ·十仄平平去　十平十仄平平去

---

① 《北曲新谱》，第152页。

② 《北曲新谱》，第153页。

③ 《北曲新谱》，第262页。

④ 《北曲新谱》〔沉醉东风〕末句作“十十仄，平平去平”，第284页。

⑤ 如胡祇遹《月底花间酒壶》一首，末句“一任他斜风细雨”；《渔得鱼心满愿足》一首，末句“〔他两个〕笑加加〔的〕谈今论古”。关汉卿《夜月青楼凤箫》一首，末句“问别来十分瘦了”。张养浩《披一领熬日月耐风霜道袍》一首，末句“〔只落得〕无是非清闲得到老”。赵善庆《毡帐冷柔情挽挽》一首，末句“又越添眉泪眼”。马谦斋《瓷瓯内潋滟莫掩》一首，末句“归去来长安路险”。张可久《锦被堆春宽梦窄》一首，末句“春已听榆钱断买”；《狂客簪花起舞》一首，末句“强似听西园夜雨”。……这些早期北曲名家，第三字也都作“平”。

周德清两首《塞鸿秋》曲词及音律如下：

长江万里白如练。淮山数点青如淀。江帆几片疾如箭。山泉千尺飞如电。晚云都变露。新月初学扇。塞鸿一字来如线。

平平去上平平去 平平去上平平去 平平上去平平去 平平平上平平去 上平平去（去） 平去平平去 去平上去平平去[①]

灞桥雪拥驴难跨。剡溪冰冻船难驾。秦楼美酝添高价。陶家风味都闲话。羊羔饮兴佳。金帐歌声罢。醉魂不到兰关下。

仄平上上平平去 上平平去平平去 平平上去平平去 平平平去平平去 平平上去平 平去平平去 去平上去平平去[②]

2. 《北曲新谱》中《朝天子》音律为：

仄𡈼 仄𡈼 十仄平平去 十平十仄 仄平/十仄 平 十仄平平去 十仄平

平· 平平平去/十仄平平 十平十仄𡈼 仄𡈼 仄𡈼十仄平平去

周德清两首《朝天子》曲词及音律如下：

月光。桂香。趁着风飘荡。砧声催动一天霜。过雁声嘹亮。叫起离情。敲残愁况。梦家山身异乡。夜凉。枕凉。不许愁人强。

去平 去平 去(平)平平去 平平平去上平平 去去平平去 去上平平 平平平去 去平〔平〕平去平 去平 上平 上上平平去[③]

---

① 凡入声派入三声的字，直接标用平上去，不详注“入作平”、“入作上”、“入作去”。凡不合《北曲新谱》音律的字，用括号标出。

② “灞”字，《中原音韵》失收，今依《广韵》订为去声字，后文凡有这一情形不另注出。又“剡”字，《广韵》上声“时染切”，《中原音韵》失收。因“剡”字声母属全浊，《中原音韵》浊上通常收入去声，所以今订为“去声”。

③ 凡衬字平仄也一一注出，该字用〔〕标出。

鬓鸦。脸霞。屈杀将陪嫁。规模全是大人家。不在红娘下。笑眼偷瞧。文谈回话。真如解语花。若咱。得他。倒了葡萄架。

去平　上平　上上平平去　平平平去去平平　上去平平去　去上平平　平平平去　平平上上平　去平　上平　上上平平去

3.《北曲新谱》中《满庭芳》音律为：

平平仄𡈼　十平十仄·十仄平平　十平十仄平平去　十仄平平　十仄平平仄十　仄平十仄平平　平平去　平平去𡈼　十仄仄平平

周德清四首《满庭芳》曲词及音律如下：

披文握武。建中兴庙宇。载清史图书。功成却被权臣妒。正落奸媒。闪杀人望旌节中原士夫。误杀人弃丘陵南渡銮舆。钱塘路。愁风怨雨。长是洒西湖。

平平上上　〔去〕平平去上　〔上〕平上平平　平平上去平平去　去去平平　〔上上平去〕平上平平去平　〔去上平去〕(平) 平平去平平　平平去　平平去上　平去上平平

安危属君。立勤王志节。此翊汉功勋。临机料敌存威信。际会风云。似凭地尽忠勇匡君报本。也消得坐都堂秉笏垂绅。闲评论。中兴宰臣。万古揖清芬。

平平（平）平　〔去〕平平去上〔上〕去去平平　平平去(平) 平平去　去去平平　〔去去去去〕平上平平去上　〔上平上去〕　(平) 平上去平平　平平去　平平（上）平　去上上平平

官居极品。欺天误主。贱土轻民。把一场和议为公论。妒害功臣。通贼虏怀奸诳君。那些儿立朝堂仗义依仁。英雄恨。使飞云幸存。那里有南北二朝分。

平平（平）上　平平去上　去上平平　〔上〕上平平去平平

去　去去平平　〔平〕平上平平去平　〔去平平〕去平〔平〕去去平平　平平去　〔上〕平平去平　〔上上上〕平上去平平

谋渊略广。论兵用武。立国安邦。佐中兴一代贤明将。怎生来险幸如狼。蓄祸心奸私放党。附权臣构陷忠良。朝堂上。把一个精忠岳王。屈死葬钱塘。

平平去上　去平去上　去上平平　〔上〕平平上去平平去〔上平平〕上去平平　去去〔平〕平平去上　去平平〔去〕去平平　平平去　〔上上去〕平平去平　上上去平平

4.《北曲新谱》中《红绣鞋》音律为：

十仄平平平̲去　十平十仄平平̲　十(平/仄)平(仄/平)平平　平十仄·仄平平

十平平去平̲

周德清四首《红绣鞋》曲词及音律如下：

茅店小斜挑草稕。竹篱疏半掩柴门。一犬汪汪吠行人。题诗桃叶渡。问酒杏花村。醉归来驴背稳。

平去〔上〕平平上去　上平平〔去〕上平平　上上平平去平平　〔平平〕平去去。〔去上〕去平平　去平〔平〕平去上

穿云乡一乘山笄。见风消数盏村醪。十里松声画难描。枫林霜叶舞。荞麦雪花飘。又一年秋事了。

平（平）（上）〔上〕平平平　〔去〕平平去上平平　平上平平去平平　〔平平〕平去上。〔平去〕上平平。〔去〕上平平去上

雪意商量酒价。风光投奔诗家。准备骑驴探梅花。几声沙嘴雁。数点树头鸦。说江山憔悴煞。

上去平平上去　平平平去平平　上去平平去平平　〔上平〕平上去。〔去上〕去平平　〔上〕平平平去上

共妾围炉说话。呼童扫雪烹茶。休说羊羔味偏佳。调情须酒兴。压逆索茶芽。酒和茶都俊煞。

去去平平上去　平平上上平平　平上平平去平平　〔平平〕平上去。〔去去〕上平平　上平平平去上

5.《北曲新谱》中《阳春曲》音律为：

十平十仄平平厶　十仄平平十仄平　十平十仄仄平平　平平去　十仄仄平平

周德清六首《阳春曲》曲词及音律如下：

千山落叶岩岩瘦。百结柔肠寸寸愁。有人独倚晚妆楼。楼外柳。眉叶不禁秋。

平平去去平平去　上上平平去去平　上平平上上平平　平去上　平去上平平

雨晴花柳新梳洗。日暖蜂蝶便整齐。晓寒莺燕旋收拾。催唤起。早赴牡丹期。

上平平上平平上　去上平平去上平　上平平去去平平　平平上　上去上平平

鞓挑斜月明金韂。花压春风短帽檐。谁家帘影玉纤纤。粘翠靥。消息露眉尖。

平平平去平平去　平去平平上去平　平平平上去平平　平去上　平上去平平

月儿初上鹅黄柳。燕子先归翡翠楼。梅魂休暖凤香篝。人去后。鸳被冷堆愁。

去平平去平平上　去上平平上去平　平平平上去平平　平去（去）　平去上平平

素梅又见樽前唱。红叶何时水上忙。姓名端的不寻常。韩寿香。一字暗包藏。

去平去去平平去　平去平平上去平　去平平上上平平　平去平　上去去平平

半池暖绿鸳鸯睡。满径残红燕子飞。一林老翠杜鹃啼。春事已。何日是归期。

去平上去平平去　上去平平去上平　上平上去去平平　平去上　平去去平平

6.《北曲新谱》中《天净沙》音律为：

十平十仄平平◦十平十仄平平　十仄平平ムト　十平平ム·十平十仄平平

周德清三首《天净沙》曲词及音律如下：

根窠生长灵芽。旗枪搠立烟花。不诈冯魁串瓦。休抬高价。小舟来贩茶茶。

平平平上平平　平平去去平平◦上上平平去上　平平平去　上平平去平平

庐山面已难寻。孤山鞋不曾沉。掩面留鞋意深。不知因甚。女儿港到如今。

平平去上平平　平平平上平平　上去平平去去　上平平去　上

平上去平平[1]

盘中排营寨城池。眼前无弓箭旌旗。心内有刀枪剑戟。局面儿几般形势。似英雄征战相持。

平平〔平〕平去平平 〔上〕平平平去平平 平去〔上〕平平去上 〔上去平〕上平平平 〔去〕平平平去平平

7.《北曲新谱》中《柳营曲》音律为：

十仄平 仄平平 十平仄平平厶乑 十仄平平 十仄平平 十仄仄平平 仄十平，十仄平平 仄十平，十仄平平 十平平仄十·十仄仄平平 平 十仄仄平平

周德清三首《柳营曲》曲词及音律如下：

暮云收。冷风飕。到中宵月来清更幽。倚遍江楼。望断汀洲。雪月照人愁。舍梅花谁是交游。饮松醪自想期俦。王子猷干罢手。戴安道且蒙头。休。谁驾剡溪舟。

去（平）平 上平平 〔去〕平平去平平去平 上去平平 去去平平 上去去平平 上平平平去平平 上平平去上平平 〔平〕上平平去 〔去〕平去上平平 平 平去上平平

一叶身。二毛人。功名壮怀犹未伸。夜雨论文。明月伤神。秋色淡离樽。离东君桃李侯门。过西风杨柳渔村。酒船同棹月。诗担自挑云。君。孤雁不堪听。

上去平 去平平 平平去平平去平 去上（去）平 平去平平 平上去平平 （平）平平平上平平 去平平平上平平 去平平去去 平去去平平 平 平去上平平

① “深”字《广韵》平去两音，去声字义为“不浅也”，在此可通且合律，故取去声音读。

燕子来。海棠开。西厢尚愁音信乖。问柳章台。采药天台。归去却伤怀。恰嗔人踏破苍苔。不知他行出瑶阶。见刚刚三寸迹。想窄窄一双鞋。猜。多早晚到书斋。

去上平 上平平 平平去平平去平 去上平平 上去平平 平去上平平 上平平去去平平 上平平平上平平 〔去〕平平平去上 〔上〕上上上平平 平 〔平〕上上去平平

8.《北曲新谱》中《沉醉东风》音律为：

十十仄，平平ㄙ卒 十十平，十仄平平 十仄平·平平仄 仄平十，十仄平平<br>仄平平仄 十仄平平仄仄平 十十仄，平平去卒

周德清四首《沉醉东风》曲词及音律如下：

流水桃花鳜美。秋风莼菜鲈肥。不共时。皆佳味。几个人知。记得荆公旧日题。何处无鱼羹饭吃。

平上平平去上 平平平去平平 上去平 平平去 上去平平 去上平平去去平 平去平平平去上①

羊续高高挂起。冯驩苦苦伤悲。大海边。长江内。多少渔矶。记得荆公旧日题。何处无鱼羹饭吃。

平平平平去上 平平上上平平 去上平 平平去 平上平平 去上平平去去平 平去平平平去上

鲲化鹏飞未必。鲤从龙去安知。漏网难。吞钩易。莫过前溪。

① 郑因百《北曲新谱》《沉醉东风》句式为七句：七乙 七乙 三·三 七乙 七 七乙；周德清《沉醉东风》句式都是：六 六 三 三 四 七 七，今考早期元曲作家“沉醉东风”即有两体，胡祇遹“月底花间酒壶”、“锦织江边翠竹”，卢挚“雨过分畦种瓜”、“奴耕婢织生涯”，关汉卿“夜月青楼凤箫”、“面比花枝解语”……都是六 六 三·三 四 七 七句式，今因无曲谱可资参考，姑录其平仄。后三首同。

记得荆公旧日题。何处无鱼羹饭吃。

平去平平去去　上平平去平平　去上平　平平去　去去平平　去上平平去去平　平去平平平去上

藏剑心肠利己。吞舟度量容谁。棹月归。邀云醉。缩项鳊肥。记得荆公旧日题。何处无鱼羹饭吃。

平去平平去上　平平去去平平　去去平　平平去　上去平平　去上平平去去平　平去平平平去上

9.《北曲新谱》中《蟾宫曲》音律为：

十十十，十仄平平　十仄平平·十仄平平　十仄平平。十平十仄。十仄平平　十十十，十平ㄙ㚔　十十十，十仄平平　十仄平平　十仄平平·十仄平平

周德清四首《蟾宫曲》曲词及音律如下：

折垂杨都是残枝。诗满银笺。酒劝金卮。自在庐山。君游鄂渚。两地相思。白鹿洞谁谈旧史。黄鹤楼又有新诗。捻断吟髭。笑把霜毫。满写乌丝。

平平平平去平平　平上平平　上去平去　去去平平　平平去上　上去平平　上去去平平去上　平平平去上平平　上去平平　去上平平　上上平平

唾珠巩点破湖光。千变云霞。一字文章。吴楚东南。江山雄壮。诗酒疏狂。正鸡黍樽前月朗。又鲈莼江上风凉。记取他乡。落日观山。夜雨连床。

去平平上去平平　平去平平　上去平平　平上平平。平平平去　平上平平　去平上平平去上　去平平平去平平　去上平平　去去平平　去上平平

宰金头黑脚天鹅。客有钟期。座有韩娥。吟既能吟。听还能听。歌也能歌。和白雪新来较可。放行云飞去如何。醉睹银河。灿灿蟾孤。点点星多。

上平平上上平平　上上平平　去上平平　平去平平　平平平去　平上平平　平上平平平上上　去平平平去平平　去上平平　去去平平　上上平平

倚蓬窗无语嗟呀。七件儿全无。做甚么人家。柴似灵芝。油如甘露。米若丹砂。酱瓮儿才罄撒。盐瓶儿又告消乏。茶也无多。醋也无多。七件事尚且艰难。怎生教我折柳攀花。

上平平平上平平　上去〔平〕平平。去去〔平〕平平　平去平平。平平平去。上去平平　去去平。平去上　平平平去去平平　平上平平。去上平平。〔上去去〕去上平平。〔上平去上〕平上平平①

10. 《北曲新谱》中《一枝花》音律为：

十平十ム平·十仄平平ム　十平平ム十·十仄仄平平　十仄平平　十仄平平ム　平平十ム平　仄十平，十仄平平·十十十，十平去卆

周德清一首《一枝花》曲词及音律如下：

正伯牙志未谐。过钟子心能解。使高山群虎啸。要流水老龙哀。洒落襟怀。一笑乾坤大。高谈云雾开。几行北雁吞声。一片西山失色。

〔去〕上平去去平　〔去〕平上平平上　〔上〕平平平上去。〔去〕平上上平平　上去平平　上去平平去　平平平去平　〔上平〕上去平平。上去平平上上②

① 《北曲新谱》《蟾宫曲》后云：末句之后句可增四字句，即照末句平仄，句数多少不拘。此处平上平平。去上平平两句即为增句。

② 《北曲新谱》云：第八句偶可省去上三字，此首即是。

11.《北曲新谱》中《梁州》音律为：

十十仄，十平[厶𢆉/𢆉厶]·仄十平，十仄平平　十平十仄平平厶　十平十仄·十仄平平　十平十仄·十仄平平　仄平十，十仄平平　仄平十，十仄平平　仄平十，十仄平平　十十仄，十平[厶𢆉/𠀤厶]·仄平平，十仄平平　十平·仄𠀤　十平十仄平平厶　平仄仄平去　十仄平平十仄平·十仄平平

周德清一首《梁州》曲词及音律如下：

无人我惊心句险。有江山空日烟埋。相逢尽是他乡客。我淹吴楚。君显江淮。雄游海宇。挺出人材。箕裘事业合该。簪缨苗裔传来。大胸襟进履圯桥。壮游玩乘槎大海。老风波走马章台。千载。后代。子孙更风流煞。万一见此豪迈。玉有润难明借月色。出落吾侪。

平平上平平去上。上平平平去平平　平平去去平平上　上平平上。平上平平　平平上上。上上平平　平平去去平平　平平平去平平　去平平去上平平。去平平去平去上　上平平上上平平　平上去去　上平去平平上　去上去上平去　去上去平平去去上　上去平平①

12.《北曲新谱》中南吕《隔尾》音律为：

十平十仄平平厶　十仄平平十仄平　十仄平平[仄平/平仄]厶　仄平　仄平十仄平平去平上

周德清一首《南吕·隔尾》曲词及音律如下：

---

① 第八、九两句是六六句法，《北曲新谱》引朱庭玉《梁州第七》列此为另一体，以为"俱是元初旧格。"下九句字数与句式也多与《北曲新谱》不同，如十三、十四句"十平·仄𠀤"，周德清为"平上　去去"，朱庭玉作"去去　平去"，似另有所本，今姑录其平仄。

向管中窥豹那知外。坐井底观天又出来。运斧般门志何大。出削个好歹。但成个架格。未敢望将如栋梁采。

〔去〕上平平去上平去　去上〔上〕平平去上平　去上平平去平去　〔上上去〕上（去）　〔去平去〕去〔去〕　〔去〕上去平平去平上

13.《北曲新谱》中《斗鹌鹑》音律为：

十仄平平·十平厶𢆉　十仄平平·十平厶𢆉　十仄平平·十平厶𢆉
十十十·十十𢆉　十仄平平·十平厶𢆉

周德清两首《斗鹌鹑》曲词及音律如下：

四角盘中。三十骑里。多少机关。包藏见识。席上风前。花间树底。起斗刚。各论智。盘样新奇。声清韵美。

去上平平　平平去上　平上平平　平平去上　上去平平　平平去上　上去平　上去（去）　平去平平　平平去上

不辨珉玒。纷纷贯耳。自睹琼瑶。常常挂齿。匡皋相逢。荆山在此。这乐名。是谁赐。样称纤腰。光摇懒指。

上去平平　平平去上　去上平平　平平去上　平（平）平平。平平去上　去去平。去平（去）　去去平平。平平上上

14.《北曲新谱》中《紫花儿》音律为：

十平十仄·十仄平平·十仄平平　十平十仄·十仄平平　平平．十

<table>
<tr><td rowspan="2">仄平平</td><td>十厶平</td><td>十平𡈼去</td><td rowspan="2">十仄平平·</td><td>十仄平平</td></tr>
<tr><td>厶平𡈼</td><td>十仄平平</td><td>仄平平仄</td></tr>
</table>

周德清两首《紫花儿》曲词及音律如下：

月儿对浑如水照。夕儿花有若云生。点儿疏恰似星稀。马儿齐摆下。色儿大休掷。会捻色的便宜。更递马双行休倒提。虽凭色难同使力。递有高低。要识迟疾。

〔去平去〕平平上去。〔去平平〕上去平平。〔上平平〕上去平平　上〔平〕平上去。上〔平〕去平平　〔去上上上〕平平〔平〕去上平平平去平　〔平平上〕平平上去　去上平平　去上平平

却是红如鹤顶。赤若鸡冠。白似羊脂。是望月犀牛独自。是穿花鸾凤雄雌。是兔儿灵芝。是螭虎是翎毛是鹭鸶。是海青拿天鹅不是。我则是想像因而。你敢那就里知之。

〔上去〕平平平上。上去平平。上去平平　〔去去去〕平平平去　〔去平平〕平去平平　〔去去平〕平平　〔去〕平上〔去〕平平去去平　〔去上平平〕平平上去　〔上上去〕上去平平〔上上去〕去上平平

15.《北曲新谱》中《小桃红》音律为：

十平十仄厶平平　十仄平平厶　十仄平平厶平去　仄平平　十平十仄平平去　十平厶垩・十平十厶・十仄仄平平

周德清一首《小桃红》曲词及音律如下：

散二似萧何追韩信待回归。众军士傍观立。散三似敬德赶秦王不相离。有叔宝后跟随。百一局似关云长独赴单刀会。败到这其间有几。赢了的百中无一。输了的似楚霸王刎江湄。

〔去去去〕平平〔平〕平去去平平　〔去〕平去平平去〔去平去〕去上〔上〕平平上平去　〔上上上〕去平平　〔上上上去〕平平平〔平〕去平平去　〔去去去〕平平上上　〔平上上〕上平平上　〔平上上去〕上去〔平〕上平平

16.《北曲新谱》中《三台印》音律为：

平平去　平平去　平平厶㚐　十十仄　仄平平　平平厶㚐　十平仄十垩厶垩　十平仄十垩厶平　十仄平平・垩平去上

周德清一首《三台印》曲词及音律如下：

两家局安营地。施谋智。似挑军对垒。等破绽。用心机。色儿似飞沙走石。汉高皇对敌楚项籍。诸葛亮要擒司马懿。那两个地割鸿沟。这两个兵屯渭水。

〔上平上〕平平去 平平去 〔去〕平平去上 上去去 去平平 〔上平去〕平平上平 〔去〕平平去〔平〕上去平 平(上)〔去〕去平平上〔去〕 〔去上去〕去上平平 〔去上去〕平平去上

17.《北曲新谱》中《金蕉叶》音律为：

十仄平平ㄙ王 十仄平平ㄙ王 十仄平平ㄙ王 十仄平平ㄙ卆

周德清一首《金蕉叶》曲词及音律如下：

撤底似孙膑伏兵未起。外划似孙武挑兵教习。五梁似吕望兵临孟水。六梁似吕布遭围下邳。

〔上上去〕平去平平去上 〔去平去〕平上平平去平 〔上平去〕上去平平去上 〔去平去〕上去平平去平

18.《北曲新谱》中《含笑花》音律为：

十王 仄王平 十仄平平十仄王 十平十十平平去 十十平平去/仄平平

十十仄平王ㄙ平上 十平/十 1 十仄平平/平平去

周德清一首《含笑花》，一首《调笑令》曲词及音律如下：①

暗疾。函谷孟尝归。不下鸿门樊哙急。失家如误了吴元济。点颏如跳溪刘备。无梁如火烧曹孟德。撞门如拒水张飞。

去平 〔平上〕去平平 上去平平平去上 上平〔平〕去上

---

① 周德清《赠小玉带》有《调笑令》一曲，《调笑令》即《含笑花》，今一并录出。

平平去　上平〔平〕去平平去　平平〔平〕上平平去上　去平〔平〕去上平平

细思。好称瘦腰肢。围上偏宜舞柘枝。性温和雅称芳名字。料应来一般胸次。色光泽莹如美艳姿。都无那半点瑕疵。

去平　〔上平〕去平平　平去平平上去平　去平平上〔平〕平平去　去去〔平〕上平平去　上平（平）平〔平〕上去平　平平〔去〕去上平平

19.《北曲新谱》中《小沙门》音律为:

十仄十平仄卆　十平十仄平平　平平厶玊玊厶玊　十十十·仄平平平平

周德清两首《小沙门》曲词及音律如下:①

把门似临潼会里。菎颏如细柳军围。看诸葛纵擒蜀孟获。雨下里。马来回。堪题。

〔上〕平去平平去上　〔去〕平平去上平平　〔去〕平（上）去平平去平◦上去上　上平平　平平

别是个玲珑样子。另生成剔透心儿。为风流尽教捻断髭。不负我。赠新诗。新词。

〔平〕去去平平去上　〔去〕平平上去平平　〔去〕平平上去上去平　上去上◦去平平　平平

20.《北曲新谱》中《圣药王》音律为:

十十玊·十十玊　十平十仄仄平平　十十玊·十十玊　十平十仄仄平平　十仄仄平平

① 《全元散曲》周德清《双陆》一首《小沙门》作《小拜门》。《小拜门》为双调曲，与此越调不合，且句式亦异，当更正。

周德清五首《圣药王》曲词及音律如下：

等一掷。心暗喜。并合梁恨不的马都回。恰四六十。又三四七。更么三一二紧相随。心急马行迟。

上上平　平去上　去平平去〔上上〕上平平　〔上〕去去平〔去〕平去上　去平平上去〔上〕平平　平上上平平

贩了迟。却变疾。头颏卷尽可伤悲。色不随。梁不齐。不甫能打的个马儿回。他一马走如飞。

去上平　上去平　平平上去上平平　上上平　平上平　上〔上〕平平〔上〕去上平平　〔平〕上上上平平

么五梁没气力。么四梁终较得。么三梁道吃了栈羊肥。鞋肚梁破到底。单单梁无用的。二梁谁道不空回。则不破怎支持。

平上〔平去去〕(去)　平去〔平平上〕上　平平〔平〕去上〔上〕去平平　〔去去平〕去去上　〔平平平〕平去上　去平平去上平平　〔上〕上去上平平

若论迟。有甚奇。破着呵不打枉驱驰。怕两帖子救一。道两马可当十。巴到家不得马休题。更有截七带去的。

去平平　上去平　去平〔平〕上上上平平　〔去上上〕上去上　〔去上上〕上平平　〔平〕去平上上上平平　〔去上〕平上去（去）（上）

重玩视。巧意思。羽毛枝干细如丝。温润资。雕琢时。那期间应是辨妍媸。必定是明师。

去去（去）　上去平　上平平去去平平　平去平　平上平〔去〕平平平去去平平　去去去平平

21.《北曲新谱》中《麻郎儿》音律为：

　　仄玊
平平　　十仄平平　十十十，十平仄玊　十十十，十平十去
　　平仄　　　　　　　　　　　　　　　　　　　　厶平平

周德清二首《麻郎儿》曲词及音律如下：

到此际人难强嘴。空打的马不停蹄。色不顺那堪性急。焦起来更加错递。

〔去上去〕平平去上　〔平上上〕上上平平　上上去上平去上　平上平去平上去

着的可知见疾。当局委实着迷。休惧怯睚他免回。如征战要加神气。

平〔上上〕平去平　〔平上〕上（平）平平　平去上平平上平　平平去去平平去

22.《北曲新谱》中《络丝娘》音律为：

　　　　　　　　平平厶幸　　　仄平厶
十十十，十平厶幸　十十十，　　十十十平　十平十厶
　　　　　　　　仄仄平平　　　十仄幸

周德清一首《络丝娘》曲词及音律如下：

怕的是盖着门莌着颏又起。村的是把着马揭着头盖底。采到后喝着的都应的。也随邪顺着人意。

〔去上去〕去平上去〔平〕平去上　〔平上去〕上平上（上）　〔平〕平去上　〔上去〕去上平（上）平去上　〔上平平〕去平平去

23.《北曲新谱》中《绵答絮》音律为：

十平十厶·十仄平平 十平十仄·十仄平平 / 十仄平平·十平十仄 十仄平平十厶平 十仄平平十厶坙 十仄平平·十平十厶坙

周德清一首《绵答絮》曲词及音律如下：

明皇当日。力士跟随。曾拈色数。㬠杀杨妃。因呼得四。敕赐穿绯。以色娱人脱布衣。此物扬名出禁闱。疾变迟迟变为疾。白转红红转做黑。

平平平去 去去平平 平平上去 去上平平 平平上去 去去平平 上上平平上去平 上去平平上去平 〔平去平〕平去平平 上〔上〕平〔平〕上上上[①]

24.《北曲新谱》中越调〔尾〕音律为：

十平十仄平平去 十仄平平去卆 十十仄平平·平平去平上[②]

周德清两首越调〔尾〕曲词及音律如下：

翻云覆雨无碑记。则袖手旁观笑你。休把色儿嗔。宜将世情比。

平平去上平平去 上去上平平去上 平上上平平 平平去平上

挂金鱼自古文章士。未敢望当来衣紫。有福后必还咱。上心来记着你。

〔去〕平平去上平平去 去上去平平去上 上上〔去〕去平平。〔去〕平平去平上

以上共分析了周德清所存五十七首散曲的平仄句式，其中除《沉

① 第五、六两句为增句，平仄照着二句，详见《北曲新谱》，第260页。

② 《北曲新谱》越调〔收尾〕云："第二句变七乙者居多，……双调此章第二句亦有七字者，详见双调。"周德清二首皆七乙句法，双调〔收尾〕第二句为"十十十，平平去坙"，周与之合，今即以此七乙句法为准。

醉东风》四首、《一枝花》一首、《梁州》一首等六首部分句式当另有所本外，大致都见于《北曲新谱》。今即以此为准，再从押韵、平仄是否合律方面，分别统计说明。

1. 押韵部分：总计三百五十一处必须押韵，周德清完全符合，十三处不可押韵，周德清也全都没有押。而且所有韵字都与《中原音韵》的分部相合，比较元代名曲作家，其用韵更为严谨。①

2. 平仄部分：平仄全合者计二十七首，有平仄不合者计二十首。二十首之中，仅二十九字平仄不合音律，而二十九字中又包括“露、着、属、敌、极、格、葛、泽、力、的、实、揭”等十二个“入派三声”字。“入派三声”是否得当，至今仍无定论，② 如暂且不计为出律，则周德清真正平仄不合者只有十数字。

从上述的统计看来，周德清的确是一位相当彻底的“音律”实践者。

（二）周德清作品的“格律”实践

周德清散曲作品创作中，最为突出的是其“逢双必对”的曲律理念。下面就先从“逢双必对”检视周德清每一曲牌的词作。

1. 以形式悦人

大量用属对，偶尔用扇面对。

（1）属对

①《塞鸿秋》

{长江万里白如练<br>{淮山数点青如淀

{灞桥雪拥驴难跨<br>{剡溪冰冻船难驾

---

① 鲁国尧《白朴曲韵与中原音韵》一文，就元曲四大家之一的白朴曲韵作一分析，发现“东钟”与“庚青”、“支思”与“齐微”、“歌戈”与“萧豪”、“真文”与“侵寻”、“廉纤”与“桓欢”韵间都有通叶现象，例外押韵情形颇多。

② 李新魁《中原音韵音系研究》一书中说：“依我们看来，周氏对入声的归派和实际语言实在不很符合：以之来和现代北京音比较，则在派入平声和上声上有出入；以之来和洛阳音或其他某些方言比较，则后者只派入阴、阳平，不作上、去，周氏的分派（特别是派入上声的字）实在是可以怀疑的，它能否代表实际语言的真实情况是不很可靠的。所以龙为霖说他与诸家所分又复不一，邵长衡《古今韵略》例言上也批评他说：“周德清作《中原音韵》，元无入声，以入声十七韵分配诸韵，多所未安。”因此，我们怀疑周氏在入声字的分派上并不能正确反映出当时的语言实际。这就是葛中选所说的假如认为周氏的入派三声就是中原的雅音，真正“何其谬也”。

（《塞鸿秋》一、二句）

江帆几片疾如箭　秦楼美酝添高价
山泉千尺飞如电　陶家风味都闲话

（《塞鸿秋》三、四句）

晚云都变露　羊羔饮兴佳
新月初学扇　金帐歌声罢

（《塞鸿秋》五、六句）

②《朝天子》

月光　鬓鸦
桂香　脸霞

（《朝天子》一、二句）

叫起离情　笑眼偷瞧
敲残愁况　文谈回话

（《朝天子》六、七句）

夜凉　若咱
枕凉　得他

（《朝天子》九、十句）

③《满庭芳》

建中兴庙宇　立勤王志节　欺天误主　论兵用武
载清史图书　比翊汉功勋　贱土轻民　立国安邦

（《满庭芳》二、三句）

| | | | |
|---|---|---|---|
| 旌节中原士夫 | 忠勇匡君报本 | 贱虏怀奸诳君 | 祸心奸私放党 |
| 丘陵南渡銮舆 | 都堂秉笏垂绅 | 朝堂仗义依仁 | 权臣构陷忠良 |

（《满庭芳》六、七句）

④《红绣鞋》

| | | |
|---|---|---|
| 茅店小斜挑草稕 | 穿云响一乘山笄 | 雪意商量酒价 |
| 竹篱疏半掩柴门 | 见风消数盏村醪 | 风光投奔诗家 |
| 共妾围炉说话 | | |
| 呼童扫雪烹茶 | | |

（《红绣鞋》一、二句）

| | | | |
|---|---|---|---|
| 题诗桃叶渡 | 枫林霜叶舞 | 几声沙嘴雁 | 调情须酒兴 |
| 问酒杏花村 | 荞麦雪花飘 | 数点树头鸦 | 压逆索茶芽 |

（《红绣鞋》四、五句）

⑤《阳春曲》

| | | |
|---|---|---|
| 千山落叶岩岩瘦 | 雨晴花柳新梳洗 | 鞓挑斜月明金鞳 |
| 百结柔肠寸寸愁 | 日暖蜂蝶便整齐 | 花压春风短帽檐 |
| 月儿初上鹅黄柳 | 素梅又见樽前唱 | 半池暖绿鸳鸯睡 |
| 燕子先归翡翠楼 | 红叶何时水上忙 | 满径残红燕子飞 |

（《阳春曲》一、二句）

⑥《天净沙》

| | | |
|---|---|---|
| 根窠生长灵芽 | 庐山面已难寻 | 盘中排营寨城池 |
| 旗枪搠立烟花 | 孤山鞋不曾沉 | 眼前无弓箭旌旗 |

（《天净沙》一、二句）

⑦《柳营曲》

| | | |
|---|---|---|
| 暮云收 | 一叶身 | 燕子来 |
| 冷风飕 | 二毛人 | 海棠开 |

（《柳营曲》一、二句）

倚遍江楼　夜雨论文　问柳章台
望断汀洲　明月伤神　采药天台

（《柳营曲》四、五句）

舍梅花谁是交游　离东君桃李侯门　恰嗔人踏破苍苔
饮松醪自想期俦　过西风杨柳渔村　不知他行出瑶阶

（《柳营曲》七、八句）

王子猷干罢手　酒船同棹月　见刚刚三寸迹
戴安道且蒙头　诗担自挑云　想窄窄一双鞋

（《柳营曲》九、十句）

⑧《沉醉东风》

流水桃花鳜美　羊续高高挂起　鲲化鹏飞未必　藏剑心肠利己
秋风莼菜鲈肥　冯驩苦苦伤悲　鲤从龙去安知　吞舟度量容谁

（《沉醉东风》一、二句》

不共时　大海边　漏网难　棹月归
皆佳味　长江内　吞钩易　邀云醉

（《沉醉东风》三、四句）

⑨《蟾宫曲》

诗满银笺　千变云霞　客有钟期　七件儿全无
酒劝金卮　一字文章　座有韩娥　做甚么人家

（《蟾宫曲》二、三句）

自在庐山　吴楚东南　吟既能吟　柴似灵芝
君游鄂渚　江山雄壮　听还能听　油如甘露

（《蟾宫曲》四、五句）

白鹿洞谁谈旧史　正鸡黍樽前月朗　和白雪新来较可
黄鹤楼又有新诗　又鲈莼江上风凉　放行云飞去如何

酱瓮儿才罄撒
盐瓶儿又告消乏

（《蟾宫曲》七、八句）

⑩《一枝花》

正伯牙志未谐
遇钟子心能解

（《一枝花》一、二句）

使高山群虎啸
要流水老龙哀

（《一枝花》三、四句）

几行北雁吞声
一片西山失色

（《一枝花》八、九句）

⑪《梁州》

无人我惊心句险
有江山空日烟埋

（《梁州》一、二句）

我淹吴楚
君显江淮

（《梁州》四、五句）

雄游海宇
挺出人材

（《梁州》六、七句）

箕裘事业合该
簪缨苗裔传来

（《梁州》八、九句）

壮游玩乘槎大海
老风波走马章台

（《梁州》十一、十二句）

千载
后代

（《梁州》十三、十四句）

⑫《隔尾》

管中窥豹那知外
井底观天又出来

（《隔尾》一、二句）

⑬《斗鹌鹑》

四角盘中　不辨珉玒
三十骑里　纷纷贯耳

（《斗鹌鹑》一、二句）

席上风前　匡皋相逢
花间树底　荆山在此

（《斗鹌鹑》五、六句）

⑭《紫花儿》

马儿齐摆下　是望月犀牛独自
色儿大休掷　是穿花鸾凤雄雌

（《紫花儿》四、五句）

⑮《小桃红》

败到这其间有几
赢了的百中无一

（《小桃红》六、七句）

⑯《三台印》

{汉高皇对敌楚项籍
诸葛亮要擒司马懿

（《三台印》六、七句）

{那两个地割鸿沟
这两个兵屯渭水

（《三台印》八、九句）

⑰《金蕉叶》

{撇底似孙膑伏兵未起
外划似孙武挑兵教习

（《金蕉叶》一、二句）

{五梁似吕望兵临孟子
六梁似吕布遭围下邳

（《金蕉叶》三、四句）

⑱《小沙门》

{把门似临潼会里　{别是个玲珑样子
茋颏如细柳军围　　另生成剔透心儿

（《小沙门》一、二句）

⑲《络丝娘》

{怕的是盖着门茋着颏又起
村的是把着马揭着头盖底

（《络丝娘》一、二句）

以上九十三组逢双的句子，除去《蟾宫曲》之“七件儿全无”、“做甚么人家”及《斗鹌鹑》之“不辨珉玒”、“纷纷贯耳”二组对偶不工外，其他各组都能属对切当。

(2) 扇面对

周德清两首《调笑令》用字，也合于四六、五七对隅的“扇面对”：

{失家如误了吴元济　{性温和雅称芳名字
{无梁如火烧曹孟德　{色光泽莹如美艳姿

(《调笑令》四、六句)

{点颏如跳溪刘备　{料应来一般胸次
{撞门如拒水张飞　{都无那半点瑕疵

(《调笑令》五、七句)

2. 以意义取胜

周德清有四首《红绣鞋》，末三句都可以用“救尾对”①。但他都不用，这并非表示没有实践其所推行之格律，相反，我们倒可以认为周德清自信末句不弱，没有必要用形式上的对偶来补救，意在以意义取胜。这四首的末三句分别是：

题诗桃叶渡。问酒杏花村。醉归来驴背稳。
枫林霜叶舞。荞麦雪花飘。又一年秋事了。
几声沙嘴雁。数点树头鸦。说江山憔悴煞。
调情须酒兴。压逆索茶芽。酒和茶都俊煞。

末句都增一衬字，明显不和上两句对偶，而且末句总结四、五句，如果只图对偶，文意必无法收束。由此看来，周德清以意境取胜，而不愿以形式悦人，这就更见其“格”之所高。

① 所谓“救尾对”是指末句意境稍弱，则再造一对句，使它在排比对偶形式上取胜，以“救尾”句的不足，这种对句形式也可以不用，只要末句句意佳即可。

# 第七章　《中原音韵》的学术争鸣

《中原音韵》，是近代汉语语音史上最重要的一部韵书，它打破了传统韵书的束缚，根据当时实际语音来审音定韵，成书以后就产生很大的影响。20世纪以后，不少学者用现代语言学的观点对它进行研究，如白涤洲《北音入声演变考》[①]就对《中原音韵》的“入派三声”作了研究，罗常培《中原音韵声类考》[②]、赵荫棠《中原音韵研究》[③]、陆志韦《释中原音韵》[④]，都是研究《中原音韵》的重要著作。60年代初，曾对《中原音韵》的一些问题展开过讨论。80年代，出版了杨耐思《中原音韵音系》[⑤]、李新魁《中原音韵音系研究》[⑥]、宁继福《中原音韵表稿》[⑦]等专著。1991年出版的论文集《中原音韵新论》反映了《中原音韵》研究的最新水平。台湾陈新雄著有《中原音韵概要》(1976)。在国外，研究《中原音韵》的专著有日本服部四郎和藤堂明保合编的《中原音韵の研究、校本编》(1958)，美国司徒修（Hugh M. Stimson）的《中原音韵：早期官话发音指南》（The Jungyuan yinyun：A Guide to old Mandarin Pronunciation，1966）和薛凤生的《中原音韵音位系统》[⑧]。

关于《中原音韵》的研究，主要集中在声母系统、有无入声和基

---

① 《女师大学术季刊》2卷，1913年第2期。
② 史语所集刊第二本第二分册，1932年。
③ 商务印书馆1936年版。
④ 《燕京学报》1946年第31期。
⑤ 中国社会科学出版社1981年版。
⑥ 中州书画社1983年版。
⑦ 吉林文史出版社1985年版。
⑧ 鲁国尧、侍建国译，北京语言学院出版社1990年版。

础方言三个问题上。

## 第一节 《中原音韵》的声母系统

《中原音韵》的声母，罗常培定为20个，赵荫棠定为25个，陆志韦定为24个，杨耐思定为21个，王力定为25个，诸家异同见下表。

**《中原音韵》声母表**①

| 例字 | 罗订 | 赵订 | 陆订 | 杨订 | 王订 |
|---|---|---|---|---|---|
| 崩 | p | p | p | p | p |
| 烹 | p‘ | p‘ | p‘ | p‘ | p‘ |
| 蒙 | m | m | m | m | m |
| 风 | f | f | f | f | f |
| 亡 | v | v | ‘w’ | v | v |
| 东 | t | t | t | t | t |
| 通 | t‘ | t‘ | t‘ | t‘ | t‘ |
| 农 | n | n | n | n | n |
| 龙 | l | l | l | l | l |
| 宗 | ʦ | ʦ | ʦ | ʦ | ʦ |
| 惚 | ʦ‘ | ʦ‘ | ʦ‘ | ʦ‘ | ʦ‘ |
| 嵩 | s | s | s | s | s |
| 支章 | ʧ | tʂ | tʂ，ʨ | ʧ | tʂ，ʨ |
| 眵昌 | ʧ‘ | tʂ‘ | tʂ‘，ʨ‘ | ʧ‘ | tʂ‘，ʨ‘ |
| 施商 | ʃ | ʂ | ʂ，ɕ | ʃ | ʂ，ɕ |
| 戎 | ʒ | ʐ | ‘ʐ’ | ʒ | r，ɽ |
| 工姜 | k | k（c），ʨ | k | k | k |
| 空腔 | k‘ | k‘（c‘），ʨ‘ | k‘ | k‘ | k‘ |
| 仰 | （ŋ） | ŋ（ȵ）ɲ | ŋ | ŋ | |
| 烘香 | x | x（ç），ç | x | x | x |
| 邕 | o | （o） | | o | w，j |

① 据杨耐思《中原音韵音系》改制，引自蒋绍愚《近代汉语研究概要》，北京大学出版社2005年版，第71—72页。

由上可以看出，诸家的分歧主要集中在三点：①中古知章庄三组的变音该不该分为两组，②中古见组细音的变音该不该分出一组，③ŋ 母是否存在以及一部分中古“疑”母字变音要不要另立一类。

下面是关于知庄章三组的讨论。

知庄章三组字在《中原音韵》中的情况是：

在“东钟”韵中，有一小韵知章庄三组字合用。

在“支思”韵中，章组字和庄组字合用（只有两个知组字）。

在其他韵中，都是知二和庄合并，知三和章合并。

对此，学术界有两种不同的看法。一种以罗常培、赵荫棠、杨耐思、李新魁等为代表，他们认为在《中原音韵》中知章庄三组声母完全合一了；一种以陆志韦为代表，他认为在《中原音韵》中庄和知二是一个声母，章和知三是另一个声母，但在支思韵中，章变得同庄。罗常培拟为 ʧ、ʧ‘、ʃ，赵荫棠拟为 tʂ、tʂ‘、ʂ。他们认为中古知庄二等字和知章三等字在《中原音韵》中在同一韵部出现时，其韵母不同，即二等字没有 i 介音，三等字有 i 介音。

陆志韦批评赵荫棠的拟音，认为 tʂi 是不合音理的。他说：“《中原音韵》的照三等开口，除了在支思韵作 tʂ 等，其他不论在哪一韵，都跟知三等一同作 tɕ 等。至于照三知三等合口在《中原音韵》是什么音值，我有点不敢肯定。……齐微韵的照三等、知三等合口字应当作 tʂ，……真文韵没有把握。……先天韵的情形是同样的。”而知二（原为 ʈ）和照二（即庄组，原为 ʧ）合，拟音为 tʂ。

宁继福的看法大致和陆志韦相同，但他认为 tɕ 和 tʂ 虽然音值不同，但是互补的，所以是一个音位。

李新魁（1979）不同意陆志韦的看法，他认为，“照系和知系声母的音值，在元代，都是卷舌音 tʂ 等”，“知二与庄同音而与知三、章对立，这个事实是存在的。但是，它们的对立并不是声母的对立，而是韵母的不同。”tʂi 在实际语言中是存在的。如客家大埔话、广东兴宁客家话都有此音。“既然 i 在 tʂ 的影响之下归于消失，tʂ 应有与 i 拼合的机会才能施加这种影响。”“在《中原音韵》时的照系声母，其音值就是 tʂ。tʂi 相拼合的音节结构保持了一段相当长的时间。”

“中古的庄组就是一个卷舌的 tʂ 组声母，元代庄组读为 tʂ 组就是它的继承和发展。……到了宋代，庄、章这两组声母已经合而为一，舌面的 ȶɕ 组变入 tʂ 组。”

这两种看法，一直争论未休，当前仍然没有定论。

蒋绍愚认为，在考虑这个问题时有两点应当注意：一是语音的变化必须有一定的条件；二是考察语音的发展时必须考虑其历史的联系。

陆志韦曾经指出：“《中原音韵》‘知’跟‘支’不同音。……《中原音韵》‘支’等字入支思韵，‘知’等字入齐微韵。……可见‘支’的卷舌化发现在‘知’的ȶI > ȶɕi 之前，否则古官话的‘支’跟‘知’不能有任何分别，正像《西儒耳目资》的同音了。”这一段话很值得注意。《中原音韵》中“知”、“支”不同音，这是一个事实。对此，可以有两种解释。一种认为它们的不同仅在于韵母，它们的声母（“知”字为“知”母，“支”字为“章”母）读音是相同的，如把“知”拟为 tʂi，把“支”拟为 tʂʅ。另一种认为它们不但韵母不同，声母（知母和章母）的读音也不同，如把“知”拟作 tʃi，把“支”拟作 tʂʅ。哪一种意见更合理呢？蒋绍愚认为，第一种意见可以说明“知”和“支”的区别，但没有说明它们分化的条件。我们知道，“知”和“支”在《广韵》中都是支韵，按等韵都是止摄开口三等字。现在在《中原音韵》中发生了分化，其分化的条件是什么呢？这只能归结为声母的不同。如果当“支”还读 tʂi 时，“知”的声母就变成了 tʂ（“知”读 tʂi），那么，两字的读音就已经合流，后来韵母的分化就缺乏条件。所以只能“支”先变成 tʂʅ，此时“知”还读 tʃi，声母的不同是韵母分化的条件，然后再进一步发展，“知”的声母再变 tʂ，从而知照合一。也就是说，知照合一必定在“支”由 tʂi 变 tʂʅ 之后。那么，什么时候“支”由 tʂi 变 tʂʅ？从历史资料看，ʅ 韵母的产生应该是比较晚的，章组字出现 ʅ 韵母更晚。在《蒙古字韵》（1308 年本）中，舌尖元音 ï 只在支脂之三韵的庄、精组字中出现。在《古今韵会举要》（1297）中，已有一些庄组字归入舌尖韵母的“赀字母韵”，但数量不多（据竺家宁 1994）。因此，可以设想，在《中原音韵》中，ʅ 韵母才产生不久，较大的可能是：“支”的声母已是 tʂ，“知”的声母还是 ʧ。“支”、“知”的声母还不相同。

既然《中原音韵》的支思韵中章组字与庄组字同音，而其他各韵中庄组字又和知二组字同音，所以，庄组字和知二组字的声母都应是 ʈʂ 等。《中原音韵》其他各韵中的章组字与知三组字同音，所以，其他韵中的章组字声母应为 ʧ 等。即：

ʈʂ　庄　章（支思韵中）　　知二
ʧ　　　章（其他韵中）　　知三①

蒋希文（1983）对江苏东北的赣榆方言作了调查，发现该方言中知庄章三组的情况和《中原音韵》大致相同。即：东钟部中知庄章一律读 ʨ，支思部中庄章一律读 ʨ，齐微部中章、知三开口读 ʨ，合口读 ʈʂ。其余诸韵庄、知二为一类，读 ʈʂ；章、知三为一类，读 ʨ。

刘淑学（2000）对河北广宗等八市县的方言作了调查，说：北京话的［ʅ］韵母字，河北广宗等八市县的老派读音中分为两类：一类读 i，声母是 ʨ，包括止开三知组字（知智迟痔治），祭韵知章组字（滞制世势誓），深臻曾梗摄开三入声字（如“汁”、“侄”、“直”、“掷”等）。另一类读 ʅ，声母是 ʈʂ，包括止开三庄组（部分）字（师士史），章组字（支纸脂志眵是时试），臻开三生母入声字（虱）。这些字除《中原音韵》未收的以外，读 ʈʂʅ 的是《中原音韵》的支思韵字，读 ʨi 的是《中原音韵》的齐微韵字。

当然，我们不能由此得出结论说《中原音韵》中知庄章三组的情况就是这样，但现代赣榆方言和河北方言的这种情况有助于我们对《中原音韵》的研究。

## 第二节　《中原音韵》有无入声

《中原音韵》中有没有入声？这个问题至今争论未决。引起争论的主要原因是：《中原音韵》中的入声字排列在平、上、去三声的后面，并且标明“入声作平声阳”、“入声作上声”、“入声作去声”。而周德清在《中原音韵·自序》中说：“夫声分平仄者，谓无入声。以入声派

① 陆志韦认为《中原音韵》齐微韵中章、知三等合口字的声母也是 ʈʂ。

入平、上、去三声也。作平声最为紧切，施于句中，不可不谨。派入三声者，广其韵耳。有才者本韵自足矣。”在《中原音韵·正语作词起例》中又说：“平上去入四声，《音韵》无入声，派入平上去三声。前辈佳作中备载明白，但未有以集之者。今撮其同声，或有未当，与我同志改而正诸。”“入声派入平上去三声者，以广其押韵，为作词而设耳。然呼吸言语之间，还有入声之别。”“入声派入平上去三声，如‘鞞’字，次本韵后，使黑白分明，以别本声、外来，庶便学者。有才者本韵自足矣。”对于《中原音韵》中这种体例和周德清本人的话，研究者有不同的理解。

第一种意见以陆志韦、杨耐思、李新魁等为代表，他们认为：周德清本人说得很清楚：“呼吸言语之间还有入声之别。”所以“入派三声”并非“入变三声”，只是因为当时的入声韵尾弱化或者消失，而入声声调近于三声，所以在作曲时入声可以与三声相押；《中原音韵》把入声派入三声，就是为了“广其押韵”，而把派入的入声列在三声的“本声”之后，也说明入声与三声还有区别。持这种意见的还反问说：如果语言中入声已经消失而变入三声，那么剧作家自然会根据实际语音来使用原入声字，何须周德清来教他们哪些字该用作平声，哪些字该用作上声、去声呢？周德清也可以根据实际语言来处理入声字的分派，何须辛辛苦苦地从“前辈佳作”中去“撮其同声”，而且还惟恐“或有未当”呢？

第二种意见以赵荫棠、王力、董同龢、宁继福、薛凤生等为代表，他们认为：如果在语言中入声尚未消失，那么元代的剧作家就不可能在作曲时以入声与三声相押，更不可能由某一个人将入声派入三声。所以“入派三声”就是“入变三声”。但就是在北方地区，入声消失的时间也不会是完全一致的，甲地入声消失了，乙地入声还存在，周德清“撮其同声”说明入声字如何分派，正是为了告诉那些方言中仍有入声的剧作者如何使用入声字。诸种方言还有读书音与口语音并存，使得周德清在处理入声字时也不那么轻而易举。至于周德清说的“呼吸言语之间还有入声之别”，则可能是指邻近方言中或读书音中还有入声之别，也有人认为“这话只是一面挡箭牌”①。

① 王力：《汉语语音史》。

有些问题还有待进一步研究。可以从《中原音韵》所反映的音系本身来看一看它是否还有入声。

陆志韦在《释中原音韵》中说："最好再从《中原音韵》本身找几个内在的证据来说明入声的派三声并不跟三声同音。"最终他找出了三条：

1. 浊上归去，《中原音韵》已然如此。但这些字《中原音韵》就归在去声下，而不列为"上声作去声"。曲韵"鼻"字去声作平声，周氏另列一条，而不归平声，因为当时还是去声。所以入声作平声、上声、去声，说明当时还是入声。

2. 《中原音韵》清入全派入上声，与今日国音不符。其派入上声的原因，是因为《中原音韵》的上声是升调，清入是高调的短音，差不多等于上声的尾巴，所以可与上声相叶。"就因为清音入声能完全派入上声，所以知道他们不能是真正的上声。"

3. "音理上还有一个最确切的反证。派入某声的入声字跟本声字在今音可以全然不同。例如萧豪韵平声'豪寮饶'跟'浊铎博'，上声'小皎袅'跟'捉托错'，去声'笑粜钓'跟'诺幕恶'。……所以跟今国音不合的缘故，正因为《中原音韵》的入声还是入声。"

薛凤生针对陆志韦的观点提出不同的看法①。他认为：

1. 没有证据说周德清时"鼻"仍作去声，如果仍作去声，应该在齐微韵的去声中，然而齐微韵的去声中没有"鼻"。所以，周德清说"鼻"字是"去声作平声阳"，只是表示原读去声的"鼻"字已改读平声。同理"入声作 x 声"表明原来的入声字已改读 x 声。

2. 清入全作上声不能证明他们不是真正的上声，比如现代青岛话中清入就全变为上声。至于这种情况与现代北京话不合，很可能是北京话受周围方言或次方言影响的结果。

3. 关于第 3. 点，薛凤生在书中并未针对陆志韦的意见展开辩论，但我们可以根据薛书中的论述对陆志韦提出的问题加以回答。薛凤生说："许多萧豪韵的入声字也出现在歌戈韵里。我把这现象解释为读书音和口语音的两条不同的发展线索所致。更精确地说，在与口语音关系

① 《中原音韵音位系统》。

密切的另一次方言中，发生了读书音变化的现象。……但在《中原音韵》即‘口语音’这个次方言里，……它们与‘语音’一起为大众所接受，……然而随着时间的流逝，这个被看作‘标准语’的方言区域不断扩大，……更具权威性的‘读书音’压倒了‘口语音’，结果这里所讨论的许多字在现代北京话中只保留了‘读音’而不是‘语音’。”也就是说，《中原音韵》记录的是当时的口语音，口语音中入声已经消失，原来的入声韵尾－p、－t已经脱落，而原来的－k变为y或w。当入声完成这样的演变以后，当然就和相应的非入声变得毫无差别。如派入萧豪韵的入声字“浊、铎、博”等，原属于江宕摄，－k韵尾变为w韵尾以后，就和“豪、寮、饶”同音。但是，在《中原音韵》时代的读书音中，入声韵尾还以喉塞音/q/（按：即通常写的ʔ）的形式存在。它们在后来舒声化是以/q/韵尾脱落而实现的，所以“浊、铎、博”等字按读书音的发展，在韵尾/q/脱落后就没有w韵尾，和“豪、寮、饶”等不同音。而现代北京话中这些字的读音，正是从读书音发展来的。所以，陆志韦举出的这一事实，不能证明在《中原音韵》时代的口语音中，“浊、铎、博”等仍是入声。

薛凤生还举出一个内在的证据，证明《中原音韵》无入声。他说，中古汉语和现代北京话的音节模式是：（C）（M）V（E）（按：即辅音＋介音＋主要元音＋韵尾），《中原音韵》也不例外。如果当时还保留入声韵尾，不管是－p、－t、－k还是－ʔ，就必然占据韵尾的位置。但《中原音韵》中“入派三声”不仅派入带零韵尾的韵部，也派入齐微、皆来、萧豪、尤侯韵已带有半元音韵尾，所以后面再带一个入声韵尾是不可能的（但是，他也认为不能排除这样一种可能：零韵尾韵中的入声字仍有喉塞音韵尾）。

入声韵尾消失，不等于入声消失。在现代北方方言中，就有一些地方入声韵尾已经消失，但入声作为一个声调还存在。那么，《中原音韵》中的情况又如何呢？这也有两种意见。

一是杨耐思、李新魁等的意见。杨耐思对河北赞皇、元氏两地的方言作了实地调查，在这两地的方言中，古入声一部分已变为平上去三声，一部分还保留着入声。派入三声的平声字，全浊入声绝大多数变平声，次浊入声绝大多数变去声，清入声字变平、变上、变去的都有。那些保留的入声“不带喉塞韵尾，也不是一个明显的短调，只保持一个独立的调位，跟平上去声区别开来”。杨耐思认为《中原音韵》中的入声属于这种类型。而入声之所以派入三声，是因为“全浊声字实在有点近乎阳平声字，次浊声字有点近乎去声字”。但“清入声字并不怎么近乎上声字”，“清入声派上声只不过是权宜之计。”

李新魁的意见和杨耐思相仿。李新魁认为当时中原共同语的入声字可能是？韵尾，也可能？韵尾已经失去，但入声“还自成一调，与平上去有别，而在音高上则与平声和去声相近（大概当时的入声分为两种，一是全浊音的入声字读近阳平，次浊及清音字读近去声）”。而且他进一步说：“因为词曲要上口演唱，而演唱时又必须延腔曼韵，这样一来，入声字的读法便与非入声字一样或非常接近了。”（见李新魁 1991）

持相反意见的是宁继福，他创立“内部分析法”，根据《中原音韵》中《正语作词起例》和《自序》中的材料，证明《中原音韵》无入声。比如：

《起例》第 25 条，《作词之法》之五：“入声作平声，施于句中不可不谨，不谨皆不能正其音。”

泽国江山作战图。第一：泽字，无害。

红白花开山雨中。第二：白字。

瘦马独行真可哀。第三：独字。若施于“仄仄平平仄仄平”之句则可，施于他调皆不可。

人生七十古来稀。第四：十字。

点溪荷叶叠青钱。第五：叠字。

刘项元来不读书。第六：读字。

凤凰不与鸡争食。第七：食字。

以上都是唐人律句，是合乎律诗的平仄的。但是注出的一字在《中原音韵》时都已“入声作平声”了，按照“入声作平声”的读法，除第一句“无害”（因为七言律句头一字可平可仄），第三句“施于仄仄平平仄仄平之句则可”（此句“独”仄“真”平，本是孤平拗救，而“仄仄平平仄仄平”正是律句）外，其余的全不合律，因为该用仄的地方用了平。这些地方，除第七句外全不是韵脚，但仍然出现“入声作平声”，可见“入派三声”并不是为了“广其押韵”，而是语言中实际存在的；“入声作平声”后全不合律，可见入声并不是读近平声，而是已经变成了平声。

宁继福还仿照上例，从元曲中找出七个句子：

达时皆笑屈原非。
黄鹤送酒仙人唱。
韩信独登拜将坛。
日暖蜂蝶便整齐。
长江万里白如练。
撩云拨雨二十年。
短箫一曲觅衣食。

句中加点的字，《中原音韵》都收在“入声作平声阳”中。它们在语言中究竟是仍读作入声呢，还是已读作阳平？如读作入声，就都不合律，读作阳平，就合律。这些句子都是合乎曲律的，可见这些字已读作阳平。而且，这些字除第七句外都不是韵脚，可见不是为了“广其押韵”才改读平声。

又：《中原音韵·自序》中批评《阳春白雪》集所收小令《殿前欢》：“有同集《殿前欢·白云窝》二段，俱八句，‘白’字不能歌者。”这是因为《殿前欢》曲的第一句应为仄平平，而“白”字已读作平声了，所以不合律。《自序》下文也说：“入声于句中不能歌者，不知入声作平声也。”这个曲子的作者杨朝英是四川人，他的方言中可能入声尚未消失，所以仍把“白”字用作仄声，但按北曲标准的读音来唱，就“不能歌”了。

除了从《中原音韵》音系本身来探讨入声问题以外，蒋绍愚还有一种研究的途径。既然《中原音韵》是从“前辈佳作”中“撮其同声”归纳出来的，那么何不就元曲的用韵来考察，看看入声分派的情况呢？确实，已经有学者这样做了。廖珣英（1963）调查了关汉卿剧18种，结果发现：全浊入派入阳平，次浊入派入去声，清入70%不派入上声。李新魁《再论中原音韵的入派三声》（《中原音韵新论》）引廖文，说“这就表明，他（按：指周德清）的归纳颇具随意性”。

是否可以根据关汉卿剧来论定《中原音韵》的清入不派入上声？问题并没有那么简单。黎新第（1991）对元曲用韵作了进一步的调查和分析，结果是：

1. 关剧 18 种，属《中原音韵》“定格”各曲的入韵字：清入作上不合律者 54.3%；上声不合律者 66.6%。

2. 关剧 18 种，属《中原音韵》“末句”各曲的末句诸字：清入作上不合律者 35.8%；上声不合律者 21.5%。

3. 元刊杂剧 23 种，属《中愿音韵》“末句”各曲的末句诸字：清入作上不合律者 31.3%；上声不合律者 19.8%。

黎新第认为，“关剧对上声韵脚的遵守不很严格”，所以“定格”各曲入韵字的统计不能用作依据。如果因为《中原音韵》“定格”各曲的入韵字清入作上的不合律者比例高就认为清入作上不是语言事实，那么，上声不合律者比例更高，“更应当怀疑上声作上声是否符合语言实际”。因此要改变一种统计方法，要用“末句”各曲的末句诸字来统计。统计的结果，在关剧 18 种和元刊杂剧 23 种中，属《中原音韵》“末句”各曲的末句诸字清上作入仍有百分之三十几不合律，但那是有原因的：一是传统习惯上去不分，元曲中又有“上可代平”之例。二是元杂剧“若是造句且熟”，不避声病亦无害。从统计看，清入作上和上声不合律的比例比较接近，而清入稍高于上声，那是因为“入声字尚与舒声字有一定差异”。

综上所述，对《中原音韵》中是否有入声有两种意见。第一种意见认为《中原音韵》中入声还存在，但是读近平声和去声。第二种意见认为《中原音韵》中的入声已读作平上去三声。这两种意见都可以找到古书中的一些记载作为证据。如元陶宗仪《辍耕录》卷四：“今中州之韵，入声似平，又可作去声，所以蜀、术等字皆与鱼虞相近。”这是说入声与平声、去声相近。明郎瑛《七修类稿》卷 26“杭音”条：“城中语音好于他郡，盖初皆汴人，扈宋南渡，遂家焉。故至今与汴音颇相似，如呼玉为玉（音御），呼一撒为一（音倚）撒，呼百零香为百

（音摆）零香，兹皆汴音也。”[①] 这是说宋代汴京的语音中入声已读为平上去声。

总之，《中原音韵》中的入声究竟是读近三声还是读同三声是一个极复杂的问题，还需要进一步研究。

## 第三节 《中原音韵》的基础方言

关于《中原音韵》的基础方言，有两种不同的意见。

一是以王力、宁继福等为代表，认为《中原音韵》的基础方言是大都话。

如王力《汉语语音史》：“周德清《中原音韵》应该代表大都（今北京）的语音系统。周氏虽是江西高安人，但是他在大都居住久，而且是搞戏曲的，他的《中原音韵》必然是根据大都音的。元曲用韵与《中原音韵》一致，足以证明《中原音韵》是大都音。”

宁继福也持此说。他列举三点理由：

1.《中原音韵·自序》：“余尝于天下都会之所，闻人间通济之言。……混一日久，四海同音，上自缙绅讲论治道，及国语翻译，国学教授言语；下至讼庭理民，莫非中原之音。”这里所说的“天下都会之所”指的就是大都。

2.《自序》又说：“欲作乐府，必正言语；欲正言语，必守中原之音。乐府之盛、之备、之难，莫如今时。其盛，则自缙绅及闾阎，歌咏者众；其备，则自关郑白马，一新制作，韵共守自然之音，字能通天下之语。”这里说的“中原之音”即“自然之音”，“当然是全国政治、经济、文化中心的大都话”。

3.《中原音韵》的四声的调型与现代北京话相同，单字的调类，除清音入声字以外也与现代北京话相同。“声调是汉语的灵魂”，《中原音韵》的声调结构表明它是14世纪的北京话。

一是以陆志韦、李新魁和薛凤生为代表，认为《中原音韵》的基础方言是河洛音。

---

① 转引自日本学者平山久雄《中原音韵入派三声的音韵史的背景》。

陆志韦首先提出，“《中原音韵》不能代表今国语的祖语”。他的理由是：“《中原音韵》的系统在好几点上已经比今国音变得更为积极。”如：

1. 寒跟桓分韵，今国语还是 an、uan。

2. 鱼模韵收尤侯韵的唇音字，作 u。其中像“某牡亩谋浮否”等今音从 u > oʊ。

3. 疑三母字除了极少数的几个保存 ŋ 或是变 n 之外，其余全都失去。国音变 n 的较多，例如“牛倪”。

4. tʃ 等有时不变 tʂ 等而变 ts 等，是官话的普通趋势。《中原音韵》有比今国语变本加厉的，例如“刍”字作 ts‘u。

但是《中原音韵》的基础方言是什么，陆志韦没有说。

李新魁认为《中原音韵》的基础方言是河洛方言，即以洛阳为中心的河南话。他在《中原音韵的性质及其代表的音系》① 及《中原音韵音系研究》等著作中阐述了他的论点。

首先以洛阳音系和北京音系的声韵调相比较：①声母。洛阳音比北京音多 v 和 ɳ。《中原音韵》中有 v。洛阳音见系颚化，精系不颚化，精系能和 i、y 相拼；北京音见系精系均颚化，精系不能和 i、y 相拼。《中原音韵》见系精系都不颚化，精组能与 i、y 拼。因此声母洛阳音比北京音更接近《中原音韵》。②韵母。洛阳音比北京音多 ɥ 和 yo，北京音的 er 洛阳音读 ɯ。yo 从药觉韵变来，《中原音韵》中药觉韵也许就读 yo。《中原音韵》中原 tʂ 系声母与 iu（y）相拼的字在洛阳音中读 ɥ，两者很接近。洛阳音中读 ɯ 的音是后起的变化。③声调。入声在洛阳音中归阴平、阳平，北京音中四声兼备。

其次，《中原音韵》中某些字的读音与现代北京音或其他北方方音不合，却多与洛阳音相合。如：

东钟韵的三等字“浓龙隆癃踪从松讼”，《中原音韵》韵母为 iuŋ，北京话为 uŋ，洛阳话为 iuŋ。

东钟韵的“容融荣溶蓉瑢镕”，《中原音韵》读 iuŋ，北京话为 ʐuŋ，洛阳话为 iuŋ。

---

① 《江汉学刊》1962 年第 8 期。

鱼模韵三等的“诸主注枢除杵处书姝鼠恕如汝孺”，《中原音韵》韵母为 y，北京话为 u，洛阳话为 ɥ。

齐微韵开口的“非靡绯菲啡飞妃肥淝匪斐翡蜚诽”，《中原音韵》韵母为 i，北京话韵母为 ei，洛阳话韵母为 i。

齐微韵合口的“馁内雷垒泪”，《中原音韵》韵母为 ui，北京话韵母为 ei,，洛阳话韵母为 ui。

齐微韵的“彼鄙丕”以及入声变来的“笔”，《中原音韵》韵母作 ei，北京话作 i，洛阳话作 ei。

先天韵合口的“恋联”，《中原音韵》韵母作 iuɛn（yɛn），北京话作 iɛn，洛阳话作 yɛn。“联”字《广韵》作“力延切”，与“连”同为山韵开口三等，北京音同《广韵》，洛阳音同《中原音韵》。

真文韵三等“伦纶抡轮沦”，《中原音韵》为 lyn，北京话为 lun，洛阳话为 lyn。歌戈韵合口“戈棵科课禾和”，按音变规律韵母应为 uo，北京话为 ɤ，洛阳话为 uo。

鱼模韵原入声字“粟俗肃夙缩足”，《中原音韵》韵母为 y，北京话为 u，洛阳话为 y。

皆来韵原入声字“责仄侧泽则革隔格革客克”，《中原音韵》韵母为 ai，北京话为 ɤ，洛阳话为 ai。

“迅讯寻浔孕”《中原音韵》韵母为 in，“缘”《中原音韵》韵母为 iɛn，“薛略”《中原音韵》韵母为 iɛ，均为齐齿呼，北京话中为撮口呼，洛阳话为齐齿呼。

又如下列字的声母或韵母，北京话与《中原音韵》不同，洛阳话与《中原音韵》相同。①

| | 中原音韵 | 洛阳话 | 北京话 |
|---|---|---|---|
| 娠 | tʂ‘en | tʂ‘en | ʂ‘en |
| 深 | tʂen | tʂen | ʂen |
| 所 | ʂu | ʂuo | suo |

① 蒋绍愚：《近代汉语研究概要》，北京大学出版社 2005 年版，第 81 页。

续表

| | 中原音韵 | 洛阳话 | 北京话 |
|---|---|---|---|
| 缩 | ʂu | ʂuo | suo |
| 瑞 | ʂuei | ʂuei | ʐuei |
| 词 | sɿ | sɿ | tʂʻʅ |
| 因 | siu | siu | tɕʻiu |
| 液 | i | i | iɛ |
| 国 | kuei | kuei | kuo |
| 划 | huai | huai | hua |
| 没 | mu | mu | mo |
| 墨 | mei | mei | mo |
| 谋 | mu | mu | mou |
| 某 | mu | mu | mou |
| 乐 | luo | luo | l |
| 畹 | yɛn | yɛn | uan |
| 营 | iuŋ | iuŋ | iŋ |
| 顷 | kʻiuŋ | tɕʻiuŋ | tɕʻiŋ |

薛凤生也指出，现代北京话中有一些现象是《中原音韵》解释不了的：

1. 原清声母入声字的不规则分布。

2. 梗摄开口二等音节的发展。即“庚鹒赓更粳羹耕”等二等字和“京惊荆经矜泾”等三四等字同在《中原音韵》庚青韵的同一小韵中，也就是在《中原音韵》中“庚”“更”等字是有 i 介音的。而现代北京话中“庚更”等字并无 i 介音，和“京惊”等字读音不同。

3. 曾摄和梗摄一二等入声音节的发展。即“择则责策色革客额劾德勒”等字以及“迫魄国墨”等字，在《中原音韵》中为皆来或齐微韵，应是 i 韵尾。但在现代北京话中韵母都是 e 或 uo。只有“白北”等最常用字才与《中原音韵》一致。

4.《中原音韵》支思韵里原入声字的发展。即“涩瑟”两字按音变规律韵母应为 ɿ，而现代北京话中韵母为 e。

据此，严格地说，应该认为现代北京话不是《中原音韵》所依据的方言在现代的反映。但上述这些现象除了第一条外，都可以用读书音的发展来加以说明。比如，第 3 所说的梗摄和曾摄一二等字，在中古都有入声韵尾 - k。在《中原音韵》代表的音系中，入声韵尾 - k 变为 - u 或 - i，所以入皆来或齐微韵。但在读书音中， - k 变为 - ʔ，然后 - ʔ 脱落，所以就剩下原来的韵腹 e。因此，“《中原音韵》是建立在大量借用读书音的口语语音系统基础上的，现代北京话则是起源于大量借用口语音的读书音系统”。但这个口语音系统和读书音系统代表两个关系极近的次方言，同时这两个系统在《中原音韵》之前就经常互借。“所以在较为笼统的意义上我们确实可以说现代北京话是从《中原音韵》发展来的。”

但是，薛凤生认为：“现代北京话是否来自《中原音韵》所代表的方言这个问题，决不等同于《中原音韵》是否代表老北京话，即《中原音韵》的方言从前是否流行于北京城内和北京城附近的问题。说读书音和口语音都不代表从前的北京方音，换言之，现代北京话起源于其他地区，后来扩展到北京，代替了原来的北京方言，并不是一个完全不可想象的说法，但我觉得这恐怕不大可能。李新魁说，据他们研究，洛阳方言的音位系统与《中原音韵》的系统更接近，而与现代北京话系统较远。对于这个说法我持慎重的保留态度。如果他或其他人真能证明洛阳话或其他方言的音位系统，比起现代北京话系统更接近我们建立的口语音系统，我们将接受《中原音韵》确实不代表老北京话的观点；否则我们就假定读书音系统和口语音系统都代表老北京话。”

陆、李、薛三人的结论并不相同，但他们都能深入比较《中原音韵》音系和现代北京音系的异同，在此基础上立论，这就比仅仅从历史、人文的角度来讨论《中原音韵》是不是以元代大都音为基础深入了一步。从历史、人文的角度来讨论《中原音韵》的基础方言问题是必要的，但仅仅以此为依据则是不够的。比如说元大都是当时的政治文化中心，元杂剧作家的创作和演出大多在大都，因此《中原音韵》的基础方言一定是大都话，这样的论证就不够充分。

近年来，对这个问题的研究有一个进展：不是就某些字的读音，而是从整体音韵结构来考察《中原音韵》的基础方言问题。

1. 刘勋宁（1998）说：《中原音韵》萧豪韵里“薄缚铎浊凿着杓学萼略若虐岳幕诺落”16个小韵的字44个（除末、沫2字外，42个全是江宕摄入声字）在歌戈韵重出。此外，59个江宕摄入声字只入萧豪韵，仅有4个字（若垩鄂粕）只入歌戈韵。今天方言的情况是：这些字在中原官话区都是读歌戈韵的，读萧豪韵的现象只分布在北方官话区内，北京话里萧豪和歌戈并存，通常萧豪是白读，歌戈是文读[①]（见下表）。

| | 洛阳 | 北京 | 昌黎 |
|---|---|---|---|
| 萧豪韵基 | ɔ | ao | ao |
| 歌戈韵基 | ə | 开e，合o | 开e，合o |
| 薄 | bə | bo/bao | bao |
| 落 | luə | luo/lao | lao |
| 脚 | jiə | jiao | jiao |
| 著 | zhə | zhuo | zhao |
| 学 | xiə | xue/xiao | xiao |
| 药 | iə | iao | iao |

声调：北方官话入声一分为三（胶辽官话清入变上，冀鲁官话清入变阴平），中原官话一分为二（清入、次浊入变阴平，全浊入变阳平）。北京话清入派入四声是受周边的影响。

从韵母和声调系统来看，《中原音韵》和北方官话更接近。

2. 刘淑学（2000）比较了一些中古入声字在《中原音韵》中和在现代河北顺平话、北京话、洛阳话中的异同[②]（见下表），比较结果也显示《中原音韵》和现代河北顺平话、北京话更接近，而和洛阳话差距较大。

① 蒋绍愚：《近代汉语研究概要》，北京大学出版社2005年版，第83页。

② 同上。

| | 清入 | 宕江入 | 曾一入 | 曾开三（庄）、梗二入 | 通三入 |
|---|---|---|---|---|---|
| 《中原音韵》 | 上声 | 分归萧豪歌戈 | 归齐微 | 归皆来 | 分归尤侯鱼模 |
| 顺平方言 | 上声 | 白：萧豪<br>文：歌戈 | 白：齐微 | 白：皆来 | 白：尤侯<br>文：鱼模 |
| 北京话 | 阴阳上去 | 白：萧豪<br>文：歌戈 | 白：齐微 | 白：皆来 | 白：尤侯<br>文：鱼模 |
| 洛阳话 | 阴平 | 只归歌戈 | 均归皆来 | | 只归鱼模 |

蒋绍愚认为，这些学者提供的材料是有说服力的。从整体音韵结构看，《中原音韵》的基础方言应是大都话。

还有一条材料可以帮助考虑《中原音韵》的基础方言问题①：

> 桑绍良《青郊杂著》："读'岳'为'要'、读'逐'为'肘'之类，尤音之不正者，奚取为《中原音韵》邪？"

桑绍良是濮州人，《青郊杂著》成书于16世纪末。他批评《中原音韵》的音"不正"，因为《中原音韵》中，把"岳"读作"要"（萧豪韵去声），把"逐"读作"肘"（尤侯韵上声），他认为不符合中原之音（汴洛音）。"岳"、"逐"都是中古-k尾字。在《中原音韵》中，"岳"在萧豪韵和戈歌韵重出，"入声作去声"，与"药"同一小韵。"逐"在尤侯韵和鱼模韵重出，"入声作平声阳"，与"轴"同一小韵。这正与上面刘淑学的表上的顺平话、北京话的情况一样。而桑绍良的中原音中"岳"只有歌戈一读，"逐"只有鱼模一读，正和表上的洛阳话一样。可见，从16世纪末到现代，洛阳话都和《中原音韵》的音有差别，而北京话却和《中原音韵》的音一致。那么，在元代，是否可能倒过来，《中原音韵》是以洛阳话为基础方言，而不是以大都话为基础方言呢？看来可能性不大。

① 此条材料是北京大学中文系博士生王建喜提供给蒋绍愚先生的。

关于《中原音韵》这些重大问题的讨论，目前尚在继续深入，每一成果的出现，都标志着一个新的突破。新的突破，更有利于研究的逐步深入。

# 第八章 《中原音韵》的戏曲创作思想

## 第一节 《中原音韵》的曲论

### 一 正语言辨音韵，宗正音察微殊出正读

（一）乐府音韵与中原口语音韵微殊有别

周德清在《中原音韵正语作词起例》中说：

> 凡作乐府，古人云："有文章者，谓之乐府"，如无文饰者，谓之俚歌，不可与乐府共论也。

《中原音韵·自序》又说：

> 欲作乐府，必正言语，必宗中原之音。

元代无论散曲或杂剧，曲词都要入六宫十一调，属于乐府曲词。从周德清所述的两段话分析，元曲的发音应当以中原之音为准，二者之间是相等的。但实际上并不全然如此，关键在于曲词是用来唱的，与口语念出来的会有差异，而这种不同往往在入声字上表露无遗。入声字是短音，短音字要配合音乐的长节拍来唱，则必须延长时间而失去短音的性质，结果就变得和平、上、去三声字音相近或相同。因此周德清认为乐府曲词中的入声字要"派入三声"来用。而《中原音韵》是一本为作乐府曲词押韵的参考书，也就自然"入派三声"了。周德清在《中原音韵正语作词起例》中有好几段话强调了这一点，如：

平上去入四声，《音韵》无入声，派入平上去三声。

入声派入平上去三声者，以广其押韵，为作词而设耳！然呼吸言语之间，还有入声之别。

亳州友人孙德卿长于隐语，谓《中原音韵》三声，乃四海所同者，不独正语作词。……余曰：……切谓言语既正，谜字亦正矣。从葺《音韵》以来，每与同志包猜，用此为则，平上去本声则可，但入声作三声，如平声伏与扶，上声拂与斧，去声屋与误字之类，俱同声则不可。何也？入作三声者，广其押韵，为作词而设耳。毋以此为比，当以呼吸言语还有入声之别而辨之可也。德卿曰：然。

《中原音韵·自序》中也说：

关、郑、白、马一新制作，韵共守自然之音，字能通天下之语，字畅语俊，韵促音调，……诸公已矣，后学莫及，何也？盖其不悟声分平仄，字别阴阳。夫声分平仄者，谓无入声，以入声派入平上去三声也。作平者最为紧切，施之句中，不可不谨。派入三声者，广其韵耳！有才者，本韵自足矣。

由以上四段文字，我们可以清楚地认识到：曲韵没有入声，要派入平上去三声，而中原地区口语中仍有入声。至于平上去三声的字，曲韵唱音和口语音是一致的。

（二）乐府音韵当以中原之音为准

周德清强调“欲作乐府，必正言语；欲正言语，必宗中原之音。”中原之音是指当时四方通行的语音，不同于“古音”，也与只可通行于地方的“方音”不同。在力辟“古音”方面，周德清说：

余尝于天下都会之所，闻人间通济之言：世之泥古非今，不达时变者众。呼吸之间，动引《广韵》为证，宁甘受鴂舌之诮而不悔。亦不思混一日久，四海同音，上自缙绅讲论治道，及国语翻译，国学教授言语，下至讼庭理民，莫非中原之音。不尔，止依

《广韵》呼吸，上去入声姑置，未暇殚述，略举平声。如“靴”在“戈”韵，“车邪遮嗟”却在“麻”韵；“靴”不协“车”，“车”却协“麻”。“元暄鸳言褰焉”俱不协“先”，却与“魂痕”同押，“烦翻”不协“寒山”，亦与“魂痕”同押。“靴”与“戈”、“车”与“麻”、“元”与“烦”、“烦”与“魂”，其音何以相着？“佳”“街”同音，与“皆”同押，不协“咍”；“咍”却与“灰”同押。“灰”不协“挥”，“杯”不协“碑”，“梅”不协“麋”，“雷”不协“羸”；必呼“梅”为“埋”、“雷”为“来”，方与“咍”协。如此呼吸，非鸩舌而何？不独中原，尽使天下之人俱为闽海之音，可乎？切闻《大学》《中庸》，乃《礼记》中语，程子取为二经，定期阙疑，如“在亲民”之“亲”字，当作“新”字之类是也。圣经当然，况于韵乎！合于四海同音，分豁而归并之，与坚守《广韵》方语之徒，转其喉舌、换其齿牙。使执而不变，迂阔庸腐之儒，皆为通儒；道听途说，轻浮市廛之子，悉为才子矣！

余曰：若非诸贤公论如此，区区独力！何以争之。[①]

这里所说的“止依《广韵》呼吸”，是指“泥古”的“读书音”。有时语音会以讹传讹，大家都习以为常，周德清甚至主张只要能沟通思想即可，按照“俗读”也比执着“正读”而让人听不懂来得好。他举例说：

欢娱之“娱”（《广韵》音“愚”），四海之人皆读为“吴”，提撕之“撕”（《广韵》音“西”），四海之人皆读为“斯”。有诮之者，谓读白字，依其边旁字音也。犁牛之子骍且角之“骍”字（《广韵》息营切，音“星”），而读为辛，却依其边旁字音。诮之者而不诮之，盖知其彼之误，而不知己之谬。……“娱”“撕”二字依傍有“吴”“斯”，读之又何害于义理？岂不长于傍是“辛”，而读为“星”字之音乎！

---

① 《中原音韵正语作词起例》第二十条。

周德清重“口语俗读”而轻“书音正读”的观念，由此可见一斑。

中国幅员广大，各地方音存在很多分歧，周德清力主乐府当以北方“中原之音”为正，不能掺杂南方闽、浙方音。他说：

> 泰定甲子秋，复闻前辈余论：四海之人，皆称父（去声）母（为“姥”音）：《广韵》父（扶雨切，上声）母（在“有”韵）妇（亦在“有”韵）。卦（古卖切）与“怪”通，副富（敷救切，在“有”韵），“道士”呼为“讨死”之类，犹平声之所论也。
>
> 入声以平声次第调之，互有可调之音。且以开口“陌”以“庚”，至“德”以“登”六韵[①]，闭口“缉”以“侵”，至“乏”以“凡”九韵；逐一字调平上去入，必须极力念之，悉如今之搬演南宋戏文唱念声腔。考自汉、魏无制韵者，按南北朝史，南朝吴、晋、宋、齐、梁、陈建都金陵，《齐史》：沈约，字休文，吴兴人，将平上去入制韵，仕齐，为太子中令。梁武帝时为尚书仆射。详约制韵之意，宁忍弱其本朝，而以敌国中原之音为正耶？不取所都之内通言，却以所生吴兴之音；盖其地邻东南海角，闽、浙之音无疑，故有前病。且六朝所都，江、淮之间，“缉”至“乏”俱无闭口，独浙有也。以此论之，止可施于约之乡里矣。又以史言之，约才如此，齐为史职，梁为大臣，孰不行其声韵也。压陈，陈亡，流入中原。自隋至宋，国有中原才爵如约者何限，惜无有以辨约之韵乃闽、浙之音，而制中原之韵者，呜呼！年年依样画葫芦耳！南宋都杭，吴兴与切邻，故其戏文如乐昌分镜等类，唱念呼吸，皆如约韵。昔陈之后庭花曲，未必无此声也，总亡国之音，奚足为明世法！
>
> 惟我圣朝，兴自北方五十余年，言语之间，必以中原之音为正。鼓舞歌颂治世之音，始自太保刘公牧奄、姚公琉斋、卢公辈，自成一家，今之所编，得非其意乎！彼之沈约不忍弱者，私意也。且一方之语，虽渠之南朝，亦不可行，况四海乎！予生当混一之盛

① 本作“且以开口陌以庚内盲，至德以登五韵”，不可读，今稍改原文以便通读。

时，耻为亡国，搬戏之呼吸，以中原为则，而又取四海同音而编之，实天下之公论也。①

周德清除了极力批评，力主“搬戏之呼吸，以中原为则”外，对“方音”含混处也有举例的描写与说明。

如：

庞涓呼为庞坚，泉“坚坚”而始流可乎？陶渊明呼为陶烟明，鱼跃于“烟”可乎？一堆儿为一醉（平声）儿，卷起千“醉”（平声）雪可乎？羊尾子为羊椅子，吴头楚“椅”可乎？来也未为来也异，辰巳午“异”可乎？此类未能从命，以待士夫之辨。②

《中原音韵正语作词起例》第二十一条，更举出二百多组语音对比之例，以说明“中原音”与“方音”的差异。周德清说：

依后项呼吸之法，庶无“之”“知”不辨、“王”“杨”不分，及诸方语之病矣。

东钟　宗有踪　松有鬆……

江阳　缸有钉　桑有双……

支思　丝有师　死有史

齐微　知有之　痴有眵……（以上三声系与“支思”分别）篦有杯　纰有纤……（以上三声本声自相分别）

鱼模　苏有疏　粗有初……

皆来　猜有差　灾有斋……

真文（与庚青分别）　真有贞　因有英……

寒山　珊有山　残有潺……

桓欢　完有岏　宦有关……

先天　年有妍　碾有辇……

① 《中原音韵正语作词起例》第二十二条。

② 《中原音韵正语作词起例》第二条。又：明沈宠绥《度曲须知》：“吴兴土俗以……烟读渊，以坚读娟。”可见这条是在讲“方音”。

萧豪　包有褒　饱有保……

歌戈　鹅有讹　和有何……

家麻　查有咱　马有么……

车遮　爷有衙　也有雅……

庚青（与真文分别）

尤侯　溲有搜　走有㤘……

侵寻　针有真　金有斤……

监咸　庵有安　担有单……

廉纤　詹有毡　兼有坚……

从以上不惮其烦的举例中，我们可以看出周德清的观点：作词当以中原正音为准，不可泥古非今，更不可掺杂方音。

（三）特殊字音，疑难字词，出其正读

周德清对当时人不从俗读，动辄引《广韵》音为标准的做法深表不满，但并不表示可以任意错读，他对某些字既有的特殊读法，十分注意。比如《中原音韵正语作词起例》第十二、十三条说：

《汉书》东方朔滑稽，“滑”字读为“骨”。金日磾，“日”字读为“密”。诸韵皆不载，亦不敢擅收。……姑录以辨其字音耳。

《汉书》曹大家之“家”字读为“姑”，可押；然诸韵不载，亦不敢擅收，附此以备采取。

第二十四条“略举释疑字样”，更提出了几十个特别的字音，如：

阏氏（音烟支）　可汗（音克寒）　冒顿（音墨特）　鲁般（下音班）　樊於期（於音乌）　嫪毒（音涝霭）　角里先生（角音鹿）……

特殊字音，周德清在书中一一说出其正读，可见其对字音非常之重视。

（四）中原正音，分为十九个韵类

周德清在曲学上的最大贡献，就是编写了《中原音韵》，把当时的曲韵韵类分为十九部，订名为：一东钟、二江阳、三支思、四齐微、五鱼模、六皆来、七真文、八寒山、九桓欢、十先天、十一萧豪、十二歌戈、十三家麻、十四车遮、十五庚青、十六尤侯、十七侵寻、十八监咸、十九廉纤。明代著名曲论家沈宠绥主张“北叶《中原》，南遵《洪武》”，可见其权威性。

周德清对不守用韵规矩的作家提出批评：

> 《广韵》入声“缉”至“乏”，《中原音韵》无合口，派入三声亦然，切不可开合同押。《阳春白雪集》水仙子：“寿阳宫额得魁名。南浦西湖分外清。横斜疏影窗间印。惹诗人说到今。万花中先绽琼英。自古诗人爱，骑驴踏雪寻。忍冻在前村。”开合同押，用了三韵，大可笑焉。词之法度全不知，妄乱编集板行，其不耻者如是，作者紧戒！

《中原音韵》分为十九个韵类，这是周德清曲学的最大成就，也是他“辨音韵”后的具体成果。

## 二 识宫调明曲牌，重视宫调曲牌与曲目

我国旧时称乐曲的调式为“宫调”，唐、宋燕乐及填词所配合的曲子，都有一定的宫调。一般在每支曲子前面，标明宫调和曲牌名称，每种曲牌都属于一定的宫调，元曲也不例外。从音乐上看，有调性的任何乐曲，是由若干个基本音构成的，而音阶中被用为曲调主音的高音不同，即产生不同的调式，因此曲调的神情也就不一，或沉稳、或飘逸，或和平中正……曲词的内容如果能配合乐曲宫调的特性，就不会发生词、曲不协调的现象。各种宫调音乐具有何种特性，只有精通音乐的人才容易感受到，周德清在“识宫调”上，曾就各宫调特性及各宫调所包含的曲牌，作过详细的探讨。

（一）明宫调特征

乐曲的每一宫调，都有其音律风格，周德清《中原音韵正语作词

起例》第二十四条说：

> 大凡声音，各应于律吕，分于六宫十一调，共计十七宫调。
> 仙吕调　清新绵邈
> 南吕宫　感叹伤悲
> 中吕宫　高下闪赚
> 黄钟宫　富贵缠绵
> 正宫　惆怅雄壮
> 道品　飘逸清幽（以上六宫）
> 大石　风流酝藉
> 小石　旖旎妩媚
> 高平　条物滉漾
> 般涉　拾掇坑堑
> 歇指　急并虚歇
>
> 商角　悲伤宛转
> 双调　健捷激袅
> 商调　凄怆怨慕
> 角调　呜咽悠扬
> 宫调　典雅沉重
> 越调　陶写冷笑（以上十一调）

这十七种宫调的特性，可能不是周德清的创见，而是引用元人燕南芝庵《唱论》中的说法[①]，但无论如何，周德清认为要重视曲乐特征是毋庸置疑的。

（二）知曲牌所属

每一个曲牌，都属一定的宫调，宫调性质既明，依各宫调所作的曲

---

① 元燕南芝庵有《唱论》传世，其中"大凡声音，各应于律吕，分于六宫十一调，共计十七宫调。仙吕调唱，清新绵邈。南吕宫唱，感叹伤悲……"一段，与周德清所说几乎完全相同。芝庵，姓名、生平都不可考。杨朝英《阳春白雪》附刊《唱论》，则其生年时代必早于杨氏，因周德清看过《阳春白雪》集，所以可能是周德清抄录了芝庵的说法。

子自然也就符合该宫调的特性，不能稍加假借。周德清曾汇集三百三十五首乐府曲子，将其分列于十七种宫调内，这是现在所知最早的分类，后来全被《太和正音谱》所采用。尽管它只是一种整理工作，但从现存的元人散曲和杂剧中，有些曲牌，不是只属于一个宫调，而是分别属于几个不同宫调的现象看来，周德清的归纳，实际上已经表现出其曲学上的严明立场。从下面周德清的曲牌归派，我们可以窥见元人实际使用的情形。①

**黄钟二十四章**

醉花阴　喜迁莺　出队子　刮地风　四门子　水仙子　寨儿令　神仗儿（亦作煞）　节节高　者刺古　愿成双　贺圣朝〔陶云：与中吕、商调出入。〕　红锦袍（即红衲袄）　昼夜乐　人月圆　綵楼春（即抛毬乐）侍香金童〔陶云：与商调出入。郑云：与商调不同。〕　降黄龙衮　双凤翘（即女冠子）〔陶云：与大石出入。郑云：与大石不同。〕　倾杯序　文如锦（郑云：诸宫调入双调。）　九条龙　兴隆引　尾声

**正宫二十五章**

端正好〔郑云：亦入仙吕。〕　衮绣毬（亦作子母调）〔郑云：亦入中吕。〕　倘秀才（亦作子母调）〔郑云：亦入中吕。〕　灵寿杖（即呆骨朵）〔郑云：亦入中吕。〕叨叨令　塞鸿秋〔陶云：与仙吕、中吕出入。〕　脱布衫〔陶云：与中吕出入。〕　小梁州〔陶云：与中吕出入。郑云：亦入商调。〕　醉太平〔陶云：与仙吕、中吕出入。〕　伴读书（即村里秀才）〔陶云：与中吕出入。〕　笑和尚〔郑云：亦入中吕。〕　白鹤子〔陶云：与中吕出入。〕　双鸳鸯〔陶云：与中吕出入。〕　货郎儿（入南吕转调）〔陶云：与仙吕出入。〕　蛮姑儿〔陶云：与中吕出入。〕　穷河西〔陶云：与中吕出入。郑云：亦入商调。〕　芙蓉花　菩萨蛮〔陶云：与中吕出入。〕　黑漆弩（即学士吟鹦鹉曲）　月照庭　六么遍（即柳梢青）〔陶云：与仙吕出入。郑

① 同一曲牌兼入不同宫调，详见陶宗仪《辍耕录》及郑因百先生《北曲新谱》。

云：亦入中吕，格式小异。与仙吕不同。〕 甘草子 三煞 啄木儿煞（亦入中吕） 煞尾〔陶云：与中吕、南吕、大石出入。郑云：亦入黄钟。〕

## 大石调二十一章

六国朝 归塞北（即望江南）〔陶云：与仙吕出入。〕 卜金钱（即初问口） 怨别离 雁过南楼 催花乐（即擂鼓） 净瓶儿 念奴娇 喜秋风 好观音（亦作煞）〔陶云：与仙吕出入。〕 青杏子〔陶云：本小石调。郑云：亦入仙吕。〕 蒙童儿（即憨郭郎） 还京乐 荼蘼香 催拍子 阳关三叠 蓦山溪 初生月儿 百字令 玉翼蝉煞 随煞〔陶云：与黄钟、仙吕、双调、越调出入。郑云：与仙吕、越调不同。〕

## 小石调五章

青杏儿（即青杏子，亦入大石调）〔郑云：亦入仙吕。〕天上谣 恼煞人 伊州遍 尾声

## 仙吕四十二章

端正好（楔儿） 赏花时〔陶云：与商调出入。〕八声甘州 点绛唇 混江龙 油葫芦 天下乐 那吒令 鹊踏枝 寄生草〔陶云：与双调出入。郑云：亦入商调。〕 六么序〔陶云：与中吕出入。〕 醉中天〔陶云：与双调出入。郑云：亦入越调。〕 金盏儿（即醉金盏） 醉扶归〔郑云：亦入越调、双调。〕 忆王孙 一半儿 瑞鹤仙 忆帝京 村里迓古〔陶云：与商调出入。〕 元和令〔陶云：与商调出入。〕 上马娇〔陶云：与商调出入。〕 游四门〔陶云：与商调出入。〕 胜葫芦〔陶云：与商调出入。〕 后庭花（亦作煞）〔陶云：与商调出入。〕 柳叶儿〔陶云：与商调出入。〕 青哥儿〔陶云：与商调出入。郑云：亦入双调。〕 翠裙腰 六么令〔陶云：与中吕出入。〕 上京马〔郑云：亦入商调。〕 祆神急 大安乐 绿窗愁 穿窗月 四季花〔陶云：与商调出入。〕 雁儿〔陶云：与商调出入。〕 玉花秋 三番玉楼人（亦入越调） 锦橙梅 双雁子 太常引 柳外楼 赚煞尾

## 中吕三十二章

粉蝶儿 叫声〔郑云：亦入正宫。〕 醉春风〔郑云：亦入正宫，双调。〕 迎仙客〔郑云：亦入正宫。〕 红绣鞋（即朱履曲）〔陶云：与正宫出入。〕 普天乐〔陶云：与正宫出入。〕 醉高歌〔郑云亦入正宫。〕 喜春来（即阳春曲）〔陶云：与正宫出入。〕 石榴花〔郑云：亦入正宫。〕 斗鹌鹑〔郑云：亦入正宫。〕 上小楼〔陶云：与正宫出入。〕 满庭芳〔陶云：与正宫、仙吕出入。〕 十二月〔陶云：与正宫出入。〕 尧民歌〔陶云：与正宫出入〕。 快活三〔陶云：与正宫出入。〕 鲍老儿〔陶云：与正宫出入。〕 古鲍老〔郑云：亦入正宫。〕 红芍药 剔银灯〔陶云：与正宫出入。〕 蔓菁菜〔陶云：与正宫出入。〕 柳青娘〔陶云：与正宫出入。〕 道和（即道合）〔陶云：与正宫出入。〕 朝天子（即谒金门）〔陶云：与正宫出入。郑云：亦入双调。〕 四边静〔陶云：与正宫出入。〕齐天乐〔郑云：亦入正宫。〕 红衫儿〔郑云：亦入正宫。〕 苏武持节（即山坡里羊）〔陶云：与黄钟出入。〕 卖花声（即升平乐，亦作煞）〔郑云：亦入双调。〕 四换头〔陶云：与正宫出入。〕 摊破喜春来 乔捉蛇 煞尾〔陶云：与正宫、南吕、大石出入。〕

## 南吕二十一章

一枝花（即占春魁） 梁州第七 隔尾〔陶云：与中吕出入。郑云：亦入黄钟。〕 牧羊关 菩萨梁州 玄鹤鸣（即哭皇天） 乌夜啼 骂玉郎 感皇恩 采茶歌（即楚江秋） 贺新郎 梧桐树〔陶云：与双调出入。〕 红芍药 四块玉 草池春（即斗蛤蟆） 鹌鹑儿 阅金经（即金字经）〔陶云：与双调出入。〕 翠盘秋（亦入中吕，即乾荷叶） 玉交枝〔陶云：与双调出入。〕 煞〔陶云：与正宫、中吕、大石出入。〕 黄钟尾〔郑云：亦入黄钟、正宫。〕

## 双调一百章

新水令 驻马听 乔牌儿 沉醉东风 步步娇（即潘妃曲） 夜行船 银汉浮槎（即乔木查） 庆宣和 五供养 月上海棠 广东原 拨不断（即续断弦） 搅筝琶 落梅风（即寿阳曲）

风入松　万花方三台　雁儿落（即平沙落雁）〔陶云：与商调出入。〕　德胜令（即阵阵赢、凯歌回）〔陶云：与商调出入。〕　水仙子（即凌波仙、湘妃怨、冯夷曲）〔陶云：与南吕出入。郑云：亦入中吕。〕　大德歌〔陶云：与商调出入。〕　镇江回〔陶云：与中吕出入。〕　殿前欢（即小妇孩儿、凤将雏）　滴滴金（即甜水令）　折桂令（即秋风第一枝、天香引、蟾宫曲、步蟾宫）　清江引〔陶云：与仙吕出入。〕　春闺怨〔陶云：与商调出入。〕　牡丹春〔陶云：与商调出入。郑云：亦入正宫。〕　汉江秋（即荆襄怨〕）　小将军〔陶云：与仙吕出入。〕　庆丰年　大清歌　小阳关　捣练子（即胡捣练）　秋莲曲　挂玉钩序　荆山玉（即侧砖儿）〔陶云：与南吕出入。郑云：亦入黄钟〕　竹枝歌〔陶云：与南吕出入。〕　沽美酒（即琼林宴）　太平令〔郑云：亦入正宫。〕　快活年　乱柳叶〔陶云：与中吕出入。〕　豆叶黄　川拨棹　七弟兄　梅花酒　收江南　挂玉钩（即挂搭沽）　早乡词　石竹子　山石榴　醉娘子（即醉摩挲）　驸马还朝（即相公爱）　胡十八　一锭银　阿纳忽　小拜门（即不拜门）　慢金盏（即金盏儿）　大拜门　也不罗（即野落索）　小喜人心　风流体〔陶云：与中吕出入。〕古都白　唐兀歹　河西水仙子　华严赞　行香子　锦上花　碧玉箫　袄神急　骤雨打新荷　驻马听近　金娥神曲　神曲缠　德胜乐〔陶云：与仙吕出入。〕　大德乐　楚天遥　天仙令　新时令　阿忽令　山丹花　十棒鼓　殿前喜　播海令〔陶云：与中吕出入。郑云：广正注云："与中吕不同。"〕　大喜人心　醉春风〔郑云：借自中吕。〕　间金四块玉　减字木兰儿　高过金盏儿　对玉环　青玉案　鱼游春水〔郑云：大成入小石调。广正注云：亦入仙吕、商调。〕　秋江送　枳郎儿　河西六娘子　皂旗儿　本调煞　鸳鸯煞　离亭宴带歇指煞　收尾〔陶云：与正宫、南吕、越调出入。〕　离亭宴煞

**越调三十五章**

斗鹌鹑　紫花儿序　金蕉叶　小桃红　踏阵马　天净沙　调笑令（即含笑花）　秃厮儿（即小沙门）　圣药王　麻郎儿　东原乐　络丝娘　送远行　绵荅絮　拙鲁速　雪里梅　古竹马〔陶云：

与南吕出入。〕 郓州春 眉儿弯 酒旗儿〔陶云：与商调出入。〕 青山口 寨儿令（即柳营曲） 黄蔷薇 庆元贞 三台印（即鬼三台）〔陶云：与中吕出入。〕 凭阑人 耍三台 梅花引 看花回 南乡子 糖多令 雪中梅 小络丝娘 煞〔陶云：与黄钟、仙吕、双调、大石出入。〕 尾声

**商调十六章**

集贤宾 逍遥乐 上京马 梧叶儿（即知秋令）〔郑云：亦入仙吕。〕 金菊香 醋葫芦 挂金索〔陶云：与黄钟出入。〕 浪来里（亦作煞） 双雁儿〔陶云：与仙吕出入。〕 望远行 凤鸾吟〔陶云：与仙吕出入。〕 玉袍肚（亦入双调） 秦楼月 桃花娘 高平煞 尾声

**商角调六章**

黄莺儿 踏莎行 盖天旗 垂丝钓 应天长 尾声

**般涉调八章**

哨遍〔郑云：亦入中吕。〕 脸儿红（即麻婆子） 墙头花 瑶台月 急曲子（即促拍令） 耍孩儿（即魔合罗）〔郑云：亦入正宫、中吕、双调。〕 煞〔郑云：亦入正宫、中吕、变调。〕 尾声（与中吕煞尾同）〔郑云：亦入正宫、南吕、越调。〕

以上335首曲子，周德清认为只有〔啄木儿煞〕、〔青杏儿〕、〔三番玉楼人〕、〔翠盘秋〕、〔玉袍肚〕、般涉调的〔尾声〕等六首，可以同时适用两种宫调；而元末明初的陶宗仪，除了认为周德清上面各曲的一首两收外，以为可以用于两种宫调的曲子还有71首，用于三种或四种宫调的曲子各四首，用于五种宫调的曲子有2首。根据近代学者郑因百先生的《北曲新谱》，除了指出陶宗仪的错误外，他认为元人实际的使用情况是：一曲同用于两种宫调的多达84首，用于三种宫调的有22首，用于四种宫调的有5首，用于五种宫调的有6首。

元人散曲或杂剧中虽然曲子可以用不同的宫调来演奏，但我们从周德清所列相通的曲子极少的事实看来，其所强调的曲牌属某宫调，不可任意假借的意图，显而易见。

（三）厘清曲目同异

元人同一曲牌可以归入不同的宫调，但也有曲牌名相同，音律却不

同的情形，周德清在《中原音韵正语作词起例》中，已把常见的情况列出：

> 名同音律不同者一十六章
>
> 黄钟水仙子　双调水仙子　黄钟寨儿令　越调寨儿令　仙吕端正好　正宫端正好　仙吕袄神急　双调袄神急　仙吕上京马　商调上京马　中吕斗鹌鹑　越调斗鹌鹑　中吕红芍药　南吕红芍药　中吕醉春风　双调醉春风

这对只依曲填词，却不懂音律者来说，是一项重要的提示。[①]

### 三　力主作词十法，订立作曲法度与规箴

周德清的曲论，除去前两点所述散见于《中原音韵正语作词起例》中的文字外，最有系统的就是他的《作词十法》了。[②]

《作词十法》小序说：

> 作乐府，切忌有伤于音律。……不伤于音律者，不为害也。大抵先要明腔，后要识谱，审其音而作之，庶无劣调之失。而知韵、造语、用事、用字之法，名人词调可为式者，并列于后。

“十法”是指“知韵”、“造语”、“用事”、“用字”、“入声作平声”、“阴阳”、“务头”、“对偶”、“末句”和“定格”十项，任讷《作词十法疏证》中说：

> 作词十法，细按之，论点仅为知韵、造语、用事、用字四项而已。五入作平、六阴阳、七务头、九末句，同为四声关系，皆可归四知韵。八对偶，则造语之一也。惟定格评语所论，有关于用意，

---

① 如陶宗仪误以为黄钟女冠子即大石女冠子，正宫柳梢青即仙吕柳梢青，都是出于名同曲异的缘故。

② 收录于周德清《中原音韵正语作词起例》第二十五条内。

而在声韵字句之外者。此十法之大概也。

下面就“十法”分“知音”、“造语”、“用事”、“用字”四项作简要叙述。①

（一）知音——平分阴阳，入派三声

周德清首先对乐府曲词唱音的声调种类作出说明：

> 知韵——无入声，止有平上去三声。
> 平声——有阴有阳，入声作平声，俱属阳。
> 上声——无阳无阴，入声作上声亦然。
> 去声——无阴无阳，入声作去声亦然。

平声分阴平、阳平，上、去声不分阴阳，只有一调：入声派入阳平、上声、去声，这是周德清曲学音律上发前人所未发的重要创见。其次在“入声作平声”一项下说：

> 入声作平声——施于句中，不可不谨，皆不能正其音。

文中又举以下七例：

> 泽国江山入战图——第一泽字无害。
> 红日花开烟雨中——第二白字。
> 瘦马独行真可哀——第三独字若施于“仄仄平平仄仄平”之句则可，施于他调皆不可。
> 人生七十古来稀——第四十字。
> 点溪荷叶叠青钱——第五叠字。
> 刘项元来不读书——第六读字。
> 凤凰不共鸡争食——第七食字。

① 任讷以为“定格”评语内，有涉及“用意”的，今将这类归于“造语”，不别立标目。又“知韵”一项因涉及字音，平仄四声问题，所以改为“知音”。

这段话在强调两个观念，一是入声可以唱作平声，周德清《中原音韵·序》中说：

> 有句中用入声不能歌者。……入声于句中不能歌者，不知入声作平声也。

在此就特别强调入声可以唱作平声字音。

其次是“入声作平声”为权宜措施，实际的唱音和平声仍有相当的差异，所以“不可不谨”。《中原音韵·序》也强调这一点：

> 声分平仄者，谓无入声，以入声派入平上去三声也。作平者最为紧切，施之句中，不可不谨。派入三声者，广其韵耳，有才者，本韵自足矣。

周德清不特别强调入作上、入作去，只强调入作平“不可不谨”，就是因为唱来“不能正其音”的缘故。[①] 平声分“阴阳”，这是周德清曲论的一个重点，他在“阴阳”一法下举例说：

> 用阴字法——《点绛唇》首句韵脚必用阴字，试以“天地玄黄”为句歌之，则歌“黄”字为“荒”字，非也。若以“宇宙洪荒”为句，协矣！盖“荒”字属阴，“黄”字属阳也。
>
> 用阳字法——《寄生草》末句七字内，第五字必用阳字，以

① 关于周德清这一段话，前人的解释并不一致。任纳认为文句或有讹、脱误，他说：“正”字应误。若为“乱”字则义晓，或“皆不能”上脱“否则”二字。因现存瞿氏本及啸馀谱本都没有异文，所以任意校改并不可从。宁继福《〈中原音韵〉无入声内证》一文解释这段话的含义说：周氏列举的七句七言诗，是唐人律句，依次注出的七个字，《广韵》读入声，《中原音韵》收在“入声作平声”。曲的律句平仄格式虽与唐诗一致，但是字的平仄归类却不尽相同，它们的分野就在“入声作平声”字。如果以曲字之平仄衡量上列唐诗，则大都变成非律句。所以周德清着重指出：“入声作平声施于句中不可不谨，不谨皆不能正其音。”并将这一条列为作词第五法。宁先生没有顾虑到曲词是配乐唱出来的，和律诗的长吟并不相同，周德清不说“入作上”、“入作去”只说“入作平”，可能跟律诗的平仄规律并不相干，他只在强调“入作平”，“皆不能正其音”。宁先生又在原文擅加“不谨”两个字，使意思变为“谨则能正其音”，显然出于臆测。

“归来饱饭黄昏后”为句歌之，协矣！若以“昏黄后”歌之，则歌“昏”字为“浑”字，非也。盖“黄”字属阳，“昏”字属阴也。

阴平与阳平的字调，在元代中原地区口语音里是有分别的，明代王骥德《方诸馆曲律》“论阴阳”中说：

> 夫自五声之有清浊也：清则轻扬，浊则沉郁。周氏以清者为阴，浊者为阳，故于北曲中凡揭起字，皆曰阳，抑下字，皆曰阴。

如果此说可信，那么中原地区阴平字可能是升调，阳平可能是降调。那么配合既有的曲子，阴、阳平字如果选用不当，会有什么不良后果呢？王骥德又说：

> 今借其所谓阴阳二字而言，则曲之篇章句字，既播之声音，必高于抑扬，参差相错，引如贯珠，而后可入律吕，可和管弦。倘宜揭也而或用阴字，则声必欺字，宜抑也而或用阳字，则字必欺声；阴阳一欺，则调必不和，欲诎调以就字，则声非其声，欲易字就调，则字非其字矣。毋论听者逆耳，抑亦歌者棘喉。

阴、阳字使用不当，其影响可谓至巨。周德清立：“用阴字法”、“用阳字法”，可说是立意幽远，深得曲学三昧！关于阴、阳平字，周德清在其他地方也多次提到，现具录于后，可以和“阴阳”一条互相发明。

> 歌其字音非其字者，合用阴而阳、阳而阴也。（《中原音韵·自序》）
>
> 讴者歌乐府“四块玉”，至“彩扇歌，青楼饮”，宗信止其音，而谓予曰：“‘彩’字对‘青’字，而歌‘青’字为‘晴’，吾揣其音，此字合用平声，必欲扬其音，而青字乃抑之，非也。畴昔尝闻萧存存言，君所著《中原音韵》，乃正语作词之法，以别阴阳字义，其斯之谓欤？细详其调，非歌者之责也。”予因大笑，越其席捋其须

而言曰："信哉吉之多士，而君又士之俊者也。……能正其语之差，顾其曲之误，而以才动之之者鲜矣哉！"（《中原音韵》后序）

"陶"字属阳，协音；若以"渊明"字，则"渊"字唱"元"字，盖"渊"字属阴。（《定格》四十首之一）

妙在"君"字属阴。（《定格》四十首之四）

"思"字属阴。（《定格》四十首之七）

妙在"芙"字属阳。（《定格》四十首之十）

"调"字"迟"字俱属阳，妙。（《定格》四十首之十一）

"羲"字属阳，妙。（《定格》四十首之十二）

"缠"字属阳，妙。（《定格》四十首之十六）

妙在"长"属阳。（《定格》四十首之十九）

若得"天"字属阳，更妙。（《定格》四十首之二十一）

"看"字属阴，妙。（《定格》四十首之二十七）

妙在"阳"字属阳以起其音。（《定格》四十首之二十八）

务头在《德胜令》起句头字要属阳。（《定格》四十首之二十四）

"黄"字急接，且要阳字好。（《定格》四十首之二十五）

妙在"彭"字属阳。（《定格》四十首之三十六）

妙在"包"字上声以起其首；平声便属第二，平声若是阳字，仅可；若是阴字，愈无用矣。（《定格》四十首之三十九）

周德清用心于阴、阳字得失之间，可知与唱曲关系密切，用得正确，则听得其字，用得不当，则唱非其声，声非其字。

周德清在音律上又创"务头"一项，他说：

要知某调某句某字是务头，可施俊语于其上，后注于定格各调内。

《定格》四十首中，有二十六首提到务头的文字，今具录如下：

"虹蚬志""陶潜是"，务头也。（第一首）

第四句，末句，是务头。（第二首）

第四句，末句，是务头。(第三首)

妙在七字“黄鹤送酒仙人喝”，俊语也。况“酒”字上声，以转其音，务头在其上。(第六首)

妙在“倚”字上声起音，一篇之中，唱此一字，况务头在其上。(第七首)

前词务头在“人”字，后词妙在“口”字上声，务头在其上。(第八、九首)

妙在“芙”字属阳，取务头。……又第八句是务头。(第十首)

妙在……“扇”字去声取务头。(第十二首)

务头在后词起句。(第十三首)

务头在第二句及尾，“可曾”，俊语也。(第十四首)

妙在“点”“节”二字上声起音。务头在第二句及尾。(第十五首)

“缠”字属阳，妙！……务头在第二句及尾。

“纸”字上声起音，务头在上，及“感皇恩”起句，至断肠句上。(第十七、十八、十九首)

务头在三对末句收之。(第二十首)

音律浏亮，贵在“却”“湿”二字上声，音从上转取务头也。(第二十一首)

务头在第七句至尾。(第二十二首)

兼三字是务头。(第二十三首)

妙在“小”字上声，务头在上。(第二十六首)

妙在“阳”字属阳，以起其音，取务头。(第二十八首)

务头在三对。(第三十首)

“冷”字上声，妙，务头在上。(第三十二首)

务头在“德胜令”起句，头字要属阳。(第三十三首)

务头在对起及尾。(第三十七首)

“安排”上“天地”二字，若得去上为止，上去次之，余无用矣，盖务头在上。(第三十九首)

所谓“务头”，王骥德《方诸馆曲律》阐述得最为清楚：

> “务头”之说，《中原音韵》于北曲胪列甚详，南曲则绝无人语及之者。然南北一法，系是调中最紧要句子。凡曲遇揭起其音，而宛转其调，如俗之所谓“做腔”处，每调或一句，或二、三句，每句或一字或二、三字，即是务头。《墨娥小录》载：务头，调侃曰“喝采”。又词隐先生尝为余言：吴中有唱了这高务，语意可想矣。旧传《黄莺儿》第一、七字句是务头，以此类推，余可想见。古人凡遇务头，辄施俊语，或古人成语一句其上，否则只为不分务头，非曲所贵。周氏所谓：如众星中显一月之孤明也。……今大略令善歌者，取人间合律腔好曲，反复歌唱，谛其曲折，以详定其句子，此取务头一法也。

务头本来是音乐转折精彩处，作词者必须把握住，并写下合于曲律的字句，使得乐曲之美与文字之美结合，而相得益彰，否则一有参差，必减声色。所以务头的句子必须“施俊语”，务头的字词、四声也一定要讲究，使得曲调独具听觉之美，文字也精辟拔卓。

关于“知音”的最后一项，就是“末句”问题。周德清说：

> 末句，“诗头曲尾”是也。如得好句，其句意尽可为末句。前辈已有“某调末句是平煞，某调末句是上煞，某调末句是去煞”，照依后项用之。夫平仄者，平者平声，仄者上去声也。后云“上”者，必要上；“去”者，必要去；“上去”者，必要上去；“去上”者，必要去上。“仄仄”者，上去、去上，皆可。上上、去去若得回避，尤妙！若是造句且熟，亦无害。

周德清列举出六十七个曲牌末句的平仄规矩。例如：

> 上去（去平属第二，切不可上平） 庆宣和
> 仄平平 雁儿落 汉东山
> 平去平（平去上属第三） 山坡羊 四块玉
> 仄仄平平 折桂令 水仙子 殿前欢 乔木查 普天乐
> ……

任讷《作词十法疏证》说：

曲尾最要紧，因音节较美，每每即务头所在，故文字必紧，而平仄必严也。末句固重，而末字尤重，去声则必去声也。特谱式有定，而作者为求下笔便利，每不依从，是不独后人为然，元人且然矣。学者要不宜藉口于彼，而卤莽灭裂，抹杀此定格也。

为配合音乐的结束，末句不但文意要美，平仄也必须配合得当，甚至还要讲求上去不紊，这就是创作“末句”的重要原则。

（二）造语——区分可否，力避“忌”语

文学靠文字来表达，累字成句，积句成篇，语意的把握，直接影响到文学的品质。元曲有其特殊的欣赏对象、表演方式与流行区域，所以在“造语”上尤不同于诗、词、文、赋。周德清对作词造语研究独到，他认为有“可作”、“不可作”和“忌”语三项必须注意：

可作

乐府语　经史语　天下通语

未造其语，先立其意；语意俱高为上。短章辞既间，意欲尽。长篇要腰腹饱满，首尾相救。造语必俊，用字必熟。太文则迂，不文则俗。文而不文，俗而不俗，要耸观，又耸听，格调高，音律好，衬字无，平仄稳。

任讷对“文而不文，俗而不俗”的解释为：

文而不文，俗而不俗，是曲之天然现象。盖词经解放而为曲，原以俗为主。惟曲为合乐之韵文，曲调句法有定，纯粹语体，势难处处合调。虽有衬字办法，终不足以救济，有非杂以文言不可者也。以俗为主，而需文为辅，于是不文不俗之现象，一定而不可移易矣！

周德清认为“不可作”者如下：

不可作

俗语 蛮语 谑语 嗑语 市语 方语 书生语 讥诮语 全句语 构肆语 张打油语 双声叠韵语 六字三韵语

以上各类，他也有所说明：

方语：各处乡谈也。

书生语：书之纸上，详解方晓，歌则莫知所云。

讥诮语：讽刺，古有之，不可直述，托一景，记一物，可也。

全句语：短章乐府，务头上不可多用全句，还有自立一家言语为上。全句语者，惟传奇中务头上，用此法耳。

构肆语：不必要上纸，但只要好听。俗语谑语市语皆可。前辈云：“街市小令，唱尖新茜意，成文章曰乐府”是也。乐府小令两途，乐府语可入小令，小令语不可入乐府。

张打油语：吉安龙泉县水浒米仓，有于志能号无心者，欲县官利塞其口，作“水仙子”示人，自谓得意。末句云：“早难道水米无交。”观其全集，自名之曰乐府，悉皆此类。士大夫评之曰：“此乃张打油乞化出门语也，敢曰乐府?”作者当以为戒。

双声叠韵语：如“故国观花君未归”是也。夫乐府贵在音律浏亮，何乃反入艰难之乡？此体不可无，亦不可专意作而歌之，但可构肆中白念耳。

六字三韵语：前辈周公摄政传奇“太平令”云：“口来，豁开、两腮”，西厢记“麻郎么篇”云：“忽听、一声、猛惊”，“本宫、始终、不同”，韵脚俱用平声。若杂一上声，更属第二着，皆于务头上使。近有“折桂令”，皆二字一韵，不分务头，亦不喝采，全淳则已，若不淳，则句句急口令矣，所谓画虎不成反类犬也。殊不知前辈止于全篇中务头上使，以别精粗，如众星中显一月之孤明也，可与识者道。

至于"忌"语方面，包括"语病"、"语涩"、"语粗"和"语嫩"四项，周德清自己解释说：

> 语病：如达不着主母机，有答之曰："烧公鸭亦可"，似此之类，切忌。
>
> 语涩：句生硬而平仄不好。
>
> 语粗：无细腻俊美之言。
>
> 语嫩：谓其言太弱，既庸且腐，又不切当，鄙猥小家而无大气象也。

周德清对曲词"造语"上的要求甚多，都是发前人所未发。明代曲论家王骥德《方诸馆曲律》也立"曲禁"一项，大部分承袭了上述的说法，周德清在这点上可以说是一位开学理的先驱。在"定格"四十首中，周德清对一些著名曲作的"造语"也有过一些赞词，如：

> 命意、造语、下字俱好。（第一首）
>
> 妙在七字"黄鹤送酒仙人喝"，俊语也。（第六首）
>
> "阵有赢输"，"扇有炎凉"，俊语也。（第二十六首）
>
> ……

这些都和"造语"有关，遗憾的是，这些评论多为抽象的评论，并未作具体的阐述。

（三）用事——明事隐使，隐事明使

周德清对作词"用事"有一个原则，即：明事隐使，隐事明使。

任讷对这八个字作了精到的解释：

> 此层原与诗词无别，若就曲一方面详言之，则仍可引王氏《曲律》之语，《曲律》论用事亦曰："明事暗使，隐事显使"。又曰："有一等事，用在句中，令人不觉，如禅家所谓撮盐水中，饮水乃知咸味，方是妙手。"此可作"明事隐使"一层注解。又曰："务使唱去人人都晓者不须解说。"此可作"隐事明使"一层注解。

凡歌词看去人人都晓者，唱去未必人人都晓。此处当着重“唱去”二字，韵文降而至曲，所以重用白话，而大为解放者，无非为唱与人人都晓二事耳：亦即上文所谓曲之致用在广、在普遍之意也。清·冯班《钝吟文稿》吟：“曲子以声为主，其词不离本色；场上之曲，与科介相应，优儿敷粉墨而歌，欲得俚童野老，哭忭不禁，斯为能事。若三人不解，则工而无所施矣。”其言正与此合。

周德清对散曲的创作，既重视文学性，又注重实用性。其所提出的八字诀“明事隐使，隐事明使”，在曲学界已成不刊之论。

（四）用字——力忌生硬，远离文、俗

周德清认为曲词用字，不可用“生硬字”、“太文字”、“太俗字”与太多的“衬荛”字。在“衬荛字”下，他进一步解释说：

套数中可摘为乐府者能几？每调多则无十二、三句，每句七字而止，却用衬字加倍，则刺眼矣。倘有人作出协音俊语无此节病，我不及矣。紧戒勿言，妄乱板行。《塞鸿秋》末句本七字，有云：“今日个病恹恹刚写下两个相思字”，却十四字矣。此何等句法，而又托名于时贤，没兴遭此诮谤，无为雪冤者。

元代曲词是配乐歌唱的，用衬字，自然容易“妄乱板行”，如果“衬字加倍”于正文，其音乐连贯性即遭破坏，所以不能多用。王骥德说：

细调板缓，多用二、三字尚不妨，紧调板急，若用多字，便躲闪不迭。

见解和周德清颇为一致。

“作词十法”，是周德清在对曲词的音韵、造语、用事、用字作细密分析后，订立的法度与规箴，其目的在于方便后学取则。其曲论，为明、清以来的曲学奠定了良好基础。

## 第二节 周德清曲论在中国曲学上的贡献

元代散曲、杂剧极为风行，因为曲体浅俗，作家又以失意潦倒文士居多，所以一向不受正统文学研究者重视。以曲名家者，对作曲法又往往秘而不传，也对曲学产生了负面作用。吴梅《顾曲尘谈》中曾说：

> 尝疑古今曲家，自金源以迄今日，其间享大名者，不下数百人，所作诸曲，其脍炙人口者，亦不下数十种，而独于填词之道则缺焉不论，遂使千古才人欲求一成法而不可得，……余深思其故，乃知有一大病也。其病维何？曰务求自秘而已矣。从来文章之事，就其高深言之，各有见到之处，父不能传诸子，师不能传诸弟，此固难言，不足深责。惟规矩准绳必须耳提面命，才能有所步趋。今一切不讲，使人暗中扪索，保无有歧误之事，在秘而不宣者，以为填词之法，非尽人所能，且此法无人授我，我岂肯独传于人，宁钳吾舌，使人莫明其妙，而吾略为指点之，则人将以关、马、郑、白尊我矣！此所以迄无成书也。

周德清的《中原音韵》、《中原音韵正语作词起例》可以说是早期能“独传其秘”的心得之作，其曲论在中国曲学上影响深远。主要体现在：

### 一 别开生面，首次建立起作词的正音规范

在周德清《中原音韵》成书以前，金元戏曲、散曲并没有韵书作为规范。大致说来，因为曲是通俗文学，不能脱离群众独立，所以用的应是“活语言”，押的韵也不会离实际语音太远；但任其自由发展，倒不如遵行韵书来得有凭有据，更何况当时也存在方音，规范性韵书就有其存在价值了。从方言歧异上说，周德清曾举出当时有人“涓”念“坚”、“渊”念“烟”、“堆”念“醉（平声）”、“尾”念“椅”及“之”、“知”，“宗”、“踪”，“丝”、“师”，“粗”、“初”，“真”、“贞”，“针”、“真”，“贪”、“滩”，“尖”、“煎”……不分的现象。也

提出了南戏音和北方中原之音不同，他说：

> 南宋都杭，吴兴与切邻，故其戏文如乐昌分镜等类，唱念呼吸，皆如约韵。……惟我圣朝，兴自北方，五十余年，言语之间，必以中原之音为正，鼓舞歌颂，治世之音，始自太保刘公牧庵、姚公疏斋、卢公辈，自成一家，今之所编，得非其意乎！

可见正音实有必要。再从作词押韵上说，有些作家使用“宽式押韵”，这种现象周德清不以为然，如《阳春白雪集》例即是。根据今人的研究，周德清所推崇的作家白朴，某些曲词押韵也有超越《中原音韵》十九部之例，其中包括“东钟”、“庚青”互押，“支思”、“齐微”互押，“歌戈”与“萧豪”、“鱼模”互押，“先天”与“寒山”、“桓欢”互押，“廉纤”、“先天”互押，“监咸”、“寒山”互押，“真文”、“侵寻”互押。[①]“宽式押韵”影响到韵律，所以周德清归纳的十九个韵部，就有追求音韵美感的积极作用。从明代以后，南北曲有“北从《中原》，南从《洪武》”的说法，北曲作家一直恪守《中原音韵》而不敢逾越，周德清所建立的作词的正音规范，实在是他在曲学上的最大贡献。

## 二　天下独步，首次阐扬音乐、词意、字音兼顾的曲学理论

宋词、元曲，原本音乐性都是极强的，除去初创词牌、曲谱的人以外，后来的作者只是按谱填字而已，作家能精通乐曲，词意合调，字不欺音，实属不易。南宋张枢、张炎父子乃推重音律之名人，张炎在《词源》一书中说：

> 先人晓畅音律，有《寄闲集》，旁缀音谱，刊行于世。每作一词，必使歌者按之，稍有不协，随即改正。曾赋《瑞鹤仙》一词云：“卷帘人睡起。放燕子归来，商量春事。芳菲又无几。减风光，都在卖花声里。吟边眼底。被嫩绿，移红换紫。甚等闲，半委

① 鲁国尧：《白朴曲韵与中原音韵》。

东风，半委小桥流水。还是。苔痕湔雨，竹影留云，做晴犹未。繁华迤逦。西湖上，多少歌吹。粉蝶儿，扑定花心不去，闲了寻香两翅。那知人，一点新愁，寸心万里。”此词按之歌谱，声字皆协，惟“扑”字稍不协，遂改为“守”字乃协，始知雅词协音虽一字亦不放过，信乎协音不易也。又作“惜花春早起”云：“琐窗深深”，字意不协，改为“幽”字，又不协，再改为“明”字，歌之始协。

这两段说明雅词协音的不易，后段又透露出“舍意求音”的事实。

周德清“工乐府，善音律，……自制乐府若干调，随时体制，不失法度，属律必严，比定必切，审律必当，择字必精，是以和于宫商，合于节奏，而无宿昔声律之弊。”[①]“德清之韵，不独中原，乃天下之正音也；德清之词，不惟江南，实当时之独步也。”[②] 可见周德清是一位兼顾音乐、词意和字音而备受时人推崇的作家。其相关曲论，在《中原音韵》两篇自序、《中原音韵正语作词起例》中均有详细记载。

**三 匠心独运，影响后代曲论走向，给后人以广阔视野及省察空间**

周德清以前的曲论著作，只有燕南芝庵《唱论》一种，《唱论》实际只有三十一小节，内容除略举古代知音善歌者、宋代大乐作家及戏曲体制外，大部分是宋元戏曲歌唱方法的理论。从书名上，我们可以知道他偏重在“唱”，如形容歌者的声音，他说：

凡人声音不等，各有所长，有川嗓，有堂声，皆合箫管。有唱雄壮的，失之村沙。唱得蕴拭的，失之乜斜。唱得轻巧的，失之寒贱。唱得本分的，失之老实。唱得用意的，失之穿凿。唱得打掐的，失之本调。

《唱论》文字简略，文意晦涩，专有名词，后人难明，缺乏例证，

① 虞集：《中原音韵·序》。
② 琐非复初：《中原音韵·序》。

影响极小。而周德清之曲论则不然，其范围延及音乐之宫调、曲牌之归属，字音之阴阳、平仄正误，用事、用词、用语之禁忌，文义之曼妙……例句详明，给后人以广阔的视野及省察的空间，影响深远。

明代南剧盛而北曲渐衰，论曲者亦多重南轻北，但立论方向却多袭周德清而加以发展、发挥、发明。王骥德《方诸馆曲律》、沈宠绥《度曲须知》是明代最有系统，内容最充实的两本剧曲声乐论著，而他们都受到周德清曲论的深刻影响。

《方诸馆曲律》四卷，是王骥德论述南北剧曲的源流衍变、体制形式、宫调声韵、制曲度曲方法的专门论著，其中《论平仄》一章，引述了周德清“平分阴阳”、“入派三声”的说法；“论阴阳”一章，也首先提到：

> 阴阳之说，北曲《中原音韵》论之甚详。

“论韵”一章，更说：

> 作曲则用元周德清《中原音韵》，……德清生最晚，始辑为此韵，作北曲者守之，兢兢无敢出入。

“论闭口字”一章，赞同《中原音韵》“侵寻”、“监咸”、“廉纤”三部独立，并说：

> 吴人无闭口字，每以侵为亲，以监为奸，以廉为连，至十九韵中，遂缺其三，此弊相沿，牢不可破，为害非浅！

“论务头”一章，则谓：

> 务头之说，《中原音韵》于北曲胪列甚详，南曲则绝无人语及之者。

由此可见周德清的曲论对王骥德影响之深刻。

《度曲须知》成书于晚明，作者沈宠绥精于音律，长于度曲，在南方昆曲盛行时，以科学的方法对曲学作科学性的分析，内容丰富，并时时透露出周德清在其心目中的地位及影响。他首列“词学先贤姓氏”，周德清排列第一，在姓氏之后，沈宠绥说：

以上诸名公，缘著作有关声学。予前后二集，稽采良多，用识爵里，不忘所自云。

钦慕之心，良由心扉。在“四声批窾”一项中，认为北曲无人，入派三声，但呼吸吞吐间，还有入声之别，说法与周德清完全一致。“中秋品曲”论到字音收尾，他也说：

熟晓《中原音韵》各韵之音，斯为得之。盖极填词家通用字眼，推《中原》十九韵可该其概。

“宗韵商疑”一项，对南、北词用韵的标准提出卓见，他说：

凡南北词韵脚，当共押周韵，若句中字面，则南曲以《正韵》为宗，而朋、横等字，当以庚青唱之。北曲以周韵为宗，而朋、横等字，不妨以东钟音唱之。但周韵为北词而设，世所共晓，亦所共式，惟南词所宗之韵，按之时唱，似难捉模，以言乎宗《正韵》也。

“字厘南北”一项，就北、南词字音之异提出了南、北音本来有别的看法，他说：

北曲肇自金人，盛于胜国。当时所遵字音之典型，惟《中原韵》一书已尔，入明犹踵其旧。迨后填词家，竞工南曲，而登歌者亦尚南音，……且尽反《中原》之音，而一祖《洪武正韵》焉。……北曲字面，所为自胜国以来，外奉《中原韵》为典型，一旦以南音搅入，此为别字，可胜言哉？

在《北曲正讹考》中，注明“宗《中原韵》”；“异声同字考”、“文同解异考”、“阴出阳收考”、“方音洗冤考”等，也直接摘录或择取周德清说法与观点。从以上所列，我们可以看出，其曲论均站在周德清曲学基础上而有所发挥，可见，周德清对后代曲论走向之影响。

总之，周德清《中原音韵》产生于元泰定年间，其分韵定切的标准与传统韵书大不相同，因此，《四库全书总目》将其置于“词曲”类，而不入“小学”之林。一般认为，《中原音韵》总结了当时北方口语的音系，与元代“活态”艺术——北曲杂剧之间，当有密切关联。

万历时期的吴中曲坛领袖沈璟极为强调《中原音韵》的普适性，其〔二郎神〕套曲《论曲》之〔啄木鸟〕云：

> 《中州韵》，分类详，《正韵》也因它为草创。今不守《正韵》填词，又不遵中土官商。制词不将《琵琶》仿，却驾言韵依东嘉样。这病膏肓，东嘉已误，安可袭为常。

整首套曲意在反拨南曲尤其是戏文“本无宫调，亦罕节奏”（《南词叙录》）传统，进而向南曲作家、唱家倡导“合律依腔”的原则。这里的《中州韵》，当是沿袭前人的习惯，指周德清《中原音韵》。[①] 沈璟对“周韵”的尊崇，近于极端，所编《南词韵选》即以“周韵”为标准，“虽有佳词，弗韵，弗选也。若‘幽窗下教人对景’、‘霸业艰危’、‘画楼频传’、‘无意整云鬟’、‘群芳绽锦鲜’等曲，虽世所脍炙，而用韵甚杂，殊误后学，皆力斥之”。

周德清总结北曲用韵时，他所标举的“中原之音”并非作为一种地域性方音的“中州话”，而是一种全域性的民族共同语。正如其《中原音韵·正语作词起例》所云：“上至缙绅讲论治道及国语翻译、国学教授语言，下至讼庭理民，莫非中原之音。”元人视北曲为“治世之音”，甚至标榜为承继着“雅乐”传统的“正声”，虞集《中原音韵序》：“我朝混一以来，朔南暨声教，士大夫歌咏，必求正声。凡所制

① 周德清《中原音韵》在元明时期常被称为“中州音韵”，如虞集《序中原音韵》、沈宠绥《度曲须知》等。

作，皆足以鸣国家气化之盛。自是北乐府出，一洗东南习俗之陋。”这样，一方面，元代大一统的政治格局为广阔疆域内的语言沟通提供了可能；一方面元政权自北而南的统一过程，也强化了“中原之音”的正统地位。

北曲的衰微虽然已经无可挽回，但崇尚北曲、北音，已早已内化为一种普遍性的社会文化心理，必然影响到南曲的用韵。独尊“中州韵”的主张，既折射出视“北韵”为正音的文化心态，也依托着北曲遵循“天下通语”的悠久传统。①

沈璟等对《中原音韵》的推崇，反映了文人提升昆腔文化品位的努力，希望原本只是一种“地域性”声腔的昆腔，能够如北曲一样，成为承载“正声”文化精神的“全域性”文艺样式，因而其主张往往容易得到文人的认同。

晚明以后，虽然《中原音韵》成为南曲写作时的一般规范，但也有不少精通音韵学的曲家试图提出新的变通。一个重要的事实是：从明人王骥德《南词正韵》、范善臻《中州全韵》，到清人王鵕《中州音韵辑要》、沈乘麐《韵学骊珠》、周昂《增订中州全韵》，这些曲韵专书在以《中原音韵》为基础综合南北语音的时候，也愈加关注南地语音的特殊性，这就使得南曲用韵从总体上讲，体现出“南音化”趋势。②

---

① 程芸：《元明清戏曲考论》，中国社会科学出版社 2013 年版，第 177 页。

② 杨荫浏：《中国音乐史纲》，音乐出版社 1955 年版，第 231—235 页。

# 第九章　周德清的散曲创作成就

## 第一节　周德清散曲小考

经多渠道爬梳，周德清所作散曲见于元、明两代曲集、曲谱或其他杂著者，有如下所获：

一、元琐非复初《中原音韵》序，引用周德清曲句，计存残曲6首。

二、元周德清《中原音韵》后序，自引小令1首。

三、元周德清《中原音韵正语作词起例》第二十一条后附有小令《满庭芳》4首。

四、元杨朝英辑《朝野新声太平乐府》收有小令20首，套数3套。

五、明张禄辑《词林摘艳》收有小令7首。

六、明无名氏辑《乐府群珠》收有小令9首。

七、明郭勋辑《雍熙乐府》收有套数3套。

八、明朱权撰《太和正音谱》收有小令1首。

九、明杨慎《词品》收有小令1首。

十、明田艺蘅《留青日札》收有小令1首。

十一、明蒋一葵《尧山堂外纪》收有小令3首。

以上资料，去其赘复，共有周德清曲作小令31首、套数3套及残曲6首。现将各曲与所收入之书名对照表列于下①。

---

① 引自古苓光《周德清及其曲学研究》，文史哲出版社1992年版，第86—92页；又据隋树森编《全元散曲》（中华书局，1964年2月第1版）暨张月中、王纲主编《全元曲》（中州古籍出版社，1996年9月第1版）校改。

| 曲词首句 | 出　　处 |
| --- | --- |
| 长江万里白如练 | 《朝野新声太平乐府》卷1 |
| 灞桥雪拥驴难跨 | 《朝野新声太平乐府》卷1 |
| 月光 | 《朝野新声太平乐府》卷4、《词林摘艳》卷1 |
| 鬓鸭 | 《朝野新声太平乐府》卷4、《词林摘艳》卷1，《词品》、《尧山堂外纪》卷68 |
| 披文握武 | 《中原音韵正语作词起例》、《词林摘艳》卷1 |
| 安危属君 | 《中原音韵正语作词起例》、《词林摘艳》卷1 |
| 官居极品 | 《中原音韵正语作词起例》、《词林摘艳》卷1 |
| 谋渊略广 | 《中原音韵正语作词起例》、《词林摘艳》卷1 |
| 茅店小斜挑草稕 | 《朝野新声太平乐府》卷4 |
| 穿云响一乘山笋 | 《朝野新声太平乐府》卷4 |
| 雪意商量酒价 | 《朝野新声太平乐府》卷4 |
| 共妾围炉说话 | 《朝野新声太平乐府》卷4 |
| 千山落叶岩岩瘦 | 《朝野新声太平乐府》卷4、《乐府群珠》卷1 |
| 雨晴花柳新梳洗 | 《朝野新声太平乐府》卷4、《乐府群珠》卷1 |
| 鞓挑斜月明金韂 | 《朝野新声太平乐府》卷4、《乐府群珠》卷1 |
| 月儿初上鹅黄柳 | 《朝野新声太平乐府》卷4、《乐府群珠》卷1 |
| 素梅又见樽前唱 | 《朝野新声太平乐府》卷4、《乐府群珠》卷1 |
| 半池暖绿鸳鸯睡 | 《朝野新声太平乐府》卷4、《乐府群珠》卷1 |
| 根窠生长灵芽 | 《朝野新声太平乐府》卷3 |
| 庐山面已难寻 | 《朝野新声太平乐府》卷3 |
| 暮云收 | 《朝野新声太平乐府》卷3 |
| 一叶身 | 《朝野新声太平乐府》卷3 |
| 燕子来 | 《朝野新声太平乐府》卷3 |
| 流水桃花鳜美 | 《朝野新声太平乐府》卷3 |
| 羊续高高挂起 | 《朝野新声太平乐府》卷3 |
| 鲲化鹏飞未必 | 《朝野新声太平乐府》卷3 |
| 藏剑心肠利己 | 《朝野新声太平乐府》卷3 |
| 折垂杨都是残枝 | 《朝野新声太平乐府》卷1、《乐府群珠》卷3 |
| 唾珠玑点破湖光 | 《朝野新声太平乐府》卷1、《乐府群珠》卷3 |
| 宰金头黑脚天鹅 | 《中原音韵》后序、《乐府群珠》卷3、《尧山堂外纪》卷71 |

续表

| 曲词首句 | 出处 |
| --- | --- |
| 倚篷窗无语嗟呀 | 《词林摘艳》卷1、《留青日札》卷26、《尧山堂外纪》卷71 |
| 正伯牙志未谐 | 《朝野新声太平乐府》卷8、《雍熙乐府》卷1 |
| 四角盘中 | 《朝野新声太平乐府》卷7、《雍熙乐府》卷13 |
| 不辨珉玒 | 《朝野新声太平乐府》卷7、《雍熙乐府》卷13 |
| 篇篇句句灵芝 | 《中原音韵》序 |
| 画家名有数家 | 《中原音韵》序 |
| 蝉自洁其身 | 《中原音韵》序 |
| 朱颜如退却 | 《中原音韵》序 |
| 合掌玉莲花未开 | 《中原音韵》序 |
| 残梅千片雪 | 《中原音韵》序 |

## 第二节 周德清散曲的内容

周德清不但熟于曲律，精于辨韵，且身体力行，自创散曲，声律考究，文辞清丽。

涵虚子评价："周德清之词，如玉笛横秋。"以此形象之喻，亦可悟其词之清丽。吴梅称说："所作小令散套，绰有大家风格。"[①] 梁乙真认为："他在当时为一音韵家，他所自作曲，亦是百炼千锤，极精美的东西。"[②] 罗锦堂则首肯："他在散曲的演变上，是一个重要的人物……,散曲到此，始纯粹步入骚雅一途。"[③] 罗忼烈更称赞说："周挺斋曲中申韩，铸刑鼎以扬榷，散道朴而为器。……及所自度，句斟字酌，明艳英发，委婉清秀。"[④] 由此看来，周德清之曲，在元代清丽派中，乃一代之翘楚。其散曲见于《太平乐府》、《词林摘艳》、《中原音韵》、《乐府群珠》等选集中，隋树森《全元散曲》辑得小令31首，套数3套。现就其所存散曲分为十一类，并作简要分析，论评如次：

---

① 吴梅：《顾曲尘谈》第四章《谈曲》。

② 梁乙真：《元明散曲小史》第三章《清丽派的黄金时代》。

③ 罗锦堂：《中国散曲史》第二章《元人散曲》。

④ 罗忼烈：《元曲三百首笺·叙论》。

## 一　写景状物，清丽美巧

周德清散曲作品，写景之作，清丽美巧，锤炼见工。

长江万里白如练，淮山数点青如淀。江帆几片疾如箭，山泉千尺飞如电。晚云都变露，新月初学扇，塞鸿一字来如线。（《〔正宫〕塞鸿秋·浔阳即景》）

这首曲写景非常壮丽，其中“江帆”与“山泉”，“晚云”与“新月”句，对仗工整，偶句巧成，非常美致。罗忼烈评“晚云”二句云：“妩媚清丽，从雕镂中出，非文人能事邪？”①

雨晴花柳新梳洗，日暖蜂蝶便整齐。晓塞莺燕旋收拾，催唤起，早赴牡丹期。（《〔中吕〕阳春曲·春晴》）

这首写春景，工整巧丽。花柳经雨清新如洗，蜂蝶日暖，齐整飞舞。晓寒之中，莺燕催唤人们早赴牡丹之约期，道出春讯，状写出春的生机与气息。

鞓挑斜月明金韂，花压春风短帽檐。谁家帘影玉纤纤，粘翠靥，消息露眉尖。（《〔中吕〕阳春曲·春晚》）

这首曲词首先写春风之中士人游赏春景，见帘影之玉女，由眉尖之中，透露了喜春的气象。颇富生活气息，文词工丽。罗锦堂称赞这首曲道：“也是字字珠玑，令人把玩不已。”②

半池暖绿鸳鸯睡，清径残红燕子飞。一林老翠杜鹃啼，春事已，何日是归期。（《〔中吕〕阳春曲·赠歌者韩寿香》）

---

① 罗忼烈：《元曲三百首笺·叙论》。

② 罗锦堂：《中国散曲史》第二章《元人散曲》。

由“半池暖绿鸳鸯睡”、“满径残红”、“一林老翠”之景，透露出“春事已”，乃晚春之景。末尾“何日是归期”，既有惋惜之义，又含迷惘之感。

庐山面已难寻，孤山鞋不曾沉。掩面留鞋意深，不知因甚，女儿港到如今。(《〔越调〕天净沙·舟阻女儿港》)

女儿港在江西九江县东南，源出庐山，东北流入彭蠡湖。一曰女儿浦，浦旁有女儿港，为彭蠡北出之道。《读史方舆纪要·江西·九江府·德化县》：“女儿港，府东南三十五里，源出庐山，东北流二十五里入彭蠡湖，水涨可容百余艘，因大孤在其侧，俗讹孤为姑，故有女名之称，亦曰女儿浦。”又云：“大孤山，在府东南四十里，彭蠡湖中，与南康府分界，西面洪涛，一峰独耸。唐顾况云：大孤山尽小孤山，盖彭泽之小孤山与此山相望也。山形似鞋，一名鞋山。”

周德清由山水形势，及得名故实，状写巧致。

### 二 闲居情趣，怡然自得

周德清写闲居生活一类的作品，有《〔中吕〕红绣鞋·郊行》三首、《赏雪》一首及《〔正宫〕塞鸿秋》描写冬日生活情趣的一首，共五首，都是即景而道出生活的情趣，怡然自得。

茅店小斜挑草稕，竹离疏半掩柴门。一犬汪汪吠行人。题诗桃叶渡，问酒杏花村，醉归来驴背稳。(《〔中吕〕红绣鞋·郊行》)

这首写闲暇时郊行畅游，茅店、竹篱、柴门，乡居情趣，如临其境。闲游去，在桃叶渡题诗，寻酒到杏花村，兴尽而返，稳坐在驴背上，写出一种怡然自得的郊游的生活情趣。

穿云响一乘山笄，见风消数盏村醪。十里松声画难描。枫林霜叶舞，荞麦雪花飘。又一年秋事了。(《〔中吕〕红绣鞋·郊行》二)

这首写到乘着山笄，迎风把几盏酒的酒意全都吹消。一路上听着松声，潇洒自在。看看枫林霜叶，荞麦雪花，已是秋收的季节，想到又是一年秋事繁忙之时。写得清而且爽。

雪意商量酒价，风光投奔诗家。准备骑驴探梅花。几声沙嘴雁，数点树头鸦。说江山憔悴煞。(《〔中吕〕红绣鞋·郊行》三)

冬季雪寒意深，家中饮酒作诗，骑驴探赏梅花。郊野憔悴之景，别生情趣。

共妾围炉说话，呼童扫雪烹茶。休说羊羔偏佳。调情须酒兴，压逆索茶芽。酒和茶都俊煞。(《〔中吕〕红绣鞋·赏雪偶成》)

雪天在室内与妻妾围炉共话，品茶、饮酒，各有雅兴，俊赏情调，逸趣横生。

灞桥雪拥驴难跨，剡溪冰冻船难驾；秦楼美酝添高价，陶家风味都闲话。羊羔饮兴佳，金帐歌声罢，醉魂不到蓝关下。(《〔正宫〕塞鸿秋·浔阳即景》)

冬日情趣，冰天雪地，难于骑驴探梅，无法驾舟访友，在秦楼饮酒高歌，享受情趣别致。

### 三　客居感怀，清新凄惋

月光，桂香，趁着风飘荡。砧声催动一天霜，过雁声嘹亮。叫起离情，敲残愁况，梦家山身异乡。夜凉，枕凉，不许愁人强。(《〔中吕〕朝天子·秋夜客怀》)

藉秋夜凄景，托内心离情，清新凄惋。"不许愁人强"，离情难忍，逞强无计。

### 四　别朋怀友，抒志写行

周德清别友之作有三首，怀友之作一首，一方面道出别情与思念之意，另一方面多写志意与行迹。

> 折垂杨都是残枝，诗满银盏，酒劝金卮。自在庐山，君游鄂渚，两地相思。白鹿洞谁谈旧史，黄鹤楼又有新诗。捻断吟髭，笑把霜毫，满写乌丝。(《〔双调〕蟾宫曲·送客之武昌》)

这首送别之作，道出两地相思，临别之情，并非深刻，客往武昌，情致高雅。

> 一叶身，二毛人，功名壮怀犹未伸。夜雨论文，明月伤神，秋色淡离樽。离东君桃李侯门，过西风杨柳渔村。酒船同棹月，诗担自挑云。君，孤雁不堪听。(《〔越调〕柳营曲·别友》)

由功名论文，谈及明月伤神，秋色离樽，伤情益现，友人行去，行将孤单，“诗担自挑云”、“孤雁不堪听”，无人陪伴，孤清难耐，雅致含蓄。

> 唾珠玑点破湖光，千变云霞，一字文章。吴楚东南，江山雄壮，诗酒疏狂。正鸡黍樽前月朗，又鲈莼江上风凉。记取他乡，落日观山，夜雨连床。(《〔双调〕蟾宫曲·别友》)

月朗之下，樽前欢聚，返乡而离，欢畅时光，最难将息。文词雅丽，情见含蓄。

> 暮云收，冷风飕，到中宵月来清更幽。倚遍江楼，望断汀洲，雪月照人愁。舍梅花谁是交游，饮松醪自相期俦。王子猷干罢手，戴安道且蒙头。休，谁驾剡溪舟。(《〔越调〕柳营曲·冬夜怀友》)

前半写景，凄清孤寂，“倚遍江楼，望断汀洲”，怀念思盼，情之恳切。除此契友，同俦难再。以典托情，会友诚艰。

曲中言王子猷不能访戴，怅惘之情，跃然纸上。

## 五　生活之艰，酸涩难耐

倚篷窗无语嗟呀，七件儿全无，做什么人家？柴似灵芝，油如甘露，米若丹砂。酱瓮儿才罄撒，盐瓶儿又告消乏。茶也无多。醋也无多。七件事尚且艰难，怎生教我折柳攀花？（《〔双调〕折桂令）

此乃德清家居生活之实况，柴米油盐，七件全无。可是他在末尾一句却以玩世不恭的口吻说：“怎生教我折柳攀花”，苦中酸涩，冷暖自知。吴梅云：“挺斋家况奇窘，时有断炊之虞，戏咏开门七事件《折桂令》（按即《蟾宫曲》）云……，其贫可想见也。”① 卢前更于《论曲·绝句》中赞说：“开门七事苦嗟呀，柴米油盐酱醋茶。宗信复初真知己，高安韵论本方家。”②

## 六　感叹世人，应景而发

周德清有四首《〔双调〕沉醉东风·有所感》，都是以王荆公旧日所题鱼为歌咏对象，应景而发。

流水桃花鳜美，秋风莼菜鲈肥。不共时，皆佳味，几个人知？记得荆公旧日题：何处无鱼羹饭吃。（《〔双调〕沉醉东风·有所感》一）

唐张志和有《渔父歌》云：“西塞山前白鹭飞，桃花流水鳜鱼肥。”宋梅尧臣有《醉中留别永叔子履诗》云：“江湖秋老鳜鲈熟，归奉甘旨

---

① 《顾曲尘谈》第四章《读曲》。

② 《词曲研究》第七章。

诚其宜。”又《晋书张翰传》云：“因见秋风起，乃思吴中菰菜莼羹鲈鱼脍，曰，人生贵得适志，何为羁宦数千里，以要名爵乎，遂命驾而归。”周德清曲中所言，似有感于江湖流落，思归不得，故作开脱之语，故末句云：“何处无鱼羹饭吃。”

> 羊续高高挂起，冯驩苦苦伤悲。大海边，长江内，多少渔矶？记得荆公旧日题：何处无鱼羹饭吃？（《〔双调〕沉醉东风·有所感》二）

羊续东汉平阳人，字兴祖，累官庐江南阳二郡太守，讨平诸寇，民赖以安。生活朴素，敝衣羸马，清介自持。《后汉书·羊续传》云：“为南阳太守，班宣政令，候民病利，百姓叹服。时权豪之家多尚奢丽，续深疾之，常敝衣薄食，车马敝败。府丞当献生鱼，续受而悬于庭，丞后又进之，续乃出前所悬者，以杜其意。”冯驩，战国齐孟尝君门下客，初不受重视，乃以食无鱼，出无车，无以为家，三为长铗之歌，孟尝君礼遇之。此曲中用羊续、冯驩之典故，一方面影射“鱼”，一方面表示天下多的是渔矶可以钓鱼，不必挂而不食，也不必为无食而歌叹，所以末句说出：“何处无鱼羹饭吃。”

> 鲲化鹏飞未必，鲤从龙去安知？漏网难，吞钩易，莫过前溪。记得荆公旧日题：何处无鱼羹饭吃。（《〔双调〕沉醉东风·有所感》三）

《庄子·逍遥游》云：“北冥有鱼，其名为鲲，鲲之大不知其几千里也，化而为鸟，其名为鹏，鹏之大不知其几千里也。”庄子书多寓言，鲲化鹏乃假托之辞，故周德清言其“未必”。

《后汉书·李膺传注》云：“《辛氏三秦记》曰：河津一名龙门，水险不通，鱼鳖之属莫能上，上则为龙也。”鲤从龙之说也是神话传说，故周德清言“安知”。此处言鲲也好，鲤也好，虽然未必可信，但鱼类漏网难，吞钩易，所以要特别谨慎。

藏剑心肠利己，吞吐舟度量容谁？棹月归，邀云醉，缩项鳊肥。记得荆公旧日题：何处无鱼羹饭吃。(《〔双调〕沉醉东风·有所感》四)

这首感叹世人，心肠藏剑，不但利己，常又要害人，又叹度量再大又去容谁？洒脱一些还是棹月归、邀云醉，更有肥鳊可以佐酒。

## 七　闺情相思，珠玑晶莹

千山落叶岩岩瘦，百结柔肠寸寸愁，有人独倚晚妆楼；楼外柳，眉叶不禁秋。(《〔中吕〕阳春曲·秋思》)

用落叶不禁秋，衬托出内心的凄清愁意，再用寸寸愁肠形容其痛切，写来委婉而又雅丽。郑振铎评挺斋曲“他自作也复出之百炼千锤，无懈可击”[①]。梁乙真指此曲云：“都可以看出挺斋散曲的造诣来。”[②]罗锦堂举此首曲称“这都是晶莹可爱之作。”[③] 可见此曲颇受论者之认可。

月儿初上鹅黄柳，燕子先归翡翠楼。梅魂休暖凤香篝。人去后，鸳被冷堆愁。(《〔中吕〕阳春曲·别情》)

别情之作，凄清冷寂，凄凉愁切，含蓄而清婉。梁乙真称这首曲谓“这还不是晶莹若珠玑的吗?”[④]

## 八　思念之情，扑朔迷离

燕子来，海棠开，西厢尚愁音信乖。问柳章台，采药天台，归

① 《插图本中国文学史》第四十九章。
② 《元明散曲小史》第三章。
③ 《中国散曲史》第二章。
④ 《元明散曲小史》第三章。

去却伤怀。恰嗔人踏破苍苔，不知他行出瑶阶。见刚刚三寸迹，想窄窄一双鞋。猜，多早晚到书斋。（《〔越调〕柳营曲·有所思》）

这首曲写得含蓄雅丽，扑朔迷离，好像心中有所思念，却假想瑶阶鞋迹，期盼能遇，末一“猜”字，迷离自现。

**九　赠友歌妓，惟妙惟肖**

周德清的描述人物作品，有四首写宋代政治人物，有一大套曲是写赠友人之作，有二首写歌妓，因身份不同，各有发挥。

写宋代大臣之作：

披文握武，建中兴庙宇，载青史图书。功成却被权臣妒。正落奸谋，闪杀人望旌节中原士夫，误杀人弃丘陵南渡銮兴。钱塘路，愁风怨雨，长是洒西湖。（《〔中吕〕满庭芳·看岳王传》）

岳飞能文善武，功载史册，惜落奸谋，长留悲切，感伤无限。

安危属君，立勤王志节，此翊汉功勋。临机料敌存威信，际会风云。似恁地尽忠勇匡君报本，也消得坐都堂秉笏垂绅。闲评论，中兴宰臣，万古揖清芬。（《〔中吕〕满庭芳·韩世忠》）

韩世忠临机料敌，忠勇匡君。

谋渊略广，论兵用武，立国安邦。佐中兴一代贤明将，怎生来险幸如狼。蓄祸心奸私放党，附权臣构陷忠良。朝堂上，把一个精忠岳王，屈死葬钱塘！（《〔中吕〕满庭芳·张俊》）

张俊，既谋渊略广，又奸邪私党，构陷忠良，揭发功过，陟罚臧否，情真意切。

官居极品，欺天误主，贱土轻民。把一场和议为公论，妒害功

臣。通贼虏怀奸诳君，那些儿立朝堂仗义依仁。英雄恨，使飞云幸存，那里有南北二朝分。（《〔中吕〕满庭芳·误国贼秦桧》）

秦桧，奸邪误国，通贼诳君。末尾三句，不但写出英雄恨，也写出人民愤。

《南吕·一枝花》套曲，是《遗张伯元》之作，张伯元之生平不得其详，当是挺斋之知音好友，曲中对伯元之学识、性行描写，如见其人：

《南吕·一枝花》正伯牙志未谐，遇钟子心能解。使高山群虎啸，要流水老龙哀。洒落襟怀。一笑乾坤大，高谈云雾开。几行北雁吞声，一片西山失色。

〔梁州〕无人我惊心句险，有江山空日烟埋。相逢尽是他乡客，我淹吴楚，君显江淮。雄游海宇，挺出人材。箕裘事业合该，簪缨苗裔传来。大胸襟进履圯桥，壮游玩乘槎大海，老风波走马章台。千载，后代，子孙更风流煞，万一见此豪迈。玉有润难明借月色，出落吾齐。

〔隔尾〕向管中窥豹那知外，坐井底观天又出来。运斧般斗志何大，出削个好歹。但成个架格，未敢望将如栋梁采。（《遗张伯元》）

〔一枝花〕中首先讲遇到知音，然后用“高山群虎啸，流水老龙哀”写伯元的“洒落襟怀”，再下来写他的笑谈之畅朗，使“北雁吞声，西山失色”，伯元之风，想而可见。

〔梁州〕中讲到自己与伯元相别日多，再讲到伯元显名于江淮，能成箕裘事业。又写到其胸襟阔达，壮游风流，显示其豪迈性情。

〔隔尾〕说人要有远大胸怀，不能管中窥豹、坐井观天。有感而发，写得豪爽畅朗。

素梅又见樽前唱，红叶何时水上忙。姓名端的不寻常，韩寿香，一字暗包藏。（《〔中吕〕阳春曲·赠歌者韩寿香》）

赠歌者之作，大多为席上应酬之作，其妙在将歌妓之名字嵌在曲中。歌妓寿香，称誉之情，不言自见。

根窠生长灵芽，旗枪树立烟花，不许冯魁串瓦。休抬高价，小舟来贩茶茶。(《〔越调〕天净沙·嘲歌者茶茶》)

茶生灵芽，妓在烟花，怕抬身价，恐人高贩。嘲讽之情，字里行间。

**十　玩物不伤，感发事理**

周德清的咏物之作，有两套套曲，一歌小玉带，一咏双陆游戏。

〔越调斗鹌鹑〕不辨珉玒，纷纷贯耳。自覩琼瑶，常常挂齿。匡皋相逢，荆山在此。这乐名，是谁赐？样称纤腰，光摇嫩指。

〔紫花儿〕却是红如鹤顶，赤如鸡冠，白似羊脂。是望月犀牛独自，是穿花鸾凤雄雌。是兔儿灵芝，是螭虎是翎毛是鹭鸶。是海青拿天鹅不是，我则是想象因而，你敢那就里知之。

〔调笑令〕细思，好称瘦腰肢，围上偏宜舞《柘枝》。性温和雅称芳名字，料应来一般胸次。色光泽莹如美艳姿，都无那半点瑕疵。

〔小沙门〕别是个玲珑样子，另生成剔透心儿，为风流尽教捻断髭。不负我，赠新诗，新词。

〔圣药王〕重玩视，巧意思，羽毛枝干细如丝。温润资，雕琢时，那时间应是辨妍媸，必定是明师。

〔尾〕挂金鱼自古文章士，未敢望当来衣紫。有福后必还咱，上心来记着你。(《赠小玉带》)

《斗鹌鹑》开头写早就耳闻小玉带声名，常常谈论，末二句写玉带正配纤腰，光莹与玉女嫩指相映。

〔紫花儿〕写玉色红如鹤顶，似鸡冠，白像羊脂。以犀牛、鸾凤、兔儿、螭虎、鹭鸶、天鹅，喻其美姿，想象之辞，特异凸显。

〔调笑令〕写这小玉带正适合瘦腰肢，围上来跳舞。末尾两句状其泽莹美艳。

〔小沙门〕写小玉带玲珑剔透，令人爱赏。

〔圣药王〕写自己一再把玩，想象一定是一位明师精心雕琢。

〔尾〕推想小玉带，可能是文士挂金鱼，希望自己有福将来能归还手中，心中常念。此套曲，虽为玩物之余有所感发，但文词华丽，新人视目。

〔越调斗鹌鹑〕四角盘中，三十骑里，多少机关？包藏见识。席上风前，花间树底，起斗刚，各论智。盘样新奇，声清韵美。

〔紫花儿〕月儿对浑如水照，夕儿花有若云生，点儿疏恰似星稀。马儿齐摆下，色儿大休掷。会捻色的便宜，更递马双行休倒提。虽凭色难同使力，递有高低，要识迟疾。

〔天净沙〕盘中排营寨城池，眼前无弓箭旌旗，心内有刀枪剑戟。局面儿几般形势，似英雄征战相持。

〔小桃红〕散二似萧何追韩信待回归，众军士傍观立。散三似敬德赶秦王不相离，有叔宝后跟随。百一局似关云长独赴单刀会，败到这其间有几。赢了的百中无一，输了的似楚霸王刎江湄。

〔三台印〕两家局安营地，施谋智，似挑军对垒，等破绽用心机。色儿似飞沙走石，汉高皇对敌楚项籍，诸葛亮要擒司马懿。那两个地割鸿沟，这两个兵屯渭水。

〔金蕉叶〕撒底似孙膑伏兵未起，外划似孙武挑兵教习。五梁似吕望兵临孟水，六梁似吕布遭围下邳。

〔含笑花〕暗疾，函谷孟尝归，不下鸿门樊哙急。失家如误了吴元济，点颏如跳溪刘备。无梁如火烧曹孟德，撞门如扼水张飞。

〔小拜门〕把门似临潼会里，茺颏如细柳军围。看诸葛纵擒蜀孟获，两下里，马来回，堪题。

〔圣药王〕等一掷，心暗喜，并合梁恨不的马都回。恰四六十，又三四七，更幺三一二紧相随，心急马行迟。

〔幺〕贩了迟，却变疾，头颏卷尽可伤悲。色不随，梁不齐，不甫能打的个马儿回，他一马走如飞。

〔么〕幺五梁没气力，幺四梁终较得，幺三梁道吃了栈羊肥。鞁肚梁破到底，单单梁无用的。二梁难道不空回，则不破怎支持。

〔么〕若论迟，有甚奇，破着呵不打枉驱驰！怕两帖子救一，道两马可当十。巴到家不得马休题，更有截七带去的。

〔麻郎儿〕到此际人难强嘴，空打的马不停蹄。色不顺那堪性急，焦起来更加错递。

〔么〕着的，可知，见疾，当局委实着迷。休惧怯睚他免回，如征战更加神气。

〔络丝娘〕怕的是盖着门苊着颏又起，村的是把着马揭着头盖底，采到后喝着的都应的，也随邪顺着人意。

〔绵荅絮〕明皇当日，力士跟随，曾拈色数，殢杀杨妃，因呼得四，敕赐穿绯，以色娱人脱布衣，此物扬名出禁闱。疾变迟，迟变为疾，白转红红转做黑。

〔尾〕翻云覆雨无碑记，则袖手旁观笑你。休把色儿唤，宜将世情比。（《双陆》）

双陆为一种博戏，由来已久。《事原》云："魏陈思王制双陆局，置骰子二，至唐末，有叶子之戏，遂加骰子至于六。"《五杂俎》云："双陆本是胡戏，胡主有弟一人，得罪，将杀之，其弟于狱中为此戏以上，其意谓孤则为人所击，以讽王也。子随骰行，若得双陆则无不胜，故名。"《酉阳杂俎》："梁时荆州掾属以双陆赌金钱。"《名义考》云："双陆古谓之十二棋，又谓之六博。"《洪遵双陆序》云："以异木为盘，盘中彼此内外，各有六梁，故名。《唐书·狄仁杰传》："后召谓曰：朕数梦双陆不胜，何也?"张昱《天宝宫词》："不平最是弹双陆，骰子公然得赐绯。"《辽史·圣宗纪》："皇太后幸韩德让帐，厚加赏赉，命群臣分朋双陆以尽欢。"《元史·哈麻传》："帝每即内殿，与哈麻以双陆为戏。"

由此可知，双陆为一种棋戏，有棋盘，彼此内外，双方各有六梁，以掷骰子来行子，得双陆则无不胜。唐至元代，宫廷仕女，均流行此种博戏。玩起来像两军对垒，互相厮杀，所以周德清曲词中，很多军阵上的典故，以此譬喻，描述细致，生动有趣。遗憾的是今人已不知其戏法，否则更可了解周德清散曲之佳妙。曲开头《斗鹌鹑》一调，可谓神来之笔，“多少机关，包藏见识”、“起斗、论智”，引人入胜。末尾以“世情”比喻，警示人们注意行棋休养，陶身冶性，别具深意。

### 十一　宴遇知音，兴发而作

据吴梅《顾曲尘谈》第四章《谈曲》记云：“挺斋曾至西域，访友人琐非复初，有同志罗宗信者，见饷酒肴，复初举觞，命讴者歌〈四块玉〉调，起句云：‘彩扇歌，青楼饮’，宗信急止其音云：‘彩字对青字，而歌青字为晴，吾独揣其音，此字必用阳声以扬其音，而青字乃抑之，非也。’复初因前驱红袖，而自用调歌曰：‘买笑金，缠头锦，得遇知音可人心。怕逢狂客天生心，纽死鹤，劈碎琴，不害碜。’德清闻其歌大喜曰：‘予作乐府三十年未有如今日之遇二公能知某曲之非、某曲之是也。’遂奉巨觞，口占〈折桂令〉一支云：宰金头黑脚天鹅，客有钟期，座有韩娥。吟既能吟，听还能听，歌也能歌。和《白雪》新来较可，放行云飞去如何？醉觑银河，灿灿蟾孤，点点星多。歌既毕，相与痛饮，大醉而罢，其风致不减魏晋人也。”

这一首曲是周德清在宴集中遇到知音，兴发而作，因遇知音，能吟、能听、能歌，相互唱和，酒醉兴尽，豪爽放旷。

总之，周德清，是一位曲学大家，知音熟律。他对曲学的韵、律、歌，有深入探讨，且成就卓著，乃后代曲家遵循之矩矱。特别是其自制之曲，不但中律合韵，且文词清丽爽朗，堪称一代大家。

## 第三节　周德清散曲的风格——“玉笛横秋”，风清格丽

元代前期的散曲，依作家写作风格不同，分为清丽与豪放两派。但大体来说，马致远等人的豪放派占据优势，而关汉卿等清丽派，多少带些初期曲中的俚俗生动、质朴直率特色。后期作家中，除杨朝英、钟嗣成、刘庭信三人勉强可归入豪放一派外，其余均属清丽派。究其所因，主要源于前期作家，大半为北方之人，其情性浑厚而直爽，宜乎豪放。后期作家，大半都是南方人，其情性则潇洒而尚美，宜乎清丽。两者互有所长，同时亦各有所短。前者的不足是患粗、患野、患涩晦、患无韵；后者的毛病是患巧、患纤、患浮滑、患少骨。理论上，若能于清丽

之中寓豪放，雄浑之中显隽秀，方为上乘之作。

如果说元代前期是散曲的创始期，那么元代后期便是散曲的黄金期。因为前期的散曲作家，把大半精力都用在杂剧上，关汉卿、马致远诸人之所作，只不过是一时的抒怀遣兴而已！卢挚、冯子振、贯云石等虽致力于散曲的写作，可是总脱离不了创始时代的气息，及至后期的张可久、乔吉，散曲始成文人的专业，渐渐走上了讲究格律、追求工巧的道路。同时，曲学批评应运而生，曲律研究逐步出现。周德清所著《中原音韵》，便是代表之作。全书虽以曲韵为主，但对于音律及对偶非常重视，倒是完全忽略了曲的内容，而在书末所附作词十法，专为散曲立论，从其所杂诸多评语，正可看出他对曲的批评与认识，主要是以对偶修辞和声韵为标准，走入格律的古典派。《续录鬼簿》的作者贾仲名说：

> 周德清，……工乐府，善音律，病世之作乐府，有逢双不对，衬字尤多失律俱谬者，有韵脚用平上去不一而唱者，有句中用入声拗而不能歌者，有歌其字，音非其字者，令人无所守，乃自著中州韵一帙，以为正语之本，变雅之端。……使用韵者随字阴阳，各有所协，则清浊得宜，上下中律，而无凌乱逆物之患矣。又自制乐府更多。咏头指甲云："朱颜如退却，白雪恐成空。"有言外之意。切对有"残梅千片雪，爆竹一声雷"。雪非雪，雷非雷，皆佳作也。长篇短章，悉可为人作词之定格。故人皆谓德清之韵，不但中原，乃天下之正音也。德清之词，不惟江南，实天下之独步也。

从贾氏这一段话，恰好说明《中原音韵》的内容及其成书环境；换言之，也可看出当代曲坛的风气已经走上考究声律、讲求对偶之路。下面的评论，可见一斑。《中原音韵》评山坡羊春睡云："意度平仄俱好，止欠对耳！务头在第七句至尾。"评水仙子夜雨云："惜哉此词，语好平仄不称也。"评殿前欢醉归云："妙在马字上声，笑字去声，一字上声，秀字去声，歌至才思字音促，黄字急接，且要阳字好。气概二字，若得去上尤妙。"我们从以上评论，知道周氏品曲的标准，完全以音律、对偶、韵脚为上，却忽略了曲的内容。至此，散曲本身，实起了大转变。

无疑，周德清在元散曲的演变上，是一个关键人物。所作中原音韵、作词十法，完全以声律、音韵、对偶来衡量曲之优劣，为曲家所宗。散曲到此，始纯粹步入于骚雅一途。太和正音谱评其词为“玉笛横秋”。据尧山堂外纪云：

泰定（晋宗）甲子（一三二四）秋，周德清既作中原音韵并起例，以遗青原萧存存；未几，访西域友人琐非复初，同志罗宗信见饷，复初举觞，命讴者歌乐府四块玉，至彩扇歌，青楼饮，宗信止其言而曰：彩字对青字为晴，吾揣其音，此字，合用平声字，必欲扬其音，而青字乃抑之，非也。复初因前驱红袖，而自用调歌曰：买笑金，缠头锦，得遇知音可人心，怕逢狂客天生沁。纽死鹤，劈碎琴，不害碜。德清闻其歌大喜曰：予作乐府三十年，未有如今日之遇二公，知某曲之非，某曲之是也。遂奉巨觞，口占折桂词一阕曰：宰金头黑脚天鹅，客有钟期，座有韩娥。吟既能吟，听还能听，歌也能歌。和《白雪》新来较可，放行云飞去如何？醉觑银河，灿灿蟾孤，点点星多。歌既毕，相与痛饮，大醉而罢。

从这个故事里，观其所作之曲，意思虽然都很平庸，但在字音的阴阳上却非常协调。这正是德清等人之所尚。其所创之曲，千锤百炼，极为精美。例如朝天子秋夜客怀：

月光，桂香，趁着风飘荡。砧声催动一天霜，过雁声嘹亮。叫起离情，敲残愁况，梦家山身异乡。夜凉，枕凉，不许愁人强。

品之令人痛快淋漓，惹起无限乡愁。又如喜春来别情：

月儿初上鹅黄柳，燕子先归翡翠楼。梅魂休暖凤香篝。人去后，鸳被冷堆愁。

又如同调秋思：

千山落叶岩岩瘦，百结柔肠寸寸愁，有人独倚晓妆楼。楼外柳，眉叶不禁秋。

此乃晶莹可爱之作。另外其喜春来春晚：

鞓挑斜月明金韂，花压春风短帽檐。谁家帘影玉纤纤。粘翠靥，消息露眉尖。

更是字字珠玑，令人把玩不已。

周德清家境贫寒，曾有折桂令写当时穷状：

倚篷窗无语嗟呀，七件儿全无，做什么人家？柴似灵芝，油如甘露，米若丹砂。酱瓮儿才罄撒，盐瓶儿又告消乏。茶也无多，醋也无多。七件事尚且艰难，怎生教我折柳攀花！

卢冀野论曲绝句谓："开门七事苦嗟呀，柴米油盐酱醋茶。"即指此曲而言。清代诗人张璨曾有诗云："书画琴棋诗酒花，当年件件不离他。而今七字都更变，柴米油盐酱醋茶。"与周德清相比，略胜一筹。

## 第四节　周德清散曲鉴赏与评价

### 一　周德清散曲佳作鉴赏

周德清曲作，有小令31首、套数3套及残曲6首。下面我们就从当代鉴赏的角度，择要选其典型代表之作，略作鉴赏，以窥周德清作品佳妙之处。

（一）风流儒雅，文采焕然——〔正宫〕塞鸿秋　浔阳即景二首

长江万里白如练。淮山数点青如淀。江帆几片疾如箭。山泉千尺飞如电。晚云都变露，新月初学扇，塞鸿一字来如线。

《浔阳即景》第一首描写浔阳（即今九江市）景色。在新月初生的秋夜，周德清在江上极目远望，饱览了浓浓的秋色，不禁逸兴遄飞，发出深情的赞咏。一开头就连用四个属对工整的排句，铺写江天的景色，有如贴锦、刺绣，使得江山秀色更加集中，更为动人。万里长江止息了骇人的卷雪惊涛，静静地向东流去。在月光的照映下，反射出银色的光泽，就像平铺着一条白色的绸带。远处的青山肃穆地矗立在江边，苍茫的夜色把它映衬得更加翠绿。

前两句，从大处落笔，描绘山川，取神于静穆，三、四句则着眼于刻画具体景物的动态之美，使二者大小相形，动静相映，增加了层次和变化的美感。几片征帆东去如箭，一泓山泉直泻如电！置身其间，令人神观飞越。五、六句，作者以排偶句法，转写天际之秋色，充满诗情画意。晚霞收尽，天气变凉，水气凝成白色的露珠。初升的新月，虽未团圆，却欲圆在即。以团扇形容待圆之月，真乃“初学扇”。写了如珠的秋露和如珪的秋月，接下来就轮到秋天的宠禽——鸿雁了。周德清在徜徉水际，目送征帆的当儿，回首北顾，只见一行塞雁隐现天际。它是那样高、那样远，看上去宛如悬在云端的一缕细线，当作者把我们的目光引向无尽的碧天时，曲子也就戛然而止了。这种结构之法，韵味高远，俊爽有致，耐人寻味。

从艺术手法上看，作者采取大排偶法，将典型的景物整齐地组织在一起，意象叠加，直叙景物。以形象感人，“不着一字，尽得风流”。朱权曾用“玉笛横秋”四字评价周德清曲子的风格，持论此作，可谓毫发不爽。

> 灞桥雪拥驴难跨。剡溪冰冻船难驾。秦楼美酝添高价。陶家风味都闲话。羊羔饮兴佳。金帐歌声罢，醉魂不到蓝关下。

《浔阳即景》第二首是抒写心中的感想，风格和第一首大异其趣。作者一变直笔白描的技法而大量征引典故。开头四个偶句，几乎句句用典。“灞桥雪拥驴难跨”，这是反用郑綮“诗思在灞桥风雪中、驴子背上”的典故，以言其寻诗无分。“剡溪冰冻船难驾”，这是反用王子猷雪夜乘舟造访戴逵的故事，说明自己访友不成。“秦楼美酝添高价”，秦楼楚馆，指妓女之居所。美酒价高，也不能尽狎邪之游兴。“陶家风味都闲话”，陶家，指乡邻陶渊明，门植五柳，清贫度日，性嗜酒，而家贫不能恒得。对于这种隐士的清苦生涯，自己也不能耐受。诗人当不成，名士做不得，妓院玩不起，隐士当不了。四者无一遂，岂不“烦煞人也么哥”！那么何以自遣呢？历来的文士受到挫折后，常常走上放浪形骸以通其狂惑之路。周德清在这里开出的解脱方法，也不过是歌场征逐，杯酒流连的老路。喝够了羊羔美酒，听罢了金帐歌声，陶然一醉，以遣浮生。唐皮日休《蓝田关铭》云：“若为天下之枢机，万世之阃阈者，并兹关而莫守也。”历史上多少兴亡成败，荣辱浮沉都从这里幕启幕落，可见蓝关战略地位的重要。“醉魂不到蓝关下”，表示一种鄙弃功名利禄的思想。这支曲子的基调是颓唐的，当然不值得效法。但是在当时异族暴力及不平等的统治下，这些名士在疏狂的背后，仍隐含着不肯与当政者同流合污的倾向，这正是文人清高思想的表现。

这两首《浔阳即景》的曲子，一写所见，一写所感，皆风流儒雅，文采焕然。代表了元曲中整饰典雅一格，与恣情嬉戏、多杂方言的本色派，迥然有别。

（二）清幽静寂，情意绵绵——〔中吕〕朝天子　秋夜客怀

> 月光，桂香，趁着风飘荡。砧声催动一天霜，过雁声嘹亮。叫起离情，敲残愁况，梦家山身异乡。夜凉，枕凉，不许愁人强。

所谓秋夜客怀，实乃远离家乡，家居他乡，因秋夜景色而生之感怀。秋本是感伤的季节，长夜漫漫更容易触动愁肠，更何况客居他乡，这凄凉哀感，怎一个“愁”字了得。

这是一首游子怀乡的抒情诗。作者通过秋夜的月光、桂香、砧声、雁声，创造了一种悲凉的气氛和清幽的意境，表达了游子思念家乡的离愁别恨。

“月光”三句，纯是写景，描写秋夜的月色。桂花飘香，秋意正浓，正是“三秋桂子”时节，月光才分外明亮。此时此刻，游子思乡之情也仿佛随着桂香而飘向了远方。这里，作者首先创造了一个秋夜客怀的清幽静寂而又情意绵绵的环境。

“砧声”一句，描写月夜砧声的凄凉。砧声，是心声，更是情声。夜深人静时，砧声动人心。在诗人的笔下，砧声总是和秋思联系在一起的；如再伴着明朗的月色，就更勾起人们的愁思。李白诗：“长安一片月，万户捣衣声。秋风吹不尽，总是玉关情。”（《子夜吴歌》之三）李煜词曰：“深院静，小庭空，断续寒砧断续风，无奈长夜人不寐，数声和月到帘栊。”（《捣练子令》）张若虚诗曰：“玉户帘中卷不去，捣衣砧上拂还来。”（《春江花月夜》）都是借砧声和月色来描述愁思。周德清在此说的是“砧声催动一天霜”，这一句整个地扭转了前三句恬和宁静的气氛。那满天的寒霜是声声砧声催动而凝成的，在如此明月当空，寒霜满天之时，砧声随风送入耳中，怎能不倍增游子思乡的愁苦？是景语，更是情语；融情于景，沁人肺腑。

“过雁声”三句，描写游子的离情愁况。雁本来是人互通消息的象征。秋深霜浓，大雁南飞。嘹亮的雁鸣声唤起游子的离情；而它又如一把重锤，敲在游子的心上，把游子的心敲碎。“敲残”二字，把游子内心的极度愁苦，生动地描绘出来。这一“敲”字，确有千万斤的感情力量。而“过雁声嘹亮”，也是和写月夜的谧静相互映衬。夜深人静，才更显出雁声的嘹亮；而惟其雁声嘹亮，才更显得月夜更深的谧静。

“梦家山”两句，描写游子对家乡的思念，点出秋夜客怀的主题。一个“梦”字，说明游子思乡的心情是何等急迫，何等痛苦！

“夜凉”三句，描写游子内心的凄凉。“夜凉”，说明夜已很深，寒气袭人。“枕凉”，固然因为“夜凉”，但更主要的是人不安寝所造成的。它说明夜虽已深，但游子思乡正切，愁苦欲绝，不能入睡，致使床空枕凉。秋夜寒冷，原是客观存在的自然现象，但“枕凉”，则兼有自然和人为的两个方面。而不管是“夜凉”，还是“枕凉”，主要是在说明游子内心的无限凄凉。游子的内心越是凄凉，就越感到“夜凉”、“枕凉”；越感到“夜凉”、“枕凉”，就越增加游子内心的凄凉，以致达到心都凉透了的程度。这才有末句的“不许愁人强”。“不许”，这是外界环境对游子内心感情的强制，更是游子秋夜客怀不能自主的集中表现。

此曲胜在写景抒情。写景，用笔动景，月光、桂香，在随风飘荡；砧声、雁声，是打破深夜沉寂的音响。它们从视觉、嗅觉、听觉上，勾起了游子的离情愁况。写情，着力寓情于景，并随之一步步深化，直至无限凄凉愁苦，再也不能自制。作者善于遣词造句，“催动”、“敲残”、“不许”等词，既见分量，更见功力。而作为音韵专家，曲之协韵精当，音节铿锵，富于节奏感和音律美，更是锦上添花。

（三）生机勃勃，赏心悦目——〔中吕〕红绣鞋　郊行（三首之二）

> 穿云响一乘山笐，见风消数盏村醪。十里松声画难描。枫林霜叶舞，荞麦雪花飘。又一年秋事了。

四个山笐做的管乐器发出穿云透雾般的响声；几盏村酿薄酒入肚，一经风吹便酒意消散。开首两句，仿佛让人看到一位微醺的行者，在深山旷野中，忽听笐响，迎风酒醒之态。写郊行中饮得村人酿酒，又听山间管乐。在表达形式上颇为讲究：他不是依照事情本来的始末，先说喝酒，后云听乐，而是先说道中闻乐，后说迎风闻乐而酒意全消，让人们去体味他是酒意微醺中上路的。在这一对偶句中，亦采用倒装句手法，先将结果说出，给人以深刻印象。这两句无论从句中的结构还是从两句的关系上看，作者都是刻意造成一种先声夺人的气势，而且也符合人们先闻声后知音、先闻声后清醒的常情。“十里松声画难描”，是写他酒醒后，忽闻阵阵松涛声，忽见绿郁郁一片松林的喜悦。“画难描”三字，固然包括松涛声难描难绘，更包括着这山野的一切声响，一切美景。有上下文具体的描绘，再加上“画难描”来虚括一笔，发人遐想。

“枫林霜叶舞，荞麦雪花飘”，这是描写环视周围的景色。那经霜的枫叶火一样红，那荞麦的小花雪一样白，它们迎风晃动飘舞像大片大片的红色火海，白色的雪浪。这一对偶句，写得色泽鲜艳，生气勃勃。再联系上文的“十里松声”，那大声浓绿的松林，这画面的色彩更是妙不可言。

“又一年秋事了”，这句是紧承着“荞麦雪花飘”，很自然地想农家的“秋事”，也是自己面对秋色的感慨。农民春种秋收，年复一年，自己呢？虽无大的收获，却也在平安、闲适中又度过了一年。这个“又”字，着笔极细，微露出作者年复一年无大作为的无奈，与仅为生活而奔忙的一丝悲凉。这或许正是文人不得志时，在放情山水中也无法解脱黑暗社会加在他们身上的压抑感。

括其所胜，周德清透过秋季郊行所见、所感的景色描写，一是抓住秋景中色泽鲜艳的景物着笔，写大片的松林、枫叶、荞麦，形成墨绿、火红、雪白三种色调的画面，让人顿觉清新美好、赏心悦目。二是不从静中写景，而是将景物置于“风”的吹动之中，让松发出涛声，让枫叶舞动，让荞麦飘摇，这样不仅声色俱壮，而且给人一种生机勃勃的流动感，让人感到大自然的跃动。二者结合，就让人不只看到大自然美好的色彩，而且感受到生命的搏动。这样的画面，神形皆备，妙手天成。

（四）破空而来，气势雄壮——［中吕］满庭芳　看岳王传

> 披文握武，建中兴庙宇，载青史图书。功成却被权臣妒。正落奸谋，闪杀人望旌节中原士夫，误杀人弃丘陵南渡銮舆。钱塘路，愁风怨雨，长是洒西湖。

前三句破空而来，气势雄壮。“披文握武”四字，兀突而起，把一个文武双全，气宇轩昂的英雄形象生动地推到读者的面前。接着，作者用两个对句，高度赞扬岳飞的不朽功勋：“建中兴庙宇，载青史图书。”是他，率领爱国将士，浴血奋战，屡破金兵，收复了中原的大片失地，使得敌人闻风丧胆，萎靡不振的南宋小朝廷因此才有了一点复兴的气象。岳飞的功绩垂之于青史，人人皆知。然而，就在他要“驾长车踏破，贺兰山缺。壮志饥餐胡虏肉，笑谈渴饮匈奴血。待从头收拾旧山河”的时候，“功成却被权臣妒”，那个误国害民的卖国贼秦桧与畏敌如虎的宋高宗赵构，互相勾结，狼狈为奸，一日降十二道金牌，把他从抗敌的最前线召回。这里，作者用“却”字，笔锋一转，向人们交代岳飞被害的原因。句中着一“妒”字，十分生动地刻画出奸贼秦桧妒贤害能的丑恶嘴脸。岳飞的被害，当然并不仅仅是因“权臣”的嫉妒，而是以宋高宗赵构和秦桧为首的偏安派，出于私利谈“金”色变，不允许人民起来与敌人抗争的结果。“正落奸谋”一句，说明岳飞被召回，完全是一个阴谋，是偏安派早已设下的一个圈套。这就把矛头暗中指向了最高统治者。不仅指出岳飞悲剧的根本原因，同时也揭示了南宋

王朝覆灭的必然结果。

岳飞被秦桧以“莫须有”的罪名，在杭州风波亭杀害，偏安派的阴谋得逞了，南宋朝廷据钱塘以为乐国，上下宴安，再也没有收复失地的信心了。“闪杀人望旌节中原士夫，误杀人弃丘陵南渡銮兴”，中原那些盼望王师到来的忠义之士被抛闪得好苦啊！丢弃了祖先陵墓而仓皇南渡的小皇帝赵构，本来就没有收复中原的意思，岳飞死后，收复之事也就更无从谈起了。作者饱含感情，用“闪杀人”和“误杀人”两个极其通俗而生动的词语，分别从朝廷和“遗民”两个角度，描写岳飞惨遭杀害所造成的严重后果，进一步谴责了以赵构、秦桧为首的偏安派的罪恶，表达了自己的爱憎之情。

岳飞虽被杀害了，但百姓是永远怀念他的。且看通往风波亭的钱塘路上，风刮得那样凄怨，雨下得如此哀愁，苍天为之哭泣，湖水为之动容。作者以“钱塘路，愁风怨雨，长是洒西湖”三句收结全篇，把对岳飞的深切缅怀和对偏安派的愤怒谴责，寓之于形象的画面中，给人们留下了无限的回味空间。

（五）笔墨轻荡，情怀落魄——［中吕］阳春曲　秋思

千山落叶岩岩瘦，百结柔肠寸寸愁。有人独倚晚妆楼。楼外柳，眉叶不禁秋。

这是一首写闺愁的小令。曲子的内容和写法，都与传为李白所作的《菩萨蛮》词不谋而合。

首句“千山落叶岩岩瘦”，写愁人眼中的景色，虽只有七个字，读来却叫人有无限伤心之感。“千山”二字，囊括世界。落叶之无情，极易使人联想起杜甫“无边落木萧萧下”的诗句。水瘦山寒，满目荒凉凄然，是多么叫人伤心销魂的景色，更何况这是愁之所见，而此愁人，又是一个满腹心事的弱女子！古人有“一叶知秋”的说法。一叶的凋零，对于满怀愁思的人来说，已是不堪其苦。那么，万木的萧条，一切有情的生命，面临着大自然无情的摧残的情景，对于一个多情女子心灵上造成的打击，是如何的沉痛，读者也就不难想象。

次句紧承上句惊心动魄的描写，点明人的内心世界，愁是无法排解

的，萧瑟凛冽的秋色，愈增加主人的那份无可诉说的悲伤情意。“百结柔肠寸寸愁”，不仅写愁的程度，而且状愁的形态，与前句的景物描写映照生辉，宛然相得。

“有人独倚晚妆楼”一句，承上启下，是全曲的关键。因为这支曲子所写的，全是女子登楼的所见和所感。对于前两句的描写来说，这是倒叙。倒装的原因，是由于曲子韵律上的需要。因为照情理讲，女子的梳妆尽可以有早晚之分，但梳妆的地点，却绝不会有“早妆楼”与“晚妆楼”的区别。因而要把这一句的词序理顺，就只能说“有人独倚妆楼晚”。而“独倚妆楼晚”给人的印象是连梳洗都没有进行，就在失魂落魄之中不知不觉“独自”倚靠着妆楼，直到夕阳西下。可见这句中所写的愁，来得非常沉痛。痴情女子，未曾梳妆，就心事重重“独倚”妆楼到傍晚，这是全无目的的消磨了。这是怎样的一种落魄情怀，画面上的人该是受着怎样摧残人心的绝望折磨！

“楼外柳，眉叶不禁秋”既是写景，又托物喻意。柳，在诗人的笔下，常用来形容情意绵绵的美丽女子。因此，提起柳条柳叶，人们往往会联想到长袖蛾眉，柔情不禁的女子。秋景惨淡，山川寂寥，楼外之柳，自然免不了凋零枯落的命运。女子以“不禁秋”的楼外之柳自喻，字里行间，充满了某种身世之感。这无疑就是女主角内心愁苦的根源所在，而诗人偏偏不把这一点明说，只在全曲的结穴处，用两句富于象征性的景语轻轻一点，然后戛然收结全曲，给人留下了无限的想象空间，这是作者的高明之处。曲已尽，而意无穷。

就全曲的作法来看，运用倒叙的手法，先写所见之景及人物的心情，然后才点出主角所在地点，不仅使景物及触景所生之情表现得更为突出，同时也使“愁”能上下贯彻，增加它的分量。最后两句，轻荡笔墨，再写景物，语义双关，更是丰富了全曲的内容。

（六）望月怀人，含蓄蕴藉——［中吕］阳春曲　别情

月儿初上鹅黄柳，燕子先归翡翠楼。梅魂休暖凤香篝。人去后，鸳被冷堆愁。

此曲写别后闺中情思。首句点明时间：“月儿初上”，才入夜；“柳

色鹅黄”，早春景。初春入夜，乍暖还寒，一勾冷月，悬挂柳梢，这就是诗人所描写的意境。使人不禁想到欧阳修“月上柳梢头，人约黄昏后”的断肠词句。实际上，柳色的鹅黄，在月光下是看不出来的，而作者特意点出“鹅黄”二字，却真实地描绘出夜色的渐渐降临，天色由明徐徐转暗的情景。月亮在不知不觉中爬上了天空，鹅黄的垂柳，随着月儿的升起，色彩慢慢消失了，只留下一片朦朦胧胧的影子。于是，月亮也就显得特别突出了。而月亮却又是极易引起人们绻绻情思的。对于离别之人来说，望月而怀人，月明情愈浓，十分自然。

第二句写燕子，写翡翠楼，交代诗中主角的身份和心情。燕子冬去春来，应节而归。雌雄颉颃，飞则相随。在诗人的笔下，它们经常被作为美好爱情的象征而歌咏之。很明显的，这里诗人选择燕子这种足以引起人们美好联想的物象来写，是赋予它极为丰富的美学含意。燕子双双对对，而离人却天各一方，这是一层意思；双双的燕子，又偏要并栖在思妇的楼头，这又一层意思；燕子“先归”，应时应节，而心上人却尚无消息，所谓人归落“燕”后，辜负了这青春时光，这是又一层意思。作者透过这样的层层对比，一步一步地向人们揭示出楼头思妇内心的孤独和悲伤。

第三句承接“翡翠楼”三字，转入对屋内景物的描写，这一步刻画女子相思的痛苦。凤香篝，是闺中用来薰香取暖的凤形薰笼。它薰出来的香味，幽幽如梅花的暗香。而梅花也是荡人心魄，触人相思之物。梅魂，极易勾起女子的愁思。作者用“休暖”两个充满感情色彩的字眼，表现女子愁思难排，不愿意想却又不能不想的复杂内心世界。凤香篝，你熄了吧，不要再薰了，休要再飘出那如梅魂般的袅袅香烟，它总是牵动我无边的相思，使我不能入梦，全曲的感情，至此已达到了高潮。于是，作者才用“人去后”三字，逗出离别的意思来，点明之所以产生如此凄然愁绪的根本原因，把感情再向前推进一步。“鸳被冷堆愁”一句，放在“人去后”三字之后，说明自离别之后，凄苦不堪，日日如此。“堆愁”二字，不仅写出了女子意懒心灰之情，更状出了她无心收拾打扮之态。

就全曲的作法来看，前三句着重于“景”的描写，最后两句点明题旨，则相对侧重于“情”的抒发。在写景方面，作者拈取月、柳、燕等能够引起读者丰富联想的物象进行描绘，构成一幅十分幽美的意境。思妇的情绪变化，完全通过意境的描绘传达给读者。句句写离情，却无一字道破，含蓄蕴藉。这是高度融情于景。最后两句点题，也是情中有景。全曲的感情发展，由淡而浓，风格清隽，是一首独具特色的小品。

（七）难言之隐，一“吐”了之——［双调］蟾宫曲

> 倚篷窗无语嗟呀，七件儿全无，做什么人家？柴似灵芝，油如甘露，米若丹砂。酱瓮儿才罄撒，盐瓶儿又告消乏。茶也无多，醋也无多，七件事尚且艰难，怎生教我折柳攀花！

这一曲从日常生活的角度，反映了下层读书人的拮据窘迫，当是作者生活状况的真实写照，具有史料价值。

“倚篷窗无语嗟呀”，开头一句，刻画出一个穷困潦倒的读书人形象：他倚靠着船窗，愁眉苦脸，无可奈何地凝望着远处，半晌不说一句话，只是不停地长吁短叹。他有什么心事？为什么如此忧郁烦恼？“七件儿全无，做什么人家？”这两句交代“无语嗟呀”的原因。日常生活中的柴、米、油、盐、酱、醋、茶七种必需品全都没有，还怎样维持生活？“做什么人家？”这发自内心的独白，是对现实社会提出的质问和控诉。“柴似灵芝，油如甘露，米若丹砂”三句，分别用灵芝、甘露、丹砂为喻，构成排比句，真实地反映了物价昂贵的现实状况，指出这是导致“七件儿全无”，家不成家的根本原因。据史载，在当时“历岁滋久，钞法偏虚，物价腾贵，奸伪日萌，民用匮乏”（元顺帝至正十年《变钞法诏》）。《元史新编》说：变钞法“行之未久，物价腾贵十倍。”所以，“变钞”给百姓带来深重灾难，周德清身历其中，不仅仅是了解而已，且是深受其害。可见，“柴似灵芝，油如甘露，米若丹砂”并不完全是艺术上的夸张，而是完完全全的历史写真。作者真实地描写这种黑暗现实，也一针见血地揭示元蒙统治者腐朽的本质。从而读者可以推想，这绝不是某一个家庭的“七件儿全无”，而是整个社会生民涂炭，民不聊生的缩影。

“酱瓮儿才罄撒，盐瓶儿又告消乏”，物价腾涨，造成了生活的困

顿。作者用“才……又……”的句式，表现生活上已经发生的一个个艰辛。困难像迎面飞来的黄蜂，一个接一个，使人难以招架。“茶也无多，醋也无多”两句，则是尚未来临但即将降临的艰难。在这里特别值得一提的是，是周德清选材上的艺术。柴、米、油、盐、酱、醋、茶，都是生活中的小事，又是维持生命不可或缺的大事。说它小，是因为在正常情况下，这些事情都不应当是无法解决的，尤其不可能是“七件儿全无”的；说它大，没有了这些东西，生命确实无法延续，无论什么人，都是一刻也离不了的。诗人就是这样，选取生活中的细微的小事来写，反映了一个极大且关系到国计民生的大问题，这对一个家庭来说，这“七件儿全无”，自然是做不得什么人的了。那么，对于当时生民涂炭的社会，人民生活在水深火热之中。“七件事尚且艰难”，这个国家还能否维持下去，读者自然可想而知。

最后一句透露出作者的生活情趣，是一句富于个性的语言。“折柳攀花”，风流浪子式的生活，当然是庸俗和消极的。但必须看到，这种庸俗的生活态度，却是有着深刻的社会根源。元代蒙古封建统治者把知识分子列为下下等人，有所谓“九儒十丐”的说法。一些走上仕途的文人，也往往受到统治者的歧视。他们的思想长期处于压抑状态，因而处世态度也往往变得消极起来。他们或隐遁山林，或沉湎于声色，或杯酒浇愁、放浪形骸，或乞食于人、沦为奴仆。可见，“折柳攀花”，是元朝那个特殊的时代，一般知识分子都过着一种扭曲的生活。社会的黑暗，竟至如此地步：艰难的生活，逼得人连消极逃避都难以办到了。“怎生”二字，看似戏谑的反问，仔细品味，就会发现，其中包含了许多的难言辛酸，有着十分丰富而深刻的含意。

周德清所作散曲，今存有小令31首，套数3套。其题材或写景抒情，或评价历史人物，或抒写闺情。音律严谨工整，善于遣词造句，风格清丽、雄放。除去以上赏析的八首小令外，《韩世忠》、《误国贼秦桧》、《张俊》三首，是咏史作品，对前朝的忠奸，作出强烈的褒贬，和《看岳王传》有异曲同工之妙；以写景为主的，则有《春晴》、《春晚》及《郊行》三首；借景抒情的有《冬夜怀友》、《别友》、《有所思》及《有所感》四首；《书所见》、《赠歌者韩寿香》、《嘲歌者茶茶》及《赠小玉带》属于即兴之作；《双陆》一套，就当时的博棋作了淋漓尽致的发挥，他以史事比况其间的争战智谋，引用了“萧何追韩信”、“敬德赶秦王”、“关云长独赴单刀会”、“汉高皇对敌楚项籍”、“诸葛亮要擒司马懿”、“孙膑伏兵”、“孙武挑兵教习”、“吕望兵临孟水”、“吕布遭围下邳”、“函谷孟尝归”、“鸿门樊哙急”、“跳溪刘备”、“火烧曹孟德”、“拒水张飞”、“诸葛纵擒蜀孟获”等，精彩至极，结尾笔锋一转，说：“翻云覆雨无碑记，则袖手旁观笑你。休把色儿唤，宜将世情比。”借史说棋，又借棋引出“世情”争战机变的事实。周德清以为作词要“明事隐使，隐事明使”，这首可当之无愧。

整体观之，周德清流传至今的作品虽然不多，但从上面的举例与赏析，却也不乏声情并茂的佳构，因此，我们可以说，其曲词在艺术造诣上极具赏玩价值。

### 二　周德清散曲作品评价

周德清的曲作于曲律与文词意境两方面，在元代就已经受到时人的赞赏，虞集曾介绍周德清说：

> 自制乐府若干调，随时体制，不失法度，属律必严，比字必切，审律必当，择字必精。……余昔在朝，以文字为职，乐律之事，每与闻之，尝恨世之儒者，薄其事而不究心，俗工执其艺而不知理，由是文、律二者，不能兼美。……当是时，苟得德清之为人，引之禁林，相与讨论斯事，岂无一日起余之助乎！

翰林学士欧阳玄也说：

> 高安周德清，通声音之学，工乐章之词，尝自制声韵若干部，乐府若干篇，皆审音以达词，成章以协律，所谓词、律兼优者。

琐非复初更称美周德清说：

> 作词有法，皆发前人之所未尝发者；所作乐府、回文、集句……皆作今人之所不能作者。……长篇短章，悉可为人作词之定

格。赠人黄钟云：篇篇句句灵芝，字字与人为样子。其亦自道也。以余观京师之目，闻雅乐之耳，而公议曰：德清之韵不独中原，乃天下之正音也；德清之词，不惟江南，实当时之独步也。

三者的评价，可以看作是对周德清散曲创作的定评。其曲，“随时体制，不失法度，属律必严，比字必切，审律必当，择字必精”。其律，“审音以达词，成章以协律”。其影响，“不惟江南，实当时之独步也”。

# 结语

周德清一生最大的学术成就，在于他的曲论曲韵著作——《中原音韵》。《中原音韵》其实是他曲学理论主张的具体呈现，但今天因为语言学界的研究成果丰硕，影响深远，已由附庸而蔚为大观，特别受到音韵学界与曲学界的高度重视。

从音韵学的角度看，《中原音韵》一书，是明清曲韵韵书的鼻祖，它既是考订元代北方音系的重要依据，也是上溯唐宋、下启明清音韵的桥梁；其中"入派三声"、"平分阴阳"、"浊上变去"、"浊音清化"、"舌尖元音出现"及"中古韵类的合并"等语音现象，为我们研究近代语音史上的重要演变找到了源头，《中原音韵》是极其可贵的音韵资料宝库。

从曲学史的角度考察，周德清的曲论已建立起作词正音的规范，并被后代北曲作家奉为圭臬。他所阐扬的乐府应当音乐、词意、字音兼顾，为通俗的唱曲设下了严格的审美条件；他的曲论，更为后代论曲者提供了思考的范式，并深刻影响着后代曲论的走向。

从曲论角度深入发掘，其曲学思想突出体现在：1. 作乐府必先正语言，而语言须以中原之音为标准。2. 曲作的押韵，不可任意而为，应当以《中原音韵》所分的十九部为规范。3. 每首曲词所用的曲牌都有专属的宫调，因每一宫调的调性不同，曲词必须配合宫调调性而选用适合的曲牌填写。4. 作乐府曲词除了明腔、识谱、审音外，需讲究知音、造语、用字、用意等。

周德清的曲作看上去虽然并不丰富，流传至今的也只有31首小令，3组套曲和一些残句。但从这些作品中，我们可以发现他对自己所订下的曲律，如用韵、造语、对偶等都能身体力行，严格遵守。当然，"好云无处不遮楼”，细而究之，其细节的平仄部分，虽然偶有与今人所订曲谱不尽一致，但亦只占极小的比例，并不构成太大的瑕疵。根据今人的研究，其重视曲律，相形之下，已远超过元曲大家中的关汉卿和白朴。[①] 因此，我们可以认定：周德清既是一位语言学家，一位音韵学家，更是一位曲论家，一位曲论的实践者。至于周德清的曲作，元人曾赞为“词律兼优”、“当时之独步”[②]，现代学者也以新的鉴赏角度品评其作品，都给予极高的评价，我们虽然不能就此将他与有大量作品传世的元曲四大家相提并论，但说他是一位深具艺术修养的元曲作家，当是实至名归，名归实至。

周德清生当异族入主中国的时代，遭逢“九儒十丐”的不平社会，没有优越的家世，更缺乏友朋的提携，即便是后来认识虞集、欧阳玄等，也可惜相识恨晚。尽管如此，他却能以其慧眼，针对当时新兴的通俗文学，做有条理、有系统而深入的研究，发出前所未有的曲学理论，编出合于音理的曲韵韵书。有时兴之所至，也自制几首乐府曲词，消遣自娱。他在壮年出游，而中年失意退归故里，晚年却又从事族谱的撰修工作，亲自撰修《暇堂周氏谱》。他的德业虽然在有生之年并未受到应有的尊重，但身后的影响力却与日俱增，名传于世，誉播于宇。

周德清首先是一位求美善又务实的文人典范，更是一位著名的音韵学家，一位功不可没的曲学家，一位身体力行的散曲作家。

① 见廖珣英《关汉卿戏曲的用韵》、鲁国尧《白朴曲韵与中原音韵》。

② 见《中原音韵》欧阳玄与琐非复初序。

# 周德清简谱编年[①]

## 元世祖

至元十四年丁丑（1277），宋端宗景丁丑十一月，周德清生于暇堂。

十一月十六日。舒岳祥以《跋王矩孙诗》一文，披露文人经历沧桑之变，传统的生活模式被打破，感到无所适从的惶惑。

至元十五年戊寅（1278），崔斌出任江淮行省左丞。《元史》本传说崔斌“性警敏，多智虑”，“尤攻文学，而达政术”。

至元十六年己卯（1279），正月，文天祥写出著名《过零丁洋》诗。在此前后关汉卿出游江南，并作套曲［南吕·一枝花］《杭州景》。

至元十八年辛已（1281），魏初作《观象诗》，记“北人”亲见大象的经过。

至元十九年壬午（1282），十二月九日，被元廷拘押数年之久的南宋丞相文天祥，遇害于大都柴市。押赴刑场时，文天祥高吟在囚室所写《正气歌》。

方回编撰《瀛奎律髓》成书。

至元二十一年甲申（1284），戍守丝绸之路南道且末塔提让古城的军士，抄录了《董解元西厢记》中张生“待月西厢”的唱词以排遣

---

① 参杨镰《元代文学编年史》，山西教育出版社 2005 年版；陈文新主编，余来明撰稿：《中国文学编年史·元代卷》，湖南人民出版社 2006 年版；刘裕黑《周德清与〈中原音韵〉及其人其事》，见高福生等《〈中原音韵〉新论》，北京大学出版社 1991 年版。

寂寞。

至元二十二年乙酉（1285），宋亡出家为僧的陈孚，还俗不久，通过行省上《大一统赋》。

至元二十三年丙戌（1286），谢枋得以七言绝句《武夷山》，写出家园俱失的惶惑。

一个俗姓何的和尚，历时十二年，经历了“刺血”、“炼臂”的折磨，终于找到了在战乱时被掳掠的母亲。这感人至深的经历，成为文学作品的母题。赵文《何和尚寻母》诗序（［雍正］《江西通志》卷三十五）说：“何，上饶人。因丙子乱失母，乃削发为僧，刺血写经，遍天下寻之。”

随着北人南来日益普遍，北方籍曲家纷纷到江南居住。

至元二十四年丁亥（1287），正月一日，王义山《稼村类稿》成编，并写出自序。科举已停了十年，文人对此反应复杂。元淮作《吊昭君》等诗篇，留下杂剧开始在江南传播的信息。元淮，字国泉，号水镜。江西崇仁人，徙福建邵武。所作结为《金囦集》一卷，又名《水镜诗集》，今存。大都文坛活跃，寺院道观成为文人汇集的场所。“雪堂雅集”是其中之一。“雪堂”，是大都天庆寺住持释普仁的居室。

至元二十五年戊子（1288），出家为道士的原南宋宫廷琴师汪元量，为元世祖特许南归。

至元二十六年己丑（1289），回到江南，汪元量与故旧之交相逢，并以其《湖山类稿》相示。汪元量特意到江西乐平看望了即将去世的马廷鸾。马廷鸾（1222—1289），饶州乐平人，今属江西。南宋淳祐七年（1247）进士，以受到权臣丁大全迫害，名重天下。咸淳中拜右丞相，罢归。入元不仕。有《碧梧玩芳集》等著述。为汪元量《湖山类稿》题诗，成为当时江南文坛时尚。四月，为元廷强起北上的谢枋得，抵达大都后绝食而死。谢枋得（1226—1289），字君直，号叠山。信州弋阳（今属江西）人。宝祐四年（1256）进士。

至元二十七年庚寅（1290），谢翱写出著名散文《登西台恸哭记》。

至元二十八年辛卯（1291），正月，戴表元为周密《齐东野语》作序。

至元二十九年壬辰（1292），万石出任南台御史。万石，字德躬。

豫章（江西南昌）人。晚年曾系于狱，并作《狱中寄何平子》诗。

至元三十年癸已（1293），王奕出任玉山县儒学教谕。王奕，字伯敬，号计山。玉山（今属江西）人。有《斗山文集》十二卷，《梅岩杂咏》七卷。江湖诗人艾性夫以诗知名于时。艾性夫，字天谓，号弧山。临川（江西抚州）人。与兄艾可叔、艾可翁被称为“抚州三艾”。入元，为江浙儒学提举，晚年与贯云石友善，曾寓居钱塘。有诗集《剩语》、《弧山晚稿》等。

至元三十一年甲午（1294），四月元成宗即位，兵部郎中萧泰登出使安南。萧泰登（1266—1303），字则平，号方厓。庐陵太和州（江西泰和）人。授永丰县丞，迁湖南提学副使，擢广东佥宪。历江西儒学提举，广西佥宪，大德七年拜南台御史，是年卒。萧立之（1203—?）一名立等，字斯立，号冰崖。宁都（今属江西）人。淳祐十年（1250）进士，知南城县，历南昌推官、辰州判。宋亡、阖门归隐。今存《萧冰崖诗集拾遗》三卷。去世于至元年间。其子萧士赟编著有《李太白诗集注》。

## 元成宗

元贞元年乙未（1295），揭傒斯出游湘汉间，以文才受知于当时。以大都为中心的北方戏曲家，组成“元贞书会”。

元贞二年丙申（1296），元贞、大德年间，是北方杂剧的黄金年代，曲家辈出，影响广泛。钟嗣成评价为“一时人物出元贞”。陈杰，字焘父。洪州丰城（今属江西）人。宋理宗淳祐十年（1250）进士，授赣州簿。历知江陵县，江南西路提点刑狱兼制置司参谋。宋亡，隐居东湖。有《自堂存稿》十三卷，已佚。罗公升，字时翁，一字沧洲。永丰（今属江西）人。宋末以军功授本县尉，大父罗开礼从文天祥勤王，兵败被执，不食死。有《无名集》等。

大德元年丁酉（1297），宋远，号梅洞。涂川（江西清江）人。著有文言小说《娇红记》二卷，《皇元风稚》前集卷五有其诗二首。与滕宾、周景、刘将孙、萧烈唱和的《意难忘》词，见《名儒草堂诗余》（《元草堂诗余》）卷中。刘辰翁去世，享年66岁。刘辰翁（1232—

1297)，字会孟，号须溪。庐陵（江西吉安）人。宋景定三年（1262）进士。有《须溪集》、《须溪四景诗》等集行世，今有辑本《须溪词》三卷。

大德二年戊戌（1298），周密去世，享年67岁。周密（1232—1298），字公谨，号草窗，又号四水潜失、弁阳老人、华不注山人。有笔记《武林旧事》、《齐东野语》等，诗集《草窗韵语》、词集《蘋洲渔笛谱》、《草窗词》等。释圆至去世，享年43岁。圆至（1256—1298）字天隐，号牧潜，又号筠溪老衲。高安（今属江西）人。俗姓姚。是元代诗僧“三隐”之一。父兄都以进士科目起家，他却在19岁时出家为僧。著有《牧潜集》七卷。

大德三年己亥（1299），王德渊出任翰林直学士，在此后撰《薛昂夫诗集序》。

大德四年庚子（1300），六月十七日，元老重臣、康里人不忽木在病中因饮酒过量而去世，享年46岁。

大德五年辛丑（1301），管道昇年届40，其夫赵孟頫48岁，同时遭遇“中年危机”。

大德六年壬寅（1302），虞集荐授大都路儒学教授，从江南来京师任职。早年与弟虞槃把书房分成两间，墙壁分别写了陶渊明与邵雍的诗，左壁题名为“陶庵”，右壁题名为“邵庵”，成名之后人称“邵庵先生”，可见其从邵雍入道。诗文结为《道园学古录》五十卷、《道园类稿》五十卷、《道园遗稿》六卷、《翰林珠玉》六卷、《虞伯生诗续编》三卷等多部专集。

大德七年癸卯（1303），六月虞集在《田氏先友翰墨》中对金元之际的北方文坛作了概述。睢景臣从维扬到杭州，与钟嗣成相识。邓剡去世，享年72岁。邓剡（1232—1303），字光荐，号中斋，一作名光荐，字中甫。庐陵（江西吉安）人。

大德八年甲辰（1304），春，辛文房编著的《唐才子传》十卷成书。虞集与在翰林院任职的袁桷成为知交，以他们为核心，大都先后聚集了一群馆阁文人。

大德九年乙巳（1305），七月八日，方回写《学诗吟十首》，提前为一生作总结。

大德十年丙午（1306），胡次焱去世，享年78岁。胡次焱（1229—1306），字济鼎，号梅岩，晚号余学。婺源（今属江西）人。有《梅岩集》十卷。

大德十一年丁未（1307），王构作《修辞鉴衡》二卷。方回去世，享年81岁。

## 元武宗

至大元年戊申（1308），元旦。贯云石作套曲［新水令］《皇都元日》。二月，贯云石《孝经直解》问世。周德清31岁，子周以谦生，最迟当在34岁，即1311年生。八月二十五日，许有壬与贯云石一同出游大都城南的廉园。吴澄出任国子监丞。

至大二年己酉（1309），姚遂出任翰林承旨。

至大三年庚戌（1310），王构去世，享年66岁。王构（1245—1310），字肯堂，号安野。东平（今属山东）人。

至大四年辛亥（1311），周德清开始创作和漫游。

## 元仁宗

皇庆元年壬子（1312），元仁宗即位，逐步调整翰林国史院人选，翰林国史院成为文学家集聚的地方。元仁宗即位初期是元史的“皇庆之治”，贯云石、赵孟頫等陆续进入翰林国史院。初入翰林院，贯云石还不到三十岁，被称为“小翰林”。延祐初，贯云石离开大都，返回江南，并写了一首五言古诗《翰林寄友》。虞集与范梈、杨载、揭傒斯三人结识并订交于大都。

皇庆二年癸丑（1313），十月，中书省为恢复科举上奏，建议恢复后的科举“罢去词赋的言语”。有关科举的具体规定，由程钜夫、元明善、贯云石等人参拟。而揭傒斯馆于翰林学士程钜夫之门，一般人并不知道他是程钜的表妹夫。杨朝英将当代文人所作的散曲结为《阳春白雪》。《阳春白雪》（全名《乐府新编阳春白雪》）与以后问世的《太平乐府》（全名《朝野新声太平乐府》），皆为杨朝英以个人之力而成书的元曲总集，被称为“杨氏二选”。本年二月刚任翰林学士的贯云石为《阳春白雪》作序，首次就散曲风格作出评论。姚遂去世，享年76岁。姚遂（1238—1313），字端甫，号牧庵。祖籍营州柳城（辽宁朝阳）。金元之际理学家姚枢侄子。元贞元年参修《世祖实录》。大德五年出为江东访使，大德九年任江西行省参政。元代有名大儒，诗文集《牧庵集》。

延祐元年甲寅（1314），元旦，赵孟頫作［中吕·万年欢］曲，庆祝新春佳节。议决恢复科举，引起社会广泛关注。八月，江西乡试以《石鼓赋》为题，共取22位贡进士。《延祐甲寅科江西乡试录》是今存的一种，其中录存了8篇“命题作文”的《石鼓赋》，8位作者均为乡试的中举人，他们是：李丙奎、徐汝士、王与玉、陈祖义、李路、罗曾、吴舜凯、苏弘道。[①] 陈栎、陆文圭、郭畀等，几位一生期望恢复科举的文人，参加首科乡试之后，纷纷退出。

秋，返回江南途中贯云石路经梁山泊，用一首诗换取了渔夫的以芦花为芯的被子。正在仕途得意的贯云石，因向皇帝上“万言书”、“不报”，便辞官返回江南。途中路经梁山泊时的一段经历，使他写出《芦花被》（《皇元风雅》前集卷一）诗。从此，贯云石又以“芦花道人”为别号，他的换芦花被诗“天下喧传”。

延祐二年乙卯（1315），周德清38岁。元仁宗恢复科举制度。三月七日，元首次会试于大都举行。廷试录取的两榜状况，是护都沓儿、张起岩。本届录取进士56人，左榜进士有许有壬，欧阳玄、黄溍、杨载、陈泰、干文传、王士元；右榜进士有偰哲笃、丁文苑（哈八石）、张翔等，是元代文人集中的一届，也是进士个人成就颇高的一届。胞兄周德昭中府庠生。

会试时，人望颇高的陈泰、汪泽民、范梈等纷纷落第。

阴时夫、阴中夫兄弟于延祐中编著《韵府群玉》二十卷。赵文去世，享年77岁。赵文（1239—1315），字仪可（一字惟恭），号青山。庐陵（江西吉安）人，有《青山稿》三十卷。

延祐三年丙辰（1316），七月，赵孟頫进翰林学士承旨，并赠封三

① 《宋元科举题名录》的清抄本之后，有清人钱大昕之跋语。

代。揭祐民在此前后曾三次出游京师。揭祐民，字希韦，因寓居盱水上，号盱里子。广昌（今属江西）人。有《盱里子集》。

延祐四年丁已（1317），三月，贯云石与鲁山、干文传同游昌国州（浙江定海）补陀山，赋《观日行诗》。徐瑞以“经明行修”推为本邑书院山长。徐瑞（1254—1324），字山玉。鄱阳（江西波阳）人。宋度宗咸淳间举进士，不第。字号“松巢”。卒年71岁。有《松巢漫稿》三卷，保存《鄱阳五家集》中。贯云石回到江南，定居在杭州。

延祐五年戊午（1318），虞集出任翰林待制。在重新开科举士的大背景下，社会积极性被调动起来，特别是西域人，他们的参与前所未有，闻所未闻。程钜夫去世，享年70岁。程钜夫（1249—1318），原名程文海，字钜夫，因避元武宗海山讳，以字行。号雪楼，又号远斋。建昌路南城（今属江西）人。元世祖很赏识，大德八年拜翰林学士，至大元年，修《成宗实录》，皇庆元年，修《武宗实录》，为四朝元老，出入显要，朝廷典册多出其手，有文集四十五卷，今存之《雪楼集》。

延祐六年己未（1319），春，贯云石为张可久的散文集《今乐府》作序。周德清，42岁。元仁宗追封周敦颐为道国公。刘埙去世，享年80岁。刘埙（1240—1319），字起潜，号水云村（或作水村）。南丰（今属江西）人。著《隐居通议》三十一卷，《水云村稿》十五卷，《水云村吟稿》十二卷，《哀鉴》、《经说讲义》、《英华录》等。

延祐七年庚申（1320），二月，苏天弌与友人出游道教所谓“三十五福地”之一的金精山，并汇录宋元经游之作编成《金精风月》。苏天弌，字复之，号复斋，宁都（今江西）人。

## 元英宗

至治元年辛酉（1321），三月，本届录取进士64人，在右榜进士中，双语作家成就颇高。汉人、南人中进士的有吴师道、王思诚、林以顺、林兴祖等。朱思本主玉隆万寿宫。朱思本（1273—?），字本初，号贞一。临川（江西抚州）人。有诗文集《贞一斋稿》（又名《贞一斋杂著》），诗文各一卷，《广舆图》二卷。十一月，刘麟端《昭忠逸咏》成书，并写序。刘麟端，号如村。南丰（今属江西）人。刘埙次子。

至治二年壬戌（1322），吴全节授玄教大宗师、崇文弘道产德真人，总摄江淮荆襄道教、知集贤院道教事。吴全节（1269—1346），字成季，号闲闲。又号看云道人。饶州安仁（江西贵溪）人。著有《瓢稿》、《代祠稿》等，总名为《看云集》共二十六卷。六月，赵孟頫去世，享年69岁。

至治三年癸亥（1323），廉惇请画家商琦为其画《读书岩图》，元明善与刘岳申分别作《读书岩记》。廉惇，字公迈。高昌畏吾人。廉希宪第六子（幼子），贯云石的舅舅。延祐七年，任西属四川道肃政廉访使。至治元年任秘书监卿。不久又出任江西行省参政。有《廉文靖公集》。活动于治中的诗文家，江西有倪道原与黄石翁。倪道原，字太初。安仁（江西贵溪）人。有《太初集》。黄石翁，字可玉，号猬叟，又号松瀑。南康（今属江西）人。出身书香门第。著《清权斋内稿》。

## 泰定帝

泰定元年甲子（1324），三月七日，本年殿试，取八剌、张益为两榜状元。五月八日，贯云石去世于钱塘寓所，享年仅39岁。

而周德清《中原音韵》正写成于此时。贯云石（1286—1324），号成斋、疏仙、酸斋。高昌畏吾人，以北庭为郡望。知名度颇高的元曲作家，曾为散曲集《阳春白雪》作序，在当时文坛交游广泛，后人曾将元曲称为“马贯音学”。[①] 有任讷辑本《酸甜乐府》（与甜斋徐再思合集），顾嗣立《元诗选》二集《酸斋集》有诗27首。徐再思以“甜斋”为号，与贯云石同时享誉于曲坛。龙仁夫为庐山东林寺僧释道惠的诗集《庐山外集》作序。释道惠（约1266—1330），字性空。元代庐山东林寺僧，早有诗名，与文坛名流冯子振、程钜夫、滕斌、吴澄、贯云石、卢挚，诗僧太䜣等皆有往还。贯云石游庐山时曾与其唱和，并同游九华山。

周德清，48岁。《中原音韵》成书，周德清为《中原音韵》作自

---

① 清人邹祗谟《远志斋词衷》。

序。周德清，号挺斋。高安（今属江西）人。一生致力于散曲创作研究，所著《中原音韵》二卷（别本一卷）是其主要成就。《中原音韵》卷首除泰定元年周德清自序，还有虞集、欧阳玄、罗宗信、琐非复初等人作的序。本书是以元代北方语音（中原音韵）为准则，而归纳成的一部专门供写作元曲（散曲与杂剧）的韵谱。内容还包括对具体作品的分析评价。作为第一部曲谱，被称为“德清之韵，不独中原，乃天下之正音也；德清之词，不惟江南，实当时之独步也”（琐非复初《中原音韵序》）。书中的“作词十法”，是作者根据个人创作实践拟定的十条写作散曲的规则。泰定甲子年，在大都的一场关于“正语作词”的论争，周氏在论争中明确批评了“呼吸之间动引《广韵》为证”的泥古非今、不达时变的陈腐观点，并鲜明地提出了“欲作乐府，必正言语；欲正言语，必宗中原之音”的主张。

是年，周德清回江西，留滞吉安，“读书是邦”。

泰定二年乙丑（1325），揭祐民，字希韦。广昌（今属江西）人。曾三至京师，程钜夫等公卿多乐与之游。后寓居盱水之上，自号盱里子。晚年自病狷介，又称“希韦子”。《元诗选》二集有其《盱里子集》，存诗40首。

泰定三年丙寅（1326），春，钟嗣成与廖毅相会，互相观赏曲作，一见如故。刘将孙《养吾斋集》序刊。刘将孙（1257—?），字尚友，号养吾。庐陵（江西吉安）人。刘辰翁之子。有《养吾斋集》四十卷。

泰定四年丁卯（1327），春，吴澄应段辅之邀，为《二妙集》作序，段辅则写有跋语。三月七日，本年两榜状元是阿察赤、李黻。本届录取进士85人，杨维桢、萨都剌在之列。元代最主要的三个诗人：虞集、杨维桢、萨都剌，就有两人是本届同年。

袁桷去世，享年62岁。袁桷（1266—1327），字伯长，号清容居士。大德初，由阎复、程钜夫、王构荐为翰林国史院检阅官，以博闻知礼著称。诗文集《清客居士集》五十卷、《延祐四明志》十七卷、《澄怀录》一卷。

致和元年戊辰（1328），六月，范梈写《翰林杨仲弘诗集序》。八月，傅若金的新婚妻子孙淑云去世，年仅33岁，红颜薄命，遗留诗集《绿窗遗稿》。

## 元文宗

天历元年戊辰（1328），八月，怀王（即元文宗）图贴睦尔即将登基，由建康赶往大都，途中写诗纪行。年仅25岁。是元代诸帝最倾向汉文化者。

天历二年己巳（1329），二月，元文宗设立奎章阁学士院于京师。揭傒斯、周伯琦曾在奎章阁任职。查居广去世，享年46岁。查居广（1284—1329），字广居。临川（江西抚州）人。到清江百丈山就学于范梈，得范梈诗法。

至顺元年庚午（1330），五月，元文宗要虞集为已去世多年的姚天福作《姚忠肃公神道碑》。秋，揭傒斯出任艺文监丞，为其仆人邹福作《题邹福诗后》。九月，钟嗣成《录鬼簿》初步编成，钟嗣成与朱凯写了序文。钟嗣成，字继先，号丑斋。祖籍大梁（河南开封），定居杭州。以明经累试不中，为江浙行省掾史。主要成就是著《录鬼簿》二卷。周德清54岁，钟嗣成《录鬼簿》成书，载152位已死与未死的元曲作家小传及作品目录，却无周德清名字。

至顺二年辛未（1331），元代官修政书《经世大典》修成，由赵世延、虞集主持修撰。共八百八十卷。

至顺三年壬申（1332），二月，在京师参修《经世大典》的欧阳玄，因事毕闲暇，写出十二首［渔家傲］，这就是著名的“十都十二月乐词”。六月，何中去世，享年68岁。何中（1265—1332），字太虚，一字养正。抚州乐安（今属江西）人。曾受到程钜夫、元明善、姚燧、王构及同郡揭傒斯等推重。何中是吴澄的姻兄弟。所著别集《知非堂稿》六卷、《通鉴纲目测海》三卷、《通书问》一卷，今均存。八月，元文宗薨于上京。

## 元顺帝

元统元年癸酉（1333），九月三日，初御皇极的元顺帝廷试录取进士，两榜状元为同同、李齐。本届共录取进士50名，刘基在左榜之列，虞集谢病南归，离开元廷，回到江南，定居于豫章。吴澄去世，享年85岁。吴澄（1249—1333），字幼清，晚年又字伯清。抚州崇仁（今属江西）人。南宋咸淳六年（1270年），领乡荐，举进士，不中，在家乡建草屋，著书讲学，人称“草庐先生”。至元二十三年，程钜夫奉诏到江南求贤，举吴澄，次年就以母亲年老辞归乡里。与许衡并称为南北两位大儒。有《吴文正集》四十九卷（别本一百卷），其孙吴当编。另著《易纂言》十卷、《书纂言》四卷、《礼记纂言》三十六卷、《春秋纂言》十二卷等，今均存。胡炳文去世，享年84岁。胡炳文（1250—1333），字仲虎，号云峰。婺源（今属江西）人。其父胡斗元习朱子之学，其秉承家学，著《四书通》二十六卷。另著《周易本义通释》十二卷、《纯正蒙求》三卷。

元统二年甲戌（1334），六月，钟嗣成从吴江赴杭州，与抱病的周文质相见。苏天爵编辑的元代文学总集《国朝文类》（《元文类》）序刊。

后至元元年乙亥（1335），祝尧作《天冠山二十八咏》，其赋《古赋辨体》是元代辞赋主要著作。祝尧，字君泽。上饶（今属江西）人。延祐五年进士。龙仁夫去世，享年83岁。龙仁夫（1253—1335），字观复，号麟州。永新（今属江西）人。诗文以《陈平章席上题琵琶亭》最有名。

后至元二年丙子（1336），元代第一部本朝诗选集《皇元风雅》序刊，共十二卷（前集六卷，后集六卷）。前集题为：傅习乐集，孙存吾编类，虞集校选；后集题为：孙存吾编类，虞集校选。全书编成于后至元二年，前集有虞集序，后集有谢升孙序。

后至元三年丁丑（1337），八月十五（中秋），邵元长与钟嗣成重逢，钟嗣成以成书的《录鬼簿》稿本相示，邵元长为其作序，并以［湘妃曲］赠别。“元人选元诗”的重要总集《元风雅》（《国朝风雅》序刊。叶衡出任兴化县尹，有治迹。叶衡，字仲舆，号芝阳山人。德兴（今属江西）人。其《上京杂咏十首席》，流传较广。

后至元四年戊庚（1338），汪炎昶去世，享年78岁。汪炎昶（1261—1338），字懋远。婺源（今属江西）人。今存《古逸民集》二卷。

后至元五年己卯（1339），七月，杭州褒忠寺住山僧可观，将泰定三年以来各界人士歌咏岳飞之作结集，题为《岳庙名贤诗》。柯九思写了四首七律，贯云石也在之列。

后至元六年庚辰（1340），一月五日，揭傒斯作《范先生诗序》。六月，虞集为傅若金《使还新稿》作序。

至正元年辛已（1341），归老家山的虞集见到旧友杨景行，两人又谈起当年的往事以及所作的诗篇，颇为欢洽，虞集为其作《杨贤可诗序》。杨景行（1277—1347），字贤可。太和（今属江西）人。延祐二年首科进士。通过为刘诜《桂隐存稿》写序，虞集对元文与元代士风作了精辟概述。周德清65岁，赖朋友罗宗信等奔走，《中原音韵》在吉安刊行。

至正二年壬午（1342），周德清66岁，回故乡修《暇堂周氏宗谱》，周伯琦为之作序。三月七日，廷武录取两榜状元为拜住、陈祖仁。本届录取进士78人，这是自元统元年之后，停止又恢复的第一届科举。杨维桢《丽则遗音》四卷序刊。门人为释惟则于吴城东北隅买地，修建名为“师子林”的居室。释惟则（约1280—1350），字天如。永新（今属江西）人，俗姓谭。延祐、至治年间，他与西域人、元曲家贯云石、阿里西瑛优游唱和于杭州。刘闻在丁忧后起复为翰林编修。刘闻，字文廷，安福（今属江西）人。早年通《春秋》受知于欧阳玄。有《容窗集》十卷以及《春秋通旨》等。傅若金去世，年仅40岁。傅若金（1303—1342），字与砺，初字汝砺。新喻（江西新余）人。文章由其弟傅若川编为《傅与砺文集》十一卷。

至正三年癸未（1343），三月，诏修辽、金、宋三朝史。

至正四年甲申（1344），九月，隐士诗人黄河清写出《至正四年秋疫疾大作书所见》。黄河清，字叔美，南城（今江西）人。有《黄叔美诗》一卷。薛昂夫以秘书监卿致仕，寓居豫章，并请虞集作《马清献公墓亭记》。揭傒斯去世，享年71岁。此时揭傒斯一直在修辽、金、宋三史。《辽史》成稿，《金史》垂成。揭傒斯死前，虞集已归老家山，而且几乎失明。揭傒斯（1274—1344），字曼硕，龙兴富州（江西丰城）揭源人。大德初年，出游两湖，程钜夫时为湖北宪使，一见奇其才，并以表妹许配。皇庆初年，程钜夫入朝，揭傒斯随行，受到朝中士大夫器重，延祐元年著有翰林编修。元文宗很赏识其文才。有《揭文安集》五十卷。现存《揭文安集》14 卷、18 卷本。虞集、杨载、范梈、揭傒斯并称“元诗四大家”。皇庆、延祐年间，籍贯东南的文人在京师形成一个文化圈，如袁桷、虞集、柳贯、黄溍、贡奎、范梈、杨载、揭傒斯等人，都任职于集贤、翰林两院，驰骋清要，翰墨往复，更为倡酬。

释大䜣去世，享年 61 岁。大䜣（1284—1344），字笑隐。祖籍南昌（今属江西），寓居杭州。俗姓陈，是元代诗僧中著名的“三隐”（笑隐、觉隐、天隐）之一。著《蒲室集》十五卷。与虞集相知二十余年。虞集为《蒲室集》作序。

至正五年乙酉（1345），三月七日，本年廷试，两榜状元是普颜不花、张士坚。汪元亨与钟嗣成在此前后相交于吴门。汪元亨，字协贞，号云林，又号临川佚老。饶州（江西上饶）人。有散曲集《小隐馀音》、《云林清赏》等。九月，周伯琦诗集《近光集》开始结集，并作自序。周伯琦有诗集《近光集》（全名《周翰林近光集》）三卷、《扈从诗》一卷。前者卷首有虞集序，至正五年自序。

至正六年丙戌（1346），七月，王晔《优戏录》成书。

至正七年丁亥（1347），本年广东乡试改为武铨，儒生罗蒙正在省会应举，因此罢试而归。罗蒙正，字希吕。祖籍庐陵（江西吉安），徒居新会（今属广东）。祝蕃去世，享年 62 岁。祝蕃（1286—1347），字蕃远，一字直清。贵溪（今属江西）人。

至正八年戊子（1348），三月七日，本年会试录取两榜状元，是阿鲁辉贴木儿、王宗哲。中书省派专人来江浙行省，考核从事、掾史中的贤能者，得三人举荐于朝：高明、沙可学、葛元喆。葛元喆，字元哲，抚州路金溪（江西金溪）人。本年进士。五月，虞集去世，享年 77 岁。虞集（1272—1348），字伯生，号道园，又号邵庵。抚州崇仁（今属江西）人。南宋丞相虞允文五世孙。师从吴澄。

至正九年己丑（1349），九月，色目人定位与魏观等人登滕王阁，饮酒赋诗。

至正十年庚寅（1350），江西南昌人刘时中套曲《上高监司》，直接反映出更改钞法的后遗症。杜本去世，享年 75 岁。杜本（1276—

1350），字伯原，号清碧，祖籍京兆（陕西西安），徙居清江（今属江西）。刘诜去世，享年83岁。刘诜（1268—1350），字桂翁，号桂隐。吉安庐陵（江西吉安）人。

至正十一年辛卯（1351），三月七日，本年廷试，两榜状元是朵列图、文先中。巴西邓子晋为杨朝英编选的《朝野新声太平乐府》作序，继《阳春白雪》之后，杨朝英又编定了《朝野新声太平乐府》（简称《太平乐府》）九卷；可看成是《阳春白雪》的续集。集中选收周德清散曲小令25首，套数3首。

至正十二年壬辰（1352），五月，周伯琦开始撰写《扈从集》，为此他特意写了《扈从集前序》。八月，他又为《扈从集》（《扈从诗》）写了一篇“后序”。周伯琦（1298—1369），字伯温，号玉雪坡真逸、坚白先生。鄱阳（江西波阳）人。父周应极于至大年间为翰林待制，自幼随父游京师，入国学。周德清76岁，侄玄孙周文鼎生。文鼎官南京士部虞衡清吏司员外郎，明永乐二十二年重修《宗谱》。

本年，战乱波及周霆震家乡安福，他不得不迁居吉安。周霆震（1297—1379），字亨远，号石初。安福（今属江西）人。

至正十三年癸巳（1353），有“鲍博识”之称的蒙古语文专家鲍信卿去世。

至正十四年甲午（1354），三月七日，本年科举录取的两榜状元，是薛朝晤、牛继志。八月十六日，一梦之间，使杨维桢与去世整三十年的文坛怪才贯云石做了一场惊心动魄的赛诗之会。揭示出“铁崖体”与贯云石之间的微妙联系。

至正十五年乙未（1355），汪泽民去世，享年83岁。

至正十六年丙申（1356），九月，一场出乎意外的动乱突然爆发，原本看似牢固的社会秩序顷刻颠覆，亲历者刘尚质将自己的困惑写进《吉州诗》。

至正十七年丁酉（1357），三月七日，廷试录取两榜状元倪征、王宗嗣。本届录取进士51人。两榜状元，全不知名。十二月，欧阳玄去世，享年76岁。欧阳玄（1283—1358），字原功，号圭斋。祖籍分宜防里，浏阳（今属湖南）人。延祐元年诏设科举，欧阳玄以《尚书》中乡试，晚年登进士第。至治三年秋，以校阅江浙考试卷至杭州，与贯云石游。入朝为国子博士，升国子监丞，致和元年迁翰林待制。元历改元，文宗亲署欧阳玄为艺文少监，主持编纂《经世大典》。一生两为祭酒，六入翰林，三拜承旨。屡主文衡，两知贡举及任读卷官。朝廷典册多出其手。天下碑传往往以得欧阳玄文辞为荣。有《圭斋集》十五卷，另著《拯荒事略》，与虞集齐名。

至正十八年戊戌（1358），元廷起用大儒吴澄的孙子吴当，为江西行省参政，但江西形势已经无可挽回。吴当（1297—1361），字伯尚。崇仁（今属江西）人。著有《周礼纂言》及《学言诗稿》。

至正十九年己亥（1259），三月三十日，战乱波及越来越广，流离失所的人越来越多，朝廷不得不为科举特设“流寓”人士名额。

至正二十年庚子（1360），三月七日，本年录取两榜状元买住、魏元礼。本届录取进士 35 人，是元代科举人数最少的一届。四月十六日，《青楼集》成书，夏庭芝作《青楼集志》。周闻孙去世，享年 54 岁。周闻孙（1307—1360），字以立。庐陵（江西吉安）人。出任鳌溪书院山长，揭傒斯又荐任贞文书院山长。至正十六年，行省以便宜除白鹭洲书院山长，不久又任命为袁州儒学教授。有《鳌溪集》二十卷。

至正二十一年（1361），身在大都的张翥写出元诗名篇《寄浙省参政周玉波》，并以组诗《七忆》倾吐对饱经战乱的江南的关注之情。“周玉波”，即周伯琦。周伯琦至正十七年至十九年任江浙行省参政，张翥仍以“浙省参政”相称。十月，在大都的江西籍文人曾坚、危素分别为《四明洞天丹山图咏集》作序。

至正二十二年壬寅（1362），杨维桢为门下士袁华删订所作诗篇，编成《可传集》。

至正二十三年癸卯（1363），三月七日，廷试录取两榜状元宝宝、杨輗。本届进士 62 人，其中不少是“流寓”者。

至正二十四年甲辰（1364），四月，周伯琦为释克新诗集《雪庐稿》作序。克新，字仲铭，号雪庐，又号江左外史。鄱阳（江西波阳）人。俗姓余。诗结为《雪庐稿》一卷。罗贯中与天各一方的朋友相会，这个“忘年交”在六十年之后写《录鬼簿续编》时，为此特别记了一笔。刘鹗去世，享年 76 岁。刘鹗（1290—1364），字楚奇，永丰（今属江西）人。有《惟实集》七卷。曾与虞集、欧阳玄、揭傒斯等人同游浮云道院，并作《浮云道院诗二十二首》。

至正二十五年乙已（1365），周德清 89 岁，逝世，葬鳌香岭交椅山。

# 参考书目

## 一　论著


1.《宋史·道学传·周敦颐传》，上海商务印书馆百衲本1934年。

2.（宋）度正著《周敦颐年谱》，周文英主编《周敦颐全书》，江西教育出版社1993年8月第1版。

3.（元）欧阳玄撰，汤锐校点整理《欧阳玄全集》，四川大学出版社2010年3月第1版。

4.（元）欧阳玄撰，陈书良、刘娟点校《欧阳玄集》，岳麓书社2010年9月第1版。

5.（元）欧阳玄，萨都拉撰《圭斋文集·雁门集》，吉林出版集团有限责任公司2005年第1版。

6.（元）陶宗仪著《南村辍耕录》，文化艺术出版社1998年版。

7.（元）杨朝英撰，隋树森校订《朝野新声太平乐府》，中华书局1958年版。

8.（元）杨朝英编《元曲三百首》，中国文史出版社2003年版。

9.（元）杨朝英选编，冯裳导读，冯裳整理集评《阳春白雪》，上海古籍出版社2007年版。

10.（元）虞集著，王颋点校《虞集全集》（上，下册），天津古籍出版社2007年版。

11.（元）周德清著《中原音韵》影印本，中华书局1978年版。

12.（元）钟嗣成等著《录鬼簿》，上海古籍出版社1978年版。

13.（明）宋濂等撰《元史》，中华书局1976年版。

14.（明）王骥德著《曲律》，湖南人民出版社1983年版。

15. （明）徐渭著，李复波、熊澄宇注释《〈南词叙录〉注释》，中国戏曲出版社 1989 年版。
16. （清）程维园辑，未明编译《人镜：〈人镜类纂〉白话版》，学林出版社 2003 年版。
17. （清）黄宗羲原著，全祖望补修《宋元学案》，中华书局 1986 年版。
18. （清）李渔著《闲情偶寄》，万卷出版公司 2008 年版。
19. （清）刘熙载著，王气中笺注《艺概笺注》，贵州人民出版社 1986 年版。
20. （清）钱大昕著，陈文和、孙显军校点《十驾斋养新录》，凤凰出版社 2000 年版。
21. （清）汪辉祖撰《元史本证》，中华书局 1984 年版。
22. 陈垣撰《元西域人华化考》，上海古籍出版社 2008 年版。
23. 《陆志韦近代汉语音韵论集》，商务印书馆 1988 年版。
24. 钱玄同著《钱玄同文集》（第四卷—第五卷），中国人民大学出版社 1999 年版。
25. 吴梅著《顾曲尘谈》，商务印书馆 1916 年版。
26. 吴梅著《曲学通论》，商务印书馆 1935 年版。
27. 北京大学汉语语言学研究中心《语言学论丛》编委会编《语言学论丛》（第 31 辑），商务印书馆 2005 年版。
28. 陈良运主编《中国历代赋学曲学论著选》，百花洲文艺出版社 2002 年版。
29. 陈文新主编，余来明撰稿《中国文学编年史·元代卷》，湖南人民出版社 2006 年版。
30. 程芸著《元明清戏曲考论》，中国社会科学出版社 2013 年版。
31. 澹泊主编，中国名人志编纂委员会编著《中国名人志》（第八卷），上海档案出版社 2001 年版。
32. 邓绍基编著《元代文学史》，中国社会科学出版社 2007 年版。
33. 复旦大学中文系编《朱东润先生诞辰一百一十周年纪念文集》，上海古籍出版社 2006 年版。
34. 符国栋主编，曾永义编撰《蒙元的新诗——元人散曲》，海南出版社，三环出版社 1998 年版。
35. 高福生等《〈中原音韵〉新论》，北京大学出版社 1991 年版。
36. 何光岳著《中华姓氏源流史》（第二册），湖南教育出版社 2003 年版。
37. 贺新辉主编《元曲鉴赏辞典》，中国妇女出版社 2004 年版。
38. 胡奇光著《中国古代语言艺术史》，上海人民出版社 2010 年版。
39. 姬沈育著《一代文宗虞集》，中国社会出版社 2008 年版。
40. 蒋绍愚著《近代汉语研究概要》，北京大学出版社 2005 年版。
41. 李昌集著《中国古代散曲史》，华东师范大学出版社 1991 年版。
42. 李长路编注，张巨才协注《全元散曲选释》，书目文献出版社 1989 年版。
43. 李国玲编《宋人传记资料索引补编》，四川大学出版社 1994 年版。
44. 李熙宗、刘明今、袁震宇、霍四通著《中国修辞学通史》（明清卷），吉林教育出版社 1998 年版。
45. 李祥林著《元曲索隐》，四川教育出版社 2003 年版。
46. 李舜臣、欧阳江琳著《“汉廷老吏”虞集》，江西高校出版社 2006 年版。
47. 李新魁著《〈中原音韵〉音系研究》，中州书画社 1983 年版。
48. 刘起釪、王钟翰等著《经史说略——二十五史说略》，北京燕山出版社 2002 年版。
49. 刘起釪、王钟翰等著《经史说略——十三经说略》，北京燕山出版社 2002 年版。
50. 刘晓南著《汉语音韵研究教程》，北京大学出版社 2007 年版。
51. 鲁国尧著《鲁国尧语言学论文集》，江苏教育出版社 2003 年版。
52. 鲁国尧著《语言学文集：考证、义理、辞章》，上海人民出版社 2008 年版。
53. 罗鹭著《虞集年谱》，凤凰出版社 2010 年版。

54. 吕薇芬著《全元散曲典故辞典》，湖北辞书出版社 1985 年版。
55. 梁绍辉著《周敦颐评传》，南京大学出版社 2011 年版。
56. 梁杨、杨东甫著《中国散曲史》，广西人民出版社 1995 年版。
57. 梁杨、杨东甫著《中国散曲综论》，中国社会科学出版社 2007 年版。
58. 马美信译注《庄子选译》（《古代文史名著选译丛书》），巴蜀书社 1991 年版。
59. 门岿主编《二十六史作者评传》，文化艺术出版社 2006 年版。
60. 蒙思明著《元代社会阶级制度》，上海人民出版社 2006 年版。
61. 潘树广、涂小马、黄镇伟主编《中国文学史料学》，华东师范大学出版社 2012 年版。
62. 轻舟、郭力弓主编《元曲故事三六五》，国际文化出版公司 1992 年版。
63. 任崇岳主编《中国文化通史·辽西夏金元卷》，中共中央党校出版社 2009 年版。
64. 任中敏选编，胡遂、王毅注析《元曲三百首注析》，岳麓书社 1992 年版。
65. 山东大学文史哲研究所主编，吕慧鹃、刘波、卢达编《中国历代著名文学家评传》（第三卷），山东教育出版社 1984 年版。
66. 沈松勤、黄之栋著《词家之冠：周邦彦传》，浙江人民出版社 2006 年版。
67. 隋树森编《全元散曲》（上、下），中华书局 1964 年版。
68. 隋树森等编《元曲三百首鉴赏辞典》，上海辞书出版社 2006 年版。
69. 孙楷第著《元曲家考略》，上海古籍出版社 1981 年版。
70. 索俊才著《王骥德〈曲律〉探微》，内蒙古大学出版社 2004 年版。
71. 王力著《汉语语音史》，中国社会科学出版社 1985 年版。
72. 王丽萍译注《列子选译》（《古代文史名著选译丛书》），巴蜀书社 1994 年版。
73. 王文才编著《元曲纪事》，河北教育出版社 1985 年版。

74. 王学奇主编《元曲选校注》，河北教育出版社 1994 年版。
75. 王运熙著《谈中国古代文学的学习与研究》，复旦大学出版社 2010 年版。
76. 吴庚舜、吕薇芬主编《全元散曲广选·新注·集评》（上、下），辽宁人民出版社 2000 年版。
77. 吴海、曾子鲁主编《江西文学史》，江西人民出版社 2005 年版。
78. 伍舟著《中国妓女文化史》，东方文化出版中心 2006 年版。
79. 《暇堂周氏宗谱》。
80. 徐征、张中月、张圣洁、奚海主编《全元曲》（第十卷），河北教育出版社 1998 年版。
81. 薛瑞生著《周邦彦别传》，三秦出版社 2008 年版。
82. 杨镰著《贯云石评传》，新疆人民出版社 1983 年版。
83. 杨镰著《元代文学编年史》，山西教育出版社 2005 年版。
84. 杨耐思著《中原音韵音系》，中国社会科学出版社 1981 年版。
85. 杨正润著《现代传记学》，南京大学出版社 2009 年版。
86. 俞为民、孙蓉蓉主编《历代曲话汇编·唐宋元编：新编中国古典戏曲论著集成》，黄山书社 2006 年版。
87. 袁行霈主编《中国文学史》（第三册），高等教育出版社 1999 年版。
88. 张立文主编，张立文、祁润兴著《中国学术通史》（宋元明卷），人民出版社 2004 年版。
89. 张世禄著《中国音韵学史》，上海书店 1984 年版。
90. 张中月主编《元曲通融》（上、下），山西古籍出版社 1999 年版。
91. 张中月、王钢主编《全元曲》（上、下），中州古籍出版社 1996 年版。
92. 章培恒、骆玉明主编《中国文学史》（下），复旦大学出版社 1996 年版。
93. 赵荫棠著《中原音韵研究》，商务印书馆 1936 年版。
94. 《中国古典戏曲论著集成》，中国戏剧出版社 1959 年版。

95. 中国社会科学院《文学遗产》编辑部编《学境：二十世纪学术大家名家研究》，上海古籍出版社 2006 年版。

96. 中国音韵学研究会编《音韵学研究》（第一辑），中华书局 1984 年版。

97. 宗廷虎、李金苓著《中国修辞学通史》（隋唐五代宋金元卷），吉林教育出版社 1998 年版。

98. 宗廷虎、李金苓著《中国修辞学通史》（近现代卷），吉林教育出版社 1998 年版。

99. 周建刚著《周敦颐研究著作述要》，湖南大学出版社 2009 年版。

100. 周良霄、顾菊英著《元史》，上海人民出版社 2003 年版。

101. 周维培著《论〈中原音韵〉》，中国戏剧出版社 1990 年版。

102. 《周祖谟语言学论文集》，商务印书馆 2001 年版。

103. （台湾）昌彼德、王德毅、程元敏、侯俊德编《宋人传记资料索引》（全六册），中华书局 1988 年版。

104. （台湾）陈新雄著《〈中原音韵〉概要》，学海出版社 1976 年版。

105. （台湾）古苓光著《周德清及其曲学研究》，文史哲出版社 1992 年版。

106. （台湾）李惠锦著《王骥德曲论研究》，台湾大学出版委员会 1992 年版。

107. （台湾）罗锦堂著《中国散曲史》，中国文化大学出版部 1983 年版。

108. （台湾）谭慧生编著《历代伟人传记》，百成书店 1981 年版。

109. （台湾）王德毅、李荣树、潘柏澄编《元人传记资料索引》（全五册），中华书局 1987 年版。

110. （台湾）王忠林著《元代散曲论丛》，文津出版社 1997 年版。

111. （台湾）新文丰出版服务有限公司编辑部编《中原音韵研究》，新文丰出版服务有限公司 1984 年版。

112. （台湾）郑因百著《北曲新谱》（12 卷），艺文印书馆 1973 年版。

113.（台湾）董季棠著《修辞析论》，文史哲出版社 1992 增订版。

114.［美］薛凤生：《中原音韵音位系统》，鲁国尧等译，北京语言学院出版社 1990 年版。

115.［日］平山久雄著《平山久雄语言学论文集》，商务印书馆 2005 年版。

## 二　论文

1. 邓绍基《元代曲坛的一场争论——周德清批评杨朝英和贯云石的历史公案》，载张月中主编《元曲通融》（上），山西古籍出版社 1999 年版。

2. 郭英德《元曲与少数民族文化》，载张月中主编《元曲通融》（上），山西古籍出版社 1999 年版。

3. 郭英德、郝诗仙《关于元杂剧兴盛的社会原因的争论》，载张月中主编《元曲通融》（上），山西古籍出版社 1999 年版。

4. 李新魁《关于〈中原音韵〉音系的基础和“入派三声”的性质》，载《中国语文》1963 年第 4 期。

5. 贺昌群《元曲的渊源及其与蒙古语的关系》，载张月中主编《元曲通融》（上），山西古籍出版社 1999 年版。

6. 季国平《〈中原音韵〉的戏曲学意义》，载《福建艺术》2006 年第 3 期。

7. 金欣欣《周德清的通语观与〈中原音韵〉的音系性质》，载《阜阳师范学院学报》2003 年第 1 期。

8. 金欣欣《〈中原音韵〉“的本”初刊时间考辨》，载《廊坊师范学院学报》2003 年第 2 期。

9. 金欣欣《〈中原音韵〉无入声说代表观点论析》，载《山东师范大学学报》（人文社会科学版）2004 年第 1 期。

10. 金欣欣《〈中原音韵〉音系有入声证》，载《江西师范大学学报》（哲学社会科学版）2004 年第 2 期。

11. 金欣欣《〈中原音韵〉作者周德清的政治倾向》，载《临沂师范学院学报》2004 年第 2 期。

12. 金欣欣《也谈〈中原音韵〉的写作缘起——兼与赵诚先生商榷》，载《东南大学学报》（哲学社会科学版）2004 年第 4 期。
13. 李新魁《再论〈中原音韵〉的“入派三声”》，载《〈中原音韵〉新论》，北京大学出版社 1991 年 2 月第 1 版。
14. 刘静《〈中原音韵〉语音基础研究新论》，载《陕西师范大学学报》（哲学社会科学版）1993 年第 1 期。
15. 刘祯《杂剧的繁荣与元代统治者的关系》，载张月中主编《元曲通融》（上）1999 年 8 月第 1 版。
16. 陆林《元人戏曲史论初探》，载张月中主编《元曲通融》（上），山西古籍出版社 1999 年版。
17. 陆林《试论周德清为代表的元人戏曲语言声律论》，载张月中主编《元曲通融》（上），山西古籍出版社 1999 年版。
18. 任志初《元废科举非杂剧发达原因论》，载张月中主编《元曲通融》（上），山西古籍出版社 1999 年版。
19. 汤蕾《从〈中原音韵〉看周氏的语言规范化意识》，载《辽宁广播电视大学学报》2006 年第 4 期。
20. 田同旭《元杂剧作家职官考略》，载张月中主编《元曲通融》（上），山西古籍出版社 1999 年版。
21. 吴瑞霞《〈中原音韵〉的戏曲理论价值》，载《广东民族学院学报》1998 年第 1 期。
22. 吴瑞霞《李渔剧学声律论与〈中原音韵〉》，载《戏曲研究》第 57 辑。
23. 肖文辉《〈中原音韵〉无入声证》，载《和田师范专科学校学报》（汉文综合版）2006 年第 5 期。
24. 谢真元《略谈贯云石散曲的艺术风格》，载张月中主编《元曲通融》（下），山西古籍出版社 1999 年版。
25. 许莉莉《从曲律角度看〈中原音韵〉中声调的归纳》，载《南京社会科学》2005 年第 12 期。
26. 徐子方《“关、郑、白、马”与元曲四大家》，载张月中主编《元曲通融》（上），山西古籍出版社 1999 年版。
27. 叶长海《试论周德清的〈作词十法〉》，载张月中主编《元曲通融》（上），山西古籍出版社 1999 年版。
28. 于师号、张朕丽《周德清、钟嗣成比较探微》，载《河南教育学院学报》（哲学社会科学版）2004 年第 4 期。
29. 杨镰《贯云石集考实》，载张月中主编《元曲通融》（下），山西古籍出版社 1999 年版。
30. 张静《〈中原音韵〉“入派三声”新论》，载《黄山学院学报》（人文社会科学版）2005 年第 4 期。
31. 张帅《〈中原音韵〉性质分析》，载《山东教育学院学报》2006 年第 5 期。
32. 张燕瑾《谈戏曲在元代繁荣的原因》，载张月中主编《元曲通融》（上），山西古籍出版社 1999 年版。
33. 张颖《从文化视角看〈中原音韵〉的基础音系》，载《和田师范专科学校学报》（汉文综合版）2007 年第 3 期。
34. 张玉来《〈中原音韵〉所依据的音系基础问题》，载《语言研究》2012 年第 3 期。
35. 赵义山《论元代曲论的务实尚用》，载张月中主编《元曲通融》（上），山西古籍出版社 1999 年版。
36. 周维培《周德清评传》，载《戏剧艺术》1992 年第 2 期。
37. 曾永义《所谓“元曲四大家”》，载张月中主编《元曲通融》（上），山西古籍出版社 1999 年版。
38.《作法律人　先须律己——从周德清的曲作反观其曲论》，载《广西师范学院学报》（哲学社会科学版）2004 年第 2 期。
39. ［韩］全南大学安奇燮《浅谈元曲语言与近代汉语研究》，载张月中主编《元曲通融》（上），山西古籍出版社 1999 年版。

# 跋　语

再没有更近的接近
所有的偶然在我们间定型
只有阳光透过缤纷的枝叶
分在两片情愿的心上，相同

——穆　旦

2011年12月，一个偶然的机会，复旦大学古籍整理研究所博士生导师刘晓南先生到我校讲学，院里安排我全程陪同。

当我把刘先生从车站接到宾馆时，我向先生说起平生的问学经历。先生表示愿意接受我为高级访问学者。那兴奋的心情真是无以言表，一切只化作杯中一饮。当即，我表达了蓄积已久的愿望，希望能对元代江西高安籍音韵学家、元曲作家周德清有所研究。刘先生立刻肯定了这一研究的国内意义与国际影响。当场给我拟定了一个研究课题：《周德清生平、语言学思想及其成就》。带着这一课题，我从此夜以继日地不断充实自身的音韵学学养，收集有关周德清的研究资料，关注有关周德清研究的前沿动态。

第二天，聆听刘先生的讲学，那“闽蜀同风”的高见，让我豁然开朗，从此知道什么是博学，什么才是真正的大师！

2012年9月18日，带着希望，踏着梦想，我走进了渴望已久的复旦大学，来到曦园请益。

这里，没有喧嚣，只有静谧的骄傲！这里，没有浮躁，只有理想的远航！

短短的开题指导，精练而独到。不是授我以鱼，却在授我以渔。我第一次知道什么叫惜墨如金，茅塞顿开。

循循善诱的《音韵学》开蒙，不是先授人以渔，而是重在授人以鱼。我第一次明白什么是用墨如泼，如入堂奥。

纵横驰骋的《汉语通语语音史》讲授，不在循序而诱，意在画龙点睛，第一次幡悟什么是见山是山，遇水是水，让我醍醐灌顶。

其《音韵学读本》，导读与文本浑然天成，让我于不知不觉中渐入音韵学的佳境。

其《汉语音韵研究教程》，是由厚而薄的内化，却使我由于先生的介入，从此音韵功底因薄渐厚，由浅入深，深入却因此不愿意浅出。

浸润先生之《宋代四川语音研究》，让我发现什么叫原始创新？书中的两个假说：宋代蜀方言与闽方言存在亲密关系；宋代四川方言历史断层。让我震聋发聩。先生在抢救一个留存于文献而消失在现实中的"失落的方言"，厥功甚伟。

正如鲁国尧先生所言："学人，首先是人，人要是个人，以正做人，以正治学，就有可能成为一个大写的人。"

刘先生正是：德高而不显，望重却不骄。先生也，阅水而成川，阅韵而成文，阅人而成世。

《南史·王昙首》："知音者稀，真赏殆绝。"侧身刘门，幸识五友，相得益彰，所获颇丰。

师兄田志军，学理深厚，既专且博。是他提供给我云风多语输入法，解决了我在国际音标输入时碰到的问题；是他帮拓衢路，助开户牖，万取一收，让我探骊得珠。

师弟赵祎缺，硕士时有方言研究底蕴，现在又攻读汉语音韵学博士学位，两者的打通，为我阅读有关学者言及方言时碰到问题，提供了解决的方便，可引我旁通发明。

师妹陈静毅，硕博一直心向音韵，如存疑问，得天独厚，能领我解颐析骨。

学弟顾雄伟，来自泰国，硕博一直从刘晓南先生问学，可导我探本穷源，详其演变。

年妹金子荣，来自韩国，随从古籍所吴金华先生，能使我手在弦上，意属听者。

有幸认识五位国内外后学，既是鼓励，更是鞭策。

住进复旦大学北区宿舍望道苑39号501室，真是偶然！

三十年前，上海之行，我来到复旦瞻仰望老，在他的塑像前留下了仰慕的记忆，从此对修辞学情有独钟，第一篇修辞学论文就发表在复旦大学主办的《修辞学习》杂志。

三十年后的今天，又住进了以望老命名的宿舍。在这里，我感觉到的是一种鞭策，一种历练，一种行动。

每当正午，打开阳台门，那调皮的阳光还没经过我的许可，她就趁机闪入我的空间。似乎在和我促膝谈心，我没有被俘虏。我在她的相拥中，醉读贯云石，细品虞集，吮咀欧阳玄，慢嚼周敦颐，肘思周邦彦，瞑考萧存存，剔爬杨朝英，系疏钟嗣成，试图理出一个立体的周德清。

冬天，给我一片阳光，我为什么不争取灿烂！

人们常说：信心往往因际遇而异。我相信：一个人的成功，只有以巨大的忽略为代价才有可能。赵伯陶说得好，“尽管只是一脔之尝，略知其味，但管中窥豹，一斑足矣”。

莫提默·J. 艾德勒在《如何阅读一本书》中说过：“如果你的阅读目的是想变成一个更好的阅读者，你就不能摸到任何书或文章都读。”[①] 事实上，学问不光是广作蒐讨，更在于条其篇目，撮其旨意；更当于精心结撰，适成鼎足。只有把期待的感觉看得比当下的享受更美好，才能用自己的杯子喝水，尽管很小。

“用舍由时，行藏在我。”[②] 我相信鲁迅先生所言：“必须敢于正视，这才可望敢想，敢说，敢作，敢当。”[③]

---

① ［美］莫提默·J. 艾德勒、范多伦，《如何阅读一本书》，郝明义、朱衣译，商务印书馆2004年1月第1版，第291页。

② （宋）苏轼：《沁园春》。

③ 鲁迅：《坟·论睁了眼看》。

当我访学结束时，刘晓南先生给了我这样的评语："鄢文龙老师访学期间认真学习、收集文献资料，针对周德清研究课题，作深入研究。在已有基础上，已初步形成专著《周德清评传》；公开发表学术论文4篇。短短一年，取得了丰硕的成果，我认为已经圆满完成访学任务，成绩优秀。"这是对我最大的鼓励与鞭策。

感谢刘晓南老师，因为短暂的访学，让我终身受益。

感谢著名语言学家、中国音韵学研究会前会长、太先生鲁国尧教授的厚爱与提掖。

感谢著名语言学家马庆株先生，在百忙之中拨冗为我写序，对书稿给予肯定。马先生能如此奖掖后学，将成为我在语言学研究上前行的动力。

感谢复旦大学中国语言文学研究所汉语言文字学博导、中国修辞学第一位博士吴礼权先生收我为私淑弟子，鼓励我砥砺前行，从此在修辞学上有所造诣。

感谢武汉大学黄侃研究所所长、博士生导师卢烈红教授的关心与帮助。

感谢《暇堂周氏宗谱》的保管者周传棍前辈，是他慷慨地提供了《暇堂周氏宗谱》，使我有了研究周德清原始资料的可能。

感谢高安市博物馆原馆长刘裕黑先生，是他热心的帮助，使我有掌握第一手资料的可能；是他提供了与周德清相关的各种图片，才使我的拙稿图文并茂，熠熠生辉。

感谢贤妻吴佑梅女士，是她把时间和空间让给了历史和机遇，才有了我和周德清穿越时空对话的机缘，才有了聆听历史回音的缘机。

感谢儿子鄢回、儿媳文梓铭，是他们从北京、南京、深圳和澳大利亚等图书馆为我借阅珍贵史料，才使拙稿不断释疑解惑。

感谢中国社会科学出版社给我这本小书以出版的机会，感谢责任编辑刘艳博士的辛勤付出。

"每个人都在书写历史，每个人都用自己的言论、行动、论著来书写历史。"[①] 历史因真实而再现，我相信：再现真实必成历史。

《周德清评传》，是我在复旦大学访学期间研究课题《周德清生

① 鲁国尧：《语言学文集：考证、义理、辞章》，上海人民出版社2008年版，第89页。

平、语言学思想及其成就》的后续研究积发，这仅仅是一个雏形，尚待用心覃研，罄力而为。期待专家暨同好，授我以钥，指我以津。

鄢文龙

初稿于2013年6月18日复旦大学望道苑39号501室

二稿于2013年9月28日抱朴行藏斋

三稿于2014年1月6日天沐丘壑轩

定稿于2014年1月28日北京朝阳劲松居